현장 중심 교육과정 이론과 실천 방향

혁신학교와
실천적
교육과정

혁신학교와
실천적
교육과정

초판 1쇄 발행 2020년 2월 12일
초판 2쇄 발행 2021년 11월 3일

지은이 신은희
펴낸이 김승희
펴낸곳 도서출판 살림터

기획 정광일
편집 조현주
디자인 꼬리별

인쇄·제본 (주)신화프린팅
종이 (주)명동지류

주소 서울시 양천구 목동동로 293, 22층 2215-1호
전화 02-3141-6553
팩스 02-3141-6555
출판등록 2008년 3월 18일 제313-1990-12호
이메일 gwang80@hanmail.net
블로그 http://blog.naver.com/dkffk1020

ISBN 979-11-5930-134-6 93370

이 도서의 국립중앙도서관 출판예정도서목록(CIP)은 서지정보유통지원시스템 홈페이지(http://seoji.
nl.go.kr)와 국가자료종합목록 구축시스템(http://kolis-net.nl.go.kr)에서 이용하실 수 있습니다.
(CIP제어번호: CIP2020004862)

현장 중심 교육과정 이론과 실천 방향

혁신학교와 실천적 교육과정

신은희 지음

머리말

　교육과정, 교사들이 늘 만들고 실행하고 있는데도 '나는 잘 모른다'거나 누구에게 확인받아야 안심하게 되는 영역이다. 첫 학교에서 5학년 담임을 하다 내용이 너무 많아 뭘 가르치고 빼도 되는지 알아보려고 대학원에 간 뒤 지금까지 교육과정 연구와 정책 분야에 일하게 되었다.

　이 책에서 중요하게 다루는 주제는 학생 성장발달 중심 교육과정, 혁신학교 교육과정, 국가교육과정 정책 문제, 교육과정 거버넌스이다. 1부는 학위 논문 내용을 1, 2장으로 나누어 정리하였다. 2부에서는 교육과정 정책 문제를 해결하기 위한 방안을 3개의 장에 제시하였다. 각 장은 차례대로 읽거나 주제에 따라 읽을 수 있도록 독립적으로 구성하였다.

　혁신학교 교육과정을 주제로 잡은 이유는 현장에서 많은 변화가 이루어졌는데 이를 교육과정 이론으로 설명하거나 체계적으로 정리한 자료가 부족하기 때문이다. 혁신학교에서는 교육과정의 성격을 실적 중심 교육과정에서 학생 성장발달 중심 교육과정으로 변화시켰다. 그리고 교육과정이 학교의 교육 활동 전반과 연계되고 구성원들에게 구체적 지침으로 작동하는 교육의 설계도이자 조향 기능을 하고 있다.

　수업참관 과정에서 5, 6학년 학생들의 전반적인 태도, 친구들과 소통하며 발표하는 모습을 보고 학교교육과정으로 6년간 성장한 학생들의 저력을 느낄 수 있었던 것은 행운이다. 학교교육 활동 중 하나를 소개하는데 "우리 학교의 꽃"이라고 소개한 것도 기억에 남는다. 개인적으로는 석사 논문으로 1999년에 고등학교 단계 대안학교교육과정을 분석하고, 이번에는 초등학교와 중학교 교육과정을 분석하여 초·중·고 교육과정의 완결성을 볼 수 있었다.

　국가교육과정 정책의 문제점과 대안을 고민한 것은 7차 교육과정기부터 문제의식을 가졌기 때문이다. 석사 공부할 때 모든 교수님들에게 7차 교육과정의 문제점을 들었고, 이는 전교조의 7차 교육과정 반대 싸움과 참교육과정 연구 흐름으로 연결되었다. 당시 연구 내용 중에서 지금도 화두로 삼는 것이 교육 내용은 어린이와 청소년 발달단계를 고려해야 한다는 것(교육 내용 양과 난이도 문제), 또 사회적 교육과정 위원회를 만들어 교육과정을 장기적으로 설계하고 사회 구성원들의 합의를 거쳐야 한다는 것이다. 호주에서는 원주민 대표가 교육과정 개발에 참여한다는 말을 들었을 때의 감동이 지금까지 남아 있다. 사회적 교육과정 위원회의 실현 방안은 그동안 현장에서 실천하고 있는 교사나 교원단체, 교육연구단체, 교육청과 함께 사회적으로 거버넌스를 만들어 가는 과정이라고 보았다. 2부의 글들이 최근의 고민과 실천을 정리한 것이다.

　그런데 논문을 준비하는 과정에서 교육과정 이론과 우리나라 교육과정 정책의 심각한 문제를 발견하게 되었다. 그동안 교육과정 이론이 타일러의 공학적 이론에 쏠려 있다는 비판은 많았지만, 국가교육과정 정책 또한 공학적 관점과 처방적 이론에 따라 진행되었다는 것이다. 연구개발보급 방식을 그대로 둔 채 사회적 교육과정 위원회가 만들어진다면 교육과정의 고질적인 문제를 해결하기 어렵고, 거버넌스도 불평등한 계층적 거버넌스가 될 수 있다. 지역교육과정, 학교교육과정 권한 확대도 처방적 관점을 벗어나지 못하면 기존의 문제를 확대재생산할 수 있고, 현장에서 교육과정 권한 배분에 대해 일만 많아질까 봐 우려하는 것도 이런 정책 체계 때문이다. 책 전반에 이 문제가 계속 강조되는 것은 오랫동안 국가교육과정 정책을 연구하면서도 놓쳤던 것이고, 차기 교육과정 개정을 앞두고 하루빨리 개선해야 한다고 보았기 때문이다.

　책 전반적으로는 신제도주의 이론의 도움을 받았다. 신제도주의는 현재 학교에서 실천하는 내용이 새로운 제도의 맹아이고 행위자의 실천이 제도 변화나 제도 설계로 이어진다고 바라본다. 제도는 단일체가 아니라 복합체이고 제도 요소 간의 갈등이나 불일치가 제도 변화로 이어질 수 있다. 이런 관점은 혁신학교 교육과정의 특성 분석이나 학교 구성원들이 얼마나 다양한 제도 요소를 활용하여 새로운 제도의 초석을 만들었는지를 보여 주는 데 도움을 주었다. 지금의 다양한 실천 단위들이 모이고 그 성과를 정리하는 것이 새로운 교육과정 개발과 거버넌스로 발전할 수 있다는 생각이 든다.

여전히 아쉬운 것은 현장의 실천이 교육과정 이론의 발전으로 이어지지 못하는 것이다. 여기에는 기존 교육과정 이론이 '개발' 중심으로 치우친 것이나 학술 연구와 현장과의 관계가 모두 연관되어 있다. 논문은 기존 연구를 토대로 현상을 분석하기 때문에 선행 연구의 시각으로만 현상을 분석하는 경향이 강하다. 역동적인 학교 사례를 분석한 연구가 별로 없어 학교의 변화를 설명하는 데 이론적으로 어려움이 많았다. 여기에 선생님들의 무한한 실천을 충분히 설명하고 분석해 내기에는 연구 역량과 표현력이 부족하여 내내 아쉬움으로 남는다.

교사들이 학생을 가르치는 과정에서 기존의 지식만이 아니라 경험을 통해 쌓이는 지식이나 역량을 실천적 지식이라고 부르고, 최근에는 내러티브 관점에서 해석이 이루어진다. 교육과정 부분에서도 교사들이 기존 이론을 충분히 활용하여 실질화하거나 이 과정에서 새롭게 축적되는 실천과 역량을 바탕으로 학생들에게 적합한 교육과정을 생성해 가는 것을 실천적 교육과정이라고 볼 수 있다. 앞으로 현장의 선생님들과 실천가이자 연구자로서 함께할 수 있기를 바라며 교육청이나 교육부의 지원 시스템, 학계와의 협력 관계도 마련되었으면 한다.

부족한 책이 나오기까지 많은 분들의 도움을 받았다. 먼저 논문을 쓸 수 있도록 참관과 면담을 허락해 주신 5개 학교 선생님과 학생들, 면담에 참여하신 전문직분들에게 감사드린다. 학교와 면담자를 소개해 주신 분들, 2017년에 혁신학교 연구를 함께 해서 논문의 바탕을 채워 주신 선생님들에게도 감사드린다. 오랫동안 함께 연구하고 실천한 초등교육과정연구모임, 참교육 실천대회에서 함께 공부하고 전국에서 실천한 전교조의 교과모임, 지역모임 선생님들, 2018년 교육과정아카데미에서 교육과정 공부를 함께 한 선생님들 모두에게 감사드린다. 그분들의 실천에 기대 왔고 무모한 제안들을 함께 실현한 동료의식 덕분에 지금까지 교육과정 연구를 할 수 있었다. 모든 교과를 다 가르쳐야 하고 6개 학년을 아우르는 초등 교사의 역할은 쉽지 않지만 교육과정 연구자로서의 시선을 확장시켜 주었다. 무엇보다 나를 교사로 존재하게 해 주고 이런저런 시도를 하는 선생님을 참아 주며 아니다 싶으면 느낌으로 가차 없이 깨닫게 한 우리 반 아이들은 삶의 스승들이었다.

또 현장 실천을 학술적으로 정리할 수 있도록 이끌어 주신 장수명 교수님과 심사과정에서 다듬어 주신 교수님들께도 감사드린다. 딱딱한 논문을 현장 교사의 눈으로 다듬어 준 후배 선생님들 덕에 이 책이 나올 수 있었다. 마지막으로 20여 년 교육과정 연구를 하는 과정에서 늘 지지하고 지원해 주어 이 길을 계속 갈 수 있도록 도와준 우리 가족들에게 고마운 마음이다.

학교자치가 이야기되고 학생과 교사가 함께 교육과정을 만들어 가기 시작하는 시점에서 이 책이 작은 밀알이 되기를 바란다.

2020년 1월

신은희

차례

1부

혁신학교 교육과정과
교육과정 이론

1장
혁신학교 교육과정, 어떻게 변했나?

I. 왜 혁신학교 교육과정인가?

선생님들과 교육과정 연수를 할 때 '교육과정' 하면 떠오르는 이미지가 무엇인지 물어보며 시작을 한다. '교육의 설계도'라거나 '학생들이 배워야 할 내용'이 많이 나오는데, 2013년에 한 선생님이 '3월의 고된 노동'이라고 하자 거의 모두에게 '아' 하는 탄식이 나왔다. 그렇게 만들어진 교육과정을 언제 보느냐고 물으면 학사일정이나 시수표 외에는 거의 보지 않는다고 한다. 오죽하면 캐비닛 교육과정이라는 말까지 나왔을까?

학자나 관료들은 국가교육과정을 바꿔도 현장은 바뀌지 않고 여전히 교과서만 의존하고 있다고 비판한다. 이는 우리나라가 국가 차원에서 공립학교를 확산시키면서 교과서가 먼저 사용되고 이후에 교육과정이 개발되었던 영향이 크다. 교과서 내용으로 수업을 하고 이 내용으로 시험을 보고 점수를 매기는 관행이나 교과서에 없는 내용을 가르치면 불온시하던 시대적 경험의 영향도 없지 않다. 교육과정이 잘 변하지 않는다는 것은 우리나라만이 아니라 다른 나라에서도 공통적으로 나타나는 현상이기도 하다.

최근에는 혁신학교에서 교육과정이 전과 달라졌다는 평가가 나오고 있다. 혁신학교는 남한산초에서 시작된 학교 단위의 자발적 학교개혁 운동이 2009년 경기도 김상곤 교육감의 교육정책으로 채택되어 현장의 실천이 정책으로 발전된 사례이다. 2014년에는 14개 지역으로 확대된 후 현재는 혁신학교가 1,500여 개 이상이고 이제는 교육부에서도 공식적으로 혁신학교의 정책을 지지하고 있다. 혁신학교의 교육과정은 다른 학교에서도 배워 가고 학교교육과정을 출판한 학교도 많다. 이때 교육과정이 변화했다고 하는 것은 무엇을 의미하는 것일까? 혁신학교 교육과정이 이전과 달라졌다고 한다면 어떻게 달라진 것일까?

이제 혁신학교 정책이 전국적으로 확산된 지 10여 년이 되어 가므로 교육과정 실천 경험도 많이 축적되었다. 초기 혁신학교 과제가 학교문화 형성에 기초한 교육과정 혁신에서 이제는 교육과정 혁신을 통한 학교문화 형성전북교육청, 2019으로 전환되고 있다. 우리나라 역사상 학교교육과정이 캐비닛 교육과정을 벗어나 실제도 작동되어 학교별 특색이 살아나고 있다고 평가받는 것은 최초라고 생각된다.

그런데 혁신학교 교사들은 여전히 '교육과정'을 잘 모른다고 하고 혁신학교 교육과정이 사례로만 소개될 뿐 이론적으로 충분히 설명한 연구는 많지 않다. 혁신학교에서 국가교육과정을 운영하면서 생긴 문제점은 여전히 해결되지 않고 교사들의 자발적 노력만 요구하다 보니 많은 교사들이 지쳐 가고 있다. 혁신학교 교사들이 생각하는 교육과정과 교육과정 이론에 나오는 교육과정은 다른 것일까? 그렇다면 이건 현장의 잘못일까? 현장 실천과 유리된 이론이 잘못된 것일까? 혁신학교의 실천만으로 국가교육과정은 바꿀 수 없는 것일까?

이런 고민을 하고 있을 때 2017년에 전국 시도교육청이 함께 여는 국제학술대회에서 발표할 혁신학교 교육과정 연구손동빈 외, 2017에 참여하게 되었다. 연구 주제는 그동안 혁신학교의 실천이 얼마나 발전하였는지 보고 이를 토대로 국가교육과정의 개선 방안을 도출하기로 하였다. 우리는 이 연구를 통해 "다른 학교도 이렇게 잘하세요"가 아니라 "학교가 이만큼 했으니 이제는 국가교육과정을 바꾸세요"라고 이야기하고 싶었다.

학교교육과정의 변화를 정리했으니 학위논문에서는 학교의 실천과 교육과정 이론, 국가교육과정 변화를 연결시키고 싶었다. 여기에 도움을 준 것이 신제도주의 이론이다. 신제도주의는 형식적 제도(법, 규정, 지침이나 고시 문서)뿐 아니라, 관행이나 문화도 제도에 포함된다고 보며, 제도를 변화시키는 행위와 제도 설계가 떨어져 있지 않다고 주장한다. 즉 제도 행위자들이 기존 제도의 문제점을 인식하고 제도의 일부 구성 요소들을 변화시키거나 같은 제도라도 운영하는 행위자가 바뀌면 제도 변화가 나타날 수 있다고 본다.

국가교육과정의 규정력이 강하다고 하지만 교육과정이 개정되어도 현장이 쉽게 바뀌지 않는 것은 교육과정이 제도 특성상 해석의 폭과 실천의 재량권이 큰 편이기 때문이다. 즉 교육과정은 공식적 문서뿐 아니라 학교에서 교육과정을 실행하는 방식까지 변화되어야 제도가 변했다고 할 정도로 비공식적 제도의 영향이 크고 그만큼 교사들의 자율성이 발휘될 영역도 많다. 6차 교육과정기부터 학교나 교사의 자율성을 확대하는 정책이 지속되었다.

이에 신제도주의로 혁신학교의 교육과정 변화를 분석한다면 국가교육과정 정책 변화에 대한 시사점도 얻을 수 있고, 혁신학교 교육과정을 이론화하는 데에도 도움을 얻을 수 있다고 보았다.

연구 내용은 크게 1, 2장으로 나누어 정리하였다. 1장에서는 혁신학교 교육과정은 어떻게 개발되고 실행되고 있는지를 알아보았다. 혁신학교에서 사용되는 교육과정 개념과 조직 및 거버넌스 체제, 교육과정 실행 방식의 변화를 토대로 혁신학교 교육과정이 기존 학교교육과정과 어떻게 달라졌는지를 분석하였다.

2장에서는 혁신학교의 교육과정을 변화시킨 다양한 구조적, 제도적 요인들과 구성원들의 역할을 알아보았다. 이를 통해 혁신학교의 구성원들의 실천을 이론적으로 해석하고 혁신학교 교육과정의 변화와 국가교육과정과의 관계를 분석하였다.

연구 대상 학교는 샛별 교육청, 한솔 교육청, 도담 교육청에 있는 초등학교 3곳(가람초, 산들초, 햇살초), 중학교 2곳(천지중, 바다중)으로 초기 혁신학교에 해당된다. 연구 방법은 문헌 분석(학교와 지역교육과정 분석)과 질적 연구 방법으로 교원 면담 및 학교교육과정 평가회 참관, 수업과 수업평가회 참관 등이다. 면담자는 5개 학교 교원 23명, 3개 교육청 전문직(전현직 교육과정, 혁신 정책 담당) 7명으로 총 30명이다. 면담 내용을 녹음하여 전사하고 학교 이름은 가명, 면담자는 학년이나 역할로 표시하였다. 연구 결과는 학교나 급별에 관계없이 유사하게 나타나 공통적인 변화 내용을 중심으로 정리하였다.

II. 교육과정 이론과 신제도주의

1. 교육과정 이론과 학교교육과정

가. 교육과정 개념과 개발 모형

우리나라에서 교육과정curriculum이라고 하면 국가교육과정, 즉 계획이나 문서의 개념이 강하지만 다른 나라에서는 다르게 인식된다. 미국이나 영국에서는 교육과정을 수업 또는 학교교육과정으로 보다가 1980년대 이후에야 국가교육과정 개념이 생겨났다. 우리나라도 이제는 교육과정에 수업을 포함시키고 교육과정, 수업, 평가의 연계를 강조하는 흐름이 나타나고 있다. 교육과정은 시대적 흐름을 반영하여 개념이 형성되기도 하고, 적용되는 범위, 성격에 따라 교육과정의 개념, 정의, 유형, 탐구 범위도 다르게 분류된다.

교육과정 개념의 시대적 변화를 보면 교육 내용 중심으로 이해되다가 점차 방법 중심, 목적 중심 개념으로 변화하여 왔다.^{박승렬, 2016; 박휴용, 2012} 우리나라에서는 여전히 교육과정을 교육 내용 중심으로 보고 있는데 교육 방법으로까지 확대해야 하며^{곽병선, 1994}, 최근에는 교육과정 운영 방식이나^{박제윤, 2007}, 복지 관점으로 확대해야 한다고 보고 있다.^{손동빈 외, 2017}

교육과정의 정의는 그 성격과 접근 방식에 따라 처방규범적 접근과 기술적 접근, 비판적 접근으로 나뉠 수 있다. 처방 이론은 교육과정 전문가 관점과 권위에 의거하여 학교교육 목적, 내용 선정, 평가 등을 제시하는 것을 의미한다. 규범적 이론은 교육이 나아가야 할 방향에 대해 사회화 관점으로 규범화하고 학교교육을 통해 성취하려고 하는 이론이다.

처방 규범 이론은 전통적 이론으로 분류되는데, 이 관점에서는 최상의 교육과정 시스템이 무엇인지에 관심이 많다. 최상의 교육과정을 추구하는 관점은 객관성을 강조하고 교육과정을 공학적 방식으로 개발하는 관점과 맥락을 같이 한다.

기술적 이론은 '있는 그대로 기술한다'는 의미로 교육과정이 단지 어떻게 되어야 하는가가 아니라 학급에서 실제로 어떻게 다룰 것인가에 대한 것이거나 학교에서 이루어지는 교육현상을 가능한 한 있는 그대로 이해하고 설명하려는 입장이다. 기술적 이론은 개념적 경험주의로 분류되는데, 교육에도 과학적 논리에 의한 경험론적 방법을 적용해야 한다고 주장하는 경험적이고 해석적인 접근법이다. 이 관점에서는 교육과정이 누구에 의해 만들어졌는지, 즉 민주적 숙의 과정을 거쳤는지를 중요하게 보고 지식이 주관적으로 구성될 수 있다고 본다.

비판적 접근은 재개념주의로 분류되는데, 이 관점에서는 교육과정을 누가 지배해 왔는가를 중요하게 보고, 학교지식이 권력으로 작용하는 방식 등에 주목한다. 또 교육에서 구조적으로 배제되는 것과 계층적으로 소외받는 현상 등을 비판하고 있다. 재개념주의, 비판적 이론 및 지식 사회학이나 교육과정 사회학, 현상학, 실존주의, 포스트 모더니즘 등이 포함된다.

기술적 접근이나 비판적(실험주의) 접근은 시대적 변화나 이론적 발달에 따라 처방규범적 이론으로 더 이상 복잡하고 다변화된 현실의 교육문제를 해결할 수 없다고 비판하였다. 이런 관점에서 교육과정 이론은 처방규범 이론처럼 교육과정 입안, 설계, 구성 및 개발에 초점을 둔 '개발 패러다임'과 교육과정의 현실을 이해하는 데 관련된 다양한 이론과 관점에 초점을 둔 '이해 패러다임'으로도 구분한다.김두정, 2002; 박승렬, 2016; 박휴용, 2012; 한국교육과정학회, 2017

교육과정에서 빠질 수 없는 것이 교육과정 개발 모형이다. 교육과정 개발 모형은 타일러Tyler 모형의 공학적 모형과 워커Walker의 숙의 모형이 있다. 타일러 모형은 효율성을 중시하여 교육과정을 상세하게 만들고, 추구하는 '가치'보다 합리성을 중요하게 보며 목표 지향적이다.최병옥, 2003 공학적 모델은 교사 배제 교육과정이라고도 불리는데, 우리나라에서 국가교육과정이나 학교교육과정 개발 모형으로 제시된 것이 공학 모델이다. 이 때문에 현장에서 인식되는 교육과정은 주로 타일러식 교육과정인 경우가 많다. 타일러 모형은 교육과정학계에서 비판을 많이 받았지만 여전히 위력을 발휘하고 있다. 핀란드의 교육학자인 아우티오Autio, 2013는 합리성을 강조하는 타일러 모형의 전통이 개인의 삶을 수행 능력 측면에서만 평가되게 하고 순응적 태도를 길러 신자유주의 교육정책 수행을 수월하게 한다고 비판한다.

워커의 숙의 모형deliberation은 슈밥Schwab의 '숙의' 개념을 발전시킨 것으로, 교육과정이란 실제 문제를 해결하는 과정이라고 본다. 즉 교육과정 구성과 개발은 '최고의 대안'이 아니라 '최선의 대안'을 선택하는 것이라고 본다. '숙의' 관점에서 보면 교육과정 개발은 합리적 과정이 아니라 복잡하고 상황적이며 역동적인 의사결정 과정이자 정치적 과정이라 볼 수 있다.박희경, 2016

교육과정 지식의 조직 유형, 교육과정 확산이나 운영 과정에서도 이론에 따라 학교와 교사의 참여도나 역할이 달라질 수 있다. 우리나라 교육과정은 중앙-주변(확산)형, 연구개발보급(RDD, 교육부 책임으로 만들고 보급하는 방식) 모형으로 분류된다. 연구개발보급 방식은 교육과정만이 아니라 교육부 대부분의 정책에 해당된다. 교육청의 공문이 줄어들지 못하는 원인이기도 하다.

이에 비해 학교기반 교육과정 개발(School-Based Curriculum Development, 이하 SBCD)론은 연구개발보급RDD 방식을 극복하기 위해 단위학교 수준에서 학교와 교사가 지역 주민과 함께 학교교육과정을 개발하는 방식이다. 스나이더Synder, 1992는 교육과정 운영 및 실행과 관련된 교사의 자율성을 충실도 관점, 상호적응 관점, 생성 관점으로 분류하였다. 교육청에서 교육과정 진도표나 시수표를 점검하고 교육과정 재구성 방식까지 구체적으로 관여하는 것은 충실도 관점에 해당된다.

나. 교육과정 유형과 자율성의 맥락

교육과정의 성격이나 적용 상황 등을 근거로 교육과정의 유형을 구분하면 공식성과 비공식성, 계획과 실행 정도에 따라 나눌 수 있다. 교육과정의 유형은 공식적 교육과정, 실제적(가르친) 교육과정, 영교육과정 (문서에 있지만 잘 가르쳐지지 않음), 잠재적 교육과정(공식 문서에 안 드러나지만 학교 환경이나 문화 등 학생에게 영향을 주는 교육과정) 등이 있다. 우리나라는 공식적 교육과정을 중시하고 교육과정 행정도 공적인 문서 내용 점검에 집중되어 있다.김대현, 2011 그래서 학교교육과정은 학교 평가용 실적이나 교육청 보고에 대비하는 문서 성격이 강하다.

교육과정이 결국 무엇을 가르칠 것인가에 대한 결정이란 관점에서 보면 이 과정에서 필연적으로 배제되어 가르칠 기회를 잃어버리는 내용도 생기게 된다. 이런 점 때문에 교육과정에서 가르칠 내용과 행동이 교과 제도로 성립될 때에는 정당화 과정이 필요하다. 이때 학교에서 배제되는 내용 또한 영교육과정null curriculum이라고 부른다.Young, 2013 즉 영교육과정은 교과에서 배제되거나 학교 교과 목표에 부합하여 학생에게 가르칠 가치가 있는데도 안 가르쳐서 학생이 배울 기회를 갖지 못하는 것까지 포함된다. 민주시민교육이나 문화예술교육 등이 영교육과정처럼 운영되었다고 볼 수 있다.

최근에는 교사에게 충실도 관점보다 교육과정 문해력과 해석을 강조하고 있다. 교사의 교육과정 문서 해석은 국가교육과정 기반 해석, 교사 전문성이 발현되는 과정으로서의 해석, 교실 수업에 적용될 다양한 교육 내용 및 방법을 탐색하는 해석, 학생의 창의적 해석을 북돋아 주는 해석으로 구분된다. 다원주의와 상대적 가치가 중시되는 사회에서 교육 내용을 비판적으로 해석하여 학생들에게 교과 내용을 다각도로 해석할 수 있는 개방적 안목을 심어 주어야 한다는 것이다.

여기에는 교과교육과정의 새로운 내용 지식을 탐색하는 생성적 해석도 포함되는데 교사가 교육과정 구성자가 되어 학생과 함께 교과교육과정 지식을 만들어 가는 차원이다.백남진, 2013 즉 기존에 조직된 교과 지식 외에도 현장에서 교과교육과정 구성자가 될 것을 장려하고 있는 것이다.

교사의 교육과정 생성에 대한 관심은 초기에는 술만Sulman[1987]의 PCK(pedagogical content knowledge) 개념으로서의 실천적 지식, 엘바즈Elbaz[1983]의 실천적 지식practical knowledge 개념의 영향을 받았다. PCK를 이루는 중요한 구성 요소는 교과 내용과 학생의 특성, 교실 상황과 맥락으로 교사마다 다르게 형성되는 특수성을 인정한다. 엘바즈[1983]의 실천적 지식practical knowledge도 교사 실천과 맥락화된 경험을 강조한다. 이런 흐름은 교사가 사전에 가진 지식 외에도 교육과정을 실행하면서 갖추게 되는 지식과 경험에 주목하는 것이다.이한나, 2019; 장수명 외, 2017

이렇게 교육과정에서 자율성을 강조하는 이유는 국가교육과정에서 기본적인 내용을 규정하더라도 학생들의 개성과 소질이 다르기 때문이다. 그래서 교육현장에서의 교육 활동은 표준화나 규격화보다 다양화, 개성화를 통해 학생에게 적합한 교육 내용과 교육 방법으로 개인이 가진 잠재력을 길러 내야 하는 역할을 요구받는 것이다.박창언, 2018

즉 교육과정 제도의 한 축은 교육과정 개발 모형과 확산 모형에 따른 학교와 교사 참여 확대 여부로 자율성 범위(폭)가 정해지고, 다른 한 축은 교육과정 실행 과정에서 해석 여부에 따라 교육 내용, 교육 방법의

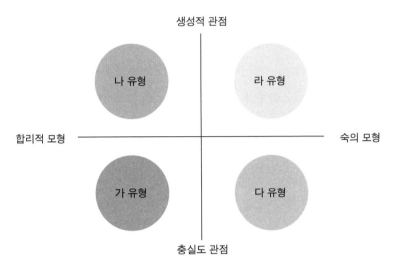

[그림 1] 개발 방식과 해석에 따른 교육과정 제도 자율성 모형

교육과정의 자율성은 가 유형 〈 나 유형 〈 다 유형 〈 라 유형 순서로 커지고 있다. 교육과정을 합리적 모형으로 개발하면 학교나 교사는 순응적으로 따라야 하고 숙의 모형으로 개발하면 현장 의견이 더 많이 반영될 수 있다. 하지만 교사의 해석이나 교육과정 생성 여부에 따라 교육 내용 선택이나 교육 방법, 운영 방식에서의 폭과 깊이가 달라질 것이다.

깊이가 정해진다고 볼 수 있다. 이는 학생 개개인의 특성을 반영하는 교육이 이루어져야 한다는 것이 바탕에 깔려 있기 때문이다.

그렇다면 우리나라 교사들의 교육과정 자율성은 어떻게 발휘되고 있을까? 먼저 교육과정 개발 과정에서는 교육과정 전문가들이 주로 교육과정을 만들어 현장과 유리되고 참여하더라도 역할이 제한되어 자율성의 범위가 크지 않은 편이다. 반면 교육과정 실행 과정에서는 많은 변화를 요구받는다. 6차 교육과정기부터 교육과정 재구성을 강조하였고, 2015개정교육과정은 교사의 역할을 교육과정 실행자 및 사용자, 교수자에 한정 짓지 않고 교육과정의 최종 결정자이자 개발자로 확대하고 있다.

하지만 실제 허용된 것은 교과서 '내용'은 그대로 두고 효과적으로 가르치는 방법 중심 재구성이고 교육과정 자율화도 시수 증감으로 제도화되었다.정영근, 2010 그래서 우리나라 교사에게 자율성이란 학교 운영 과정에서 논란을 피하고 주어진 주제를 어떻게 효율적으로 가르칠 것인가에 한정되어 있다. 즉 자율화 정착을 위한 조건들은 보장하지 않고 결과로 나타날 다양하고 창의적인 교육과정 운영만을 요구하고 있다는 비판을 받는다.신경희, 2012

다. 학교교육과정의 관행과 혁신학교 교육과정

학교는 교육기관이지만 행정기관으로서의 관료적 성격도 띠고 있다. 교사 배치가 학급 수, 학생 수에 맞춰 배정되고 총론 편제표에 따라 교과별 시수가 정해진다. 전체 시간표가 나오면 교사들은 교과서에 따라 수업을 하는 관행이 오랫동안 지속되고 있다. 이렇게 학교에서 일정한 규범에 의해 관행적으로 이루어지는 교육 활동을 학교교육 문법이라 부르거나 관행처럼 일련의 절차에 의해 이루어지지만 일상에서 의식되지 않는 행위라는 측면에서 표준운영 절차라고 부르기도 한다.김용, 2003

최근 학교의 교육과정 재구성이 활발해지고 있지만 기존 관행을 크게 벗어나지 못하고 있다. 교육과정 편성은 학년 초의 중요한 업무지만, 학교교육과정은 학사일정에 따른 진도표 작성이고 학교교육과정은 업무와 학교 행사를 할 때나 보며, 학교 평가에서 각종 실적을 증명하는 문서로 작동하고 있다.

이때 절대적인 권한은 학교장의 경영관이며, 부장교사들이 중요한 것을 결정하고 학년, 학급은 행사 일정에 따라 편성해야 하므로 학교교육과정과 학년 간에 일상적 교육 활동 연계는 거의 이루어지지 않는다. 교

육과정 재구성을 하는 것도 업무의 하나일 뿐이고 실제 수업에는 별 영향을 주지 않는다.김은주, 2017

혁신학교에서는 학교문화 개선을 통해 학교를 교육과정과 생활교육 중심으로 변화시키는 것을 주요 목표로 내세웠다. 교육과정에서 교육 내용의 다양화를 강조하는 것은 획일적인 교육 내용 극복과 이명박 정부의 학교 체제 중심의 다양화 정책에 대한 대항의 의미가 있다. 교육 내용 다양화는 교육과정의 다양화와 동일한 의미로서 교육 목표, 교육 내용, 수업, 평가 혁신이 핵심 과제이자 혁신학교 정체성과 맞닿아 있다.

또한 이는 교육 내용의 재구성, 수업의 관점 혁신, 평가의 혁신으로 볼 수 있다.이중현, 2011 혁신학교 기본 가치에 따라 혁신학교 교육과정은 학생의 성장과 발달을 지원해야 한다는 원칙으로 학년 발달 수준과 교과교육과정을 고려하여 교육과정 해석과 재구성을 위한 학년 간 협조와 학교 내 협조를 강조한다.초등교육과정연구모임, 2011; 이승호, 2016

2. 신제도주의와 교육과정 변화

가. 신제도주의와 제도 변화

교육과정은 교육부에서 '고시'하는 문서로 제시되는데, "전국의 초·중등학교에서 어떤 내용과 방법으로 교육을 해야 할 것인지를 제시한 설계도이며 기본적인 틀"로 볼 수 있다. 우리나라 교육과정은 다른 나라보다 규정력이 강한 편이고 교육청은 학교교육과정 시수나 범교과 내용 반영 여부를 점검하는 역할을 한다.

신제도주의new institutionalism는 사회 현상을 제도와 행위의 상호작용으로 설명하는데, 이는 제도가 행위를 규정하지만 행위가 제도를 변화시킬 수도 있다는 의미이다. 제도에는 사회적 규범과 법, 질서 등의 공식적 제도만이 아니라 행위를 규정하는 문화나 관행도 포함된다. 또 제도 변화는 기존 제도가 있는 상황에서 새로운 제도가 형성되는 과정이며 제도는 경로의존성을 가지고 있다고 본다. 제도의 경로의존성이란 기존에 있던 제도와 관행이 새로운 제도가 만들어지는 것이나 실행에도 영향을 주거나 제약할 수 있다는 의미이다.

이명박 정부에서 보던 초등 일제고사가 폐지되었어도 학교에서 문제풀이 수업이나 시험 점수로 학생을 줄 세우던 관행은 쉽게 사라지지 않았다. 최근 과정중심 평가 정책이 확산되지만 노력에 비해 성과가 많지 않거나 변화가 더디다는 이야기가 나오고 있다. 이는 사회나 학교 구성원의 인식이나 학교의 비민주적 문화, 입시 위주 풍토가 바뀌지 않은 상황에서 평가 정책만 변한다고 평가 관행이나 인식이 자동으로 변하지는 않기 때문이다. 일제식 시험이 객관적이라는 인식이나 과정의 공정성을 증명하기 위해 문서 만드는 과정이 더 복잡해지는 양상 등도 기존 제도의 양태를 반복하는 제도의 경로의존성으로 설명할 수 있다.

신제도주의에서는 개개인의 선택과 선호도 제도와 분리되어 생각할 수 없고 개인의 선호가 형성되는 문화적 맥락이나 역사적 시기와 연관된다고 보고 있다. 특히 제도와 연관되어 있는 관행은 개인적 선택의 대상이 아니라고 하였다. 입시 정책에서 정시와 수시 논쟁이 수년째 지속되고 있는데 관련 주장을 하는 개인들의 선호나 주장 이면에는 경제적 여건이 큰 영향을 주지만, 이 외에도 사회, 문화, 역사적 맥락이 복합적으로 작용한 결과이다.

교육과정이 고시 문서나 지침의 형태로 제시되지만 기존 교육과정이 운영되는 상황에서 일부 내용이 변화되고, 국가교육과정이 변화되어도 학교에서는 기존에 하던 관행이나 수업과 평가 방식이 거의 그대로 유지되는 특성을 가지고 있다. 즉 교육과정의 변화는 공식적인 제도적 변화와 함께 학교별 문화나 관행 등 비공식적 변화가 함께 이루어져야 한다는 특성 때문에 신제도주의 관점의 분석이 시사점을 줄 수 있다.

신제도주의는 제도가 단일체가 아니라 복합체로 구성되어 있으며, 이 때문에 다양한 구성 요소들의 관계가 변화되면 제도 변화가 나타난다고 본다. 즉 제도 내부에 이질적이고 갈등을 유발하는 요소들이 있어서 한시적으로는 안정된 것처럼 보이지만, 이런 갈등이 제도 변화의 원동력이 될 수 있다는 것이다.박진형, 2014; 하연섭, 2013 그래서 제도 요소 간의 결합이 새로워지는 것도 제도 변화에 해당되고, 제도 요소 간의 결합 관계에 영향을 주는 행위자의 역할을 중요하게 본다.Peters, 2011

평가 혁신 정책에서 입시 정책이나 사회 관행이 크게 변화되지 않았어도 중학교 자유학기제 정책으로 지필고사가 없어지면서 중학교의 수업과 평가가 바뀌는 현상이 나타났다. 시간표 배치를 교육과정 편성으로 보던 중등 풍토에서 교사들이 교육과정을 고민하는 현상도 확산되고 있다. 이런 변화가 긍정적으로 평가되면서 자유학기제를 확대하여 자유학년제가 실시되고 중학교나 고등학교의 평가 정책의 근본적인 변화를 요구하는 목소리도 커졌다. 물론 고교다양화 정책 이후 서열화된 고등학교 입시나 교육과정 양과 난이도 문제 등이 자유학기제의 발전에 제약이 되고 개선해야 할 점도 많다. 하지만 정기 고사(지필식 평가) 폐지 경험이 중학교교육과정이나 평가 정책에 영향을 주어 과거에 불가능했던 제도 개선 논의가 가능해진 것은 제도의 복합성 측면에서 해석할 수 있다.

나. 신제도주의와 교육과정

신제도주의는 역사적 신제도주의, 합리적 선택 신제도주의, 사회학적 신제도주의로 분류할 수 있다. 이 중 사회학적 신제도주의는 학교를 조직이나 문화론적 관점으로 분석한 연구가 많다. 조직론적 관점에서 보면 학교마다 유사한 공식 구조가 나타나는데, 이 구조가 학교의 중요한 교육 활동에 적합하지 않다고 한다.

학교는 교육기관이지만 행정업무를 처리하기 편한 구조로 조직되어 있다. 이는 학교가 학교교육의 본질이라 할 수 있는 기술적 효율성보다 평가 대상으로서의 '제도적 정당성'을 얻기 위해 제도 내 신화에 순응하면서 느슨한 결합관계를 유지하기 때문이다.Meyer & Rowan, 1977 단단한 결합이 일사불란한 대응을 요구하는 것과 달리 느슨한 결합에서는 행위자들이 계층적으로 확고하게 연결되지 않아 자기 방식대로 일을 처리할 수 있는 재량권이 일부 보장되고, 자유와 통제권을 더 많이 가질 수 있다.진동섭 외, 2005

우리나라는 교육부, 교육청의 계층적 관계에서 학교가 행정기관이나 관료조직처럼 운영되는 측면이 있고, 중앙집권적 성격의 국가교육과정의 통제력이 강하고 입시가 학교교육에 미치는 영향도 커서 한마디로 규정하기는 쉽지 않다. 문서 따로, 실제 따로가 학교가 겪는 현상을 잘 표현하지만, 입시학원처럼 운영되는 고등학교가 많은 것을 보면 느슨한 조직이라고만 보기 어렵고 오히려 목표에 단단하게 결합된 형태라고 볼 수도 있다.

신제도주의 교육과정 연구에 영향을 준 리드Reid, 1978는 교육과정 결정이란 '불확실한 실천적인 문제'를 해결하는 것으로서 '숙의deliberation' 방안을 이상적인 방법으로 보았다. 교육과정 변화에 대해서 학교 단위는 실천, 국가교육과정은 제도 차원으로 설정하였다. 신제도주의 관점에서 교육과정의 변화가 이루어지는 과정을 보면 1단계에는 교육과정 변화 아이디어가 법령이나 지침으로 만들어져서 구성원에게도 공유된 이해(교육과정 개념)가 형성되어야 한다. 2단계에서는 변화된 교육과정 개념에 따라 행동, 즉 교육과정 실행 방식이 함께 변화되어야 한다. 그래서 교육과정에서 제도 변화는 가르칠 내용이나 교수 학습 및 평가 방식의 변화뿐 아니라 행동 논리(실행 방식)의 변화로 나타나야 한다.김용, 2003

다. 연구 분석틀

신제도주의에서 제도 변화 여부를 분석하려면 행위와 제도, 문화와 구조의 관계를 보아야 한다. 제도가 행위를 규제하지만 행위에 따라 제도가 변화할 수도 있다. 학교문화와 조직 구조 관계를 보면 조직 구조가 문화를 만들어 내고 이렇게 형성된 문화가 구조를 개선시키기도 한다.
김영화, 2012

이를 학교교육과정에 적용하면 문화는 '교육과정 개념과 실행 방식'으로 분류할 수 있고 구조는 '교육과정 지원 구조와 거버넌스'라고 볼 수 있다. 이에 따라 혁신학교 교육과정 분석틀을 '교육과정 개념에 대한 공유된 이해, 교육과정 지원 구조(조직 구조와 거버넌스), 교육과정 실행(표준운영 절차)'으로 설정하였다.

교육과정 개념에 대한 공유된 이해는 교육과정의 정의와 인식 등이 해당되고, 교육과정 지원 구조는 학교 조직의 의사소통 체계나 거버넌스가 구성원들이 추구하는 목표에 적합한지 살펴보았다. 교육과정 실행 방식은 교육과정, 수업, 평가를 비롯하여 일상적인 표준운영 절차의 변화를 중심으로 분석하였다.

Ⅲ. 혁신학교의 교육과정 개발과 실행

1. 교육과정 개념의 변화

가. 교육과정은 학생 성장과 발달을 위해 이루어지는 모든 교육 활동이다

이 학교들은 교육과정을 교과서, 교과만이 아니라 창의적 체험활동, 학교에서 이루어지는 모든 교육 활동으로 보고 있다. 학생에게는 학교가 삶의 공간이고 교육과정이 학생의 성장과 발달을 도와줘야 하므로 각각의 역할이 다 중요하다고 보기 때문이다.

> 교육과정에 대한 정의도 굉장히 다양하잖아요. 그전에 교육
> 과정이라고 하면 시간표대로 운영하는, 시간표가 교육과정이라
> 고 했고, 그다음에 교과 내용을 가르치는 걸 교육과정이라고
> 했다면 여기에서는 학생 성장과 발달을 위해서 이루어지는 모
> 든 교육 활동을 교과 포함해서 교육과정이라고 보고 있어요.
> 그게 맞는다고 생각을 하고. (바다중 학교장)

교육과정 개념에 따라 교과교육 외에도 교육 활동이란 이름으로 교육과정을 반영한 학년, 학교 단위 활동을 만들어 운영하고, 학생자치도 중요하게 다루고 있다. 1학기 교육과정 평가회를 보면 주제가 생활교육이지만 교육과정과 연계된 이야기가 많고 교육과정 협의회나 수업 협의회에서도 학생 생활, 개별 발달 상황 등이 통합적으로 협의되고 있었다.

또 학생 발달 특성에 맞추어 교육과정을 만들고 있는데, '학생에게 필요한 것'이나 학생 발달 과정에 따라 교과 내용을 맞추거나 교육과정

에 없는 것도 가르치는 방식으로 이루어진다. 그동안 학교에서 교과서에 나오는 순서나 지도서에서 제시한 학습 범위를 중심으로 가르치던 방식이 아니라 교과 내용의 계열성과 수준, 범위도 학생 관점으로 조정하고 1년 교육과정이 아닌 3년, 6년의 계열성을 세우는 교육과정으로 전환되었다.

1, 2학년은 몸을 움직여 마음의 느낌으로 살아나는 시기다.
3, 4학년은 몸을 움직여 느낌을 살리고 생각을 더하는 시기다.
5, 6학년은 몸을 움직여 느낌을 살리고 생각을 더하여 뜻을 세우기 시작하는 시기다. (가람초 학교교육과정)

중학교는 발달 특성을 고려하여 체험에서 탐구로 나아가고 학생들이 조금 어려워하더라도 논리적 사고력을 키우는 과정을 중요하게 보고 있다. 또 교육과정 평가회 때에는 아이들 성장과 변화를 중심으로 평가하는 과정을 거치게 된다.

(바다중, 2015)

학교교육과정 만들기: 철학-미래핵심역량-학생 분석-아이들 살피기-아이들에게 필요한 교육과정 만들기: 자존감과 배려가 학교 철학이자 교육 목표가 됨-행사가 아닌 일상에 녹여내다 (수업)-전체 교사와 소통 과정 진행.

(바다중 학교교육과정 초기 개발 과정)

햇살초는 학년별로 제시된 내용체계를 그대로 가르치지 않고 학교 자체로 국어, 수학 교육과정의 학년별 체계를 수립하였는데 [표 1]은 국어 예시이다. 초기에 이 과정을 주도한 교사는 교육과정을 가로로도 보고 세로로도 보는 과정에서 교육과정의 전문성을 키워 주고, 해당 학년에서 어떤 부분에 집중해야 할지 책무성을 가지는 데 도움이 된다고 하였다.

[표 1] 햇살초 국어과 교육과정 학년 연계 내용(2018 학교교육과정)

학년	듣기	표현 (말하기, 연극)	글쓰기, 문법	읽기	전 학년 공통
1 학년	• 선생님의 전래동화 이야기 듣기	• 인형극 관람 – 연극의 종류, 관람 태도 알기	• 닿소리, 홀소리 익히기–소리의 특징, 형태와의 관계, 온몸으로 문자 익히기 • 낱말–짧은 글–문장 쓰기	• 소리 내어 읽기 • 정확한 발음 익히기 • 받침 소리에 유의하기(2학년) ※온작품읽기 • 선생님의 이야기 듣고 생각 나누기	〈말하기, 듣기를 위한 활동〉 • 시 낭송(요일 시, 학급 시) • 주말 이야기 나누기, 산책 후 이야기 나누기 〈읽기를 위한 활동〉 • 소리 내어 읽기 (생략)
2 학년	• 이야기 당 4, 5차시 정도 분량 • 전래동화, 옛 신화	• 인형극 하기, 가면극(목소리로 연기) • 선생님의 이야기 듣고 생각 나누기	• 받침 있는 낱말로 낱말의 범위 확대하여 문장 쓰기 • 겪은 일 쓰기 • 글자 바르게 쓰기 • 띄어쓰기		
3~6 학년	생략	생략	생략	생략	

학생 성장을 위해 기존 교육과정에서 부족했던 문화예술 영역도 중요하게 보고 숲 산책, 영화 만들기 등의 활동(가람초), 방과후 교육으로 이루어지는 국악 관현악 교육(가람초, 산들초, 천지중)을 하고 있다. 연극과 뮤지컬 공연(산들초, 바다중)도 중요한 교육 활동이 되고 감각교육과 문

예체 교육 활동(햇살초)도 체계적으로 이루어지고 있다. 이런 활동은 교육과정과 통합하여 이루어지므로 교과 수업에서 체험을 충분하게 하거나 체험 공간을 학교 주변이나 숲, 지역사회로 확대하고 있다.

이상을 보면 교육과정의 개념을 교육 내용에서 벗어나 학교문화 전반으로 확대하여 보고 있다. 교육과정의 정의는 학교에서 이루어지는 교육 활동 속에서 학생들의 성장과정을 그대로 기술하고 교육과정에 반영하는 기술적 이론에 해당된다.

나. 학교교육과정은 철학과 가치를 담아 '함께' 만든다

국가교육과정을 보면 인간상이 제시되고 이에 따른 교육 목표가 설정되고 국가나 학교 모두 목표에 인재상을 담는 경우가 많다. 이 학교들은 학교교육과정에 철학이 담겨야 하고 이는 학생들의 삶을 반영하거나 시대적 가치를 담는 것으로 보고 있다. 또한 철학에 따라 교육과정의 방향이 정해지면 [그림 2] 처럼 교과교육 활동, 수업, 학생 생활에 철학을 반

[그림 2] 바다중 학년중점목표와 통합교육과정 재구성

	1학년	2학년	3학년
학년 중점 목표	〈나 세우기〉 •자아 이해를 통해 자기 존중감 수립 •소통과 협력적 문제 해결로 평화로운 관계 형성	〈더불어 살기〉 •자연과 세상과 더불어 사는 생태감수성 교육 •삶을 풍요롭게 하는 문화예술 소양교육	〈세상과 소통하기〉 •사회, 역사적 통찰을 통한 사회적 실천과 나눔교육 •삶과 연관된 배움을 통한 구체적 진로교육
교과통합 프로젝트	자기인식, 평화적 관계	생태와 문화예술	진로와 사회 참여
오감기행	함께 만드는 여행	자연과 더불어 사는 삶	나를 찾아 떠나는 여행

영한다.

평가 또한 학교 철학이 반영된 교육과정에 따라 학생이 어떻게 성장하고 있는가를 가늠하는 활동이 된다. 학교 철학은 교육과정 운영만이 아니라 시간이 지나고 구성원이 바뀌더라도 교육과정을 유지 발전시키는 데 중요한 역할을 하고 있다.

> 교사가 학교 철학에 의해서 아이를 어떻게 볼 것인가 잣대도 있고요. 기제라고 해서 시험지를 보는 게 아니라 이런 것들이 다 평가 기제라고 보거든요. (가람초 6학년 교사)

학교에서 교육과정을 개발하는 방식은 모든 구성원이 함께 만들고 협의하는 숙의 방식으로 운영된다. 먼저 구성원들이 학교 철학을 공유하고 교과나 학생 생활, 학교교육 활동에 어떻게 반영할지 의논한 뒤에 '합의'하는 과정을 거친다.

> '세움·나눔. 우리가 나를 바꾸고 남을 배려한다.' 이게 우리 학교 철학인데 우리가 가려고 하는 길을 표현을 잘한 거 같아요. (중략) '그렇게 가고 싶은 게 좋은 학교겠구나' 그렇게 생각을 하니까 철학을 지키는 걸로 이거를 가려고 하는데 합의가 잘돼야 하고 다른 건 포기하더라도 그거를 놓치지 않고 가려고 하는 게 있는 거 같아요. (천지중 혁신부장)

또한 교육과정을 만드는 주체는 교사, 학생, 학부모이다. 학교교육과정 계획서를 만들고 나서도 학년별 협의회에서 수시로 협의하여 바꿔 나가기도 한다. 천지중 같은 경우 2017년 교육과정 평가서를 보면 "교육 활동 빼기에서 학생자치회를 설득할 것"이라고 쓰여 있다. 이는 학생자치회가 공식적으로 교과교육에도 의견을 낼 수 있기 때문이다.

> 학생자치회 규정 제5조 1항
>
> 학생 생활(교과 활동, 학교 행사, 학생 간 갈등 및 분쟁, 환경미화, 학생복지, 기타) 전반에 관한 학생 의견 수렴 및 건의 활동
>
> (천지중 홈페이지)

이렇게 학교 구성원들이 함께 만들고 합의하는 과정을 거치기 때문에 교육과정 문서를 따로 보지 않아도 수업을 열심히 하면 학교교육 목표를 달성하는 등 교육과정이 학교를 실질적으로 움직이는 조향steering 기능을 하고 있었다.

> 기본적으로 모든 교육과정은 선생님들이 구현한다. 그 이전까지는 교육과정은 교육과정대로 선생님들이 교실에서 펼치는 아이들과의 교수학습이나 생활교육 등은 따로. (중략) 우리가 교육과정이라고 만들어 낸 것은 아이들과 모든 것을 함께 하는, 그 속에 들어 있다는 것으로 가는 거고요.
>
> 저도 사실 13년도에 왔을 때 학교교육과정 보지 않았어요. 올해(2017년) 교육과정 부장 하면서 보니까 실은 학년교육과정에 집중하는 것들이 다 학교교육과정 안의 바탕 속에서 나왔다는 걸 느끼게 되었어요. (햇살초 전 혁신부장)

다. 교과서가 아닌 교육과정을 가르친다

연구 대상 학교들은 교육과정을 만들 때 성취기준을 활용하고 교과서는 필요에 따라 본다고 하였다. 이는 초기부터 혁신학교라면 교과서에 매이지 않고 교육과정을 학생에 맞게 만들어야 한다는 공감대가 있었기 때문이다.

햇살초의 경우 학년교육과정 목표를 보면 절반 이상 학년이 여전히 '교과서가 아닌 교육과정을 가르쳐야 한다'를 주요 목표로 삼고 있었다. 교과서 의존 경향을 벗어나면서 교사들이 학년 협의회나 교과 협의회를 통해 교육과정을 함께 만드는 문화도 생겨났다. 그동안 교사들의 관점이 교과서의 권위에 기대던 방식에서 교사의 전문성이나 '합의'를 존중하는 방식으로 변화되고 있는 것이다.

2. 교육과정 지원 구조의 변화

학교 구성원들이 새로운 교육과정 개념을 정립하고 나면 학교 조직을 교육과정 중심으로 변화시키고 기존의 거버넌스[1] 체계도 새롭게 변화시켰다.

가. 교육과정 중심 조직으로의 변화

그동안 학교 공식 조직은 교무실과 행정실로 분리되고 교무 분장은 대부분 교육청 업무에 따라 구분되는 행정업무 중심 구조로 이루어져 있었다.진동섭 외, 2005 학교들은 업무지원팀을 구성하여 대부분의 학교 업

---

1. 거버넌스는 정부가 아닌 민관 협치라는 통치 개념, 새로운 의사소통 체계로 인식된다. 거버넌스 또한 위계적 구조에서 참여에 방점이 있는 참여·계층적 거버넌스와 의사결정, 진행, 책임까지 함께 지는 협력적 거버넌스로 구분된다.

무를 해결하고 학년부 중심 구조로 바꿔 담임교사가 학급에 전념할 수 있는 구조로 개선하였다.

바다중은 학교교육과정 철학에 맞춰 학년 단위에서 돌봄과 교육과정을 전담할 수 있도록 학년 담임 배치순서까지 새롭게 구조화하였다. 초등은 학년 단위로 교육과정을 운영하고 학년교육과정 예산도 배정되어 자율적으로 운영할 여건이 마련되어 있고 산들초는 중임제를 채택하는 등 학교 상황을 반영한 시스템을 구축하였다.

또 교사들이 수업에 몰입할 수 있는 환경을 만들기 위하여 굳어져 있는 관행을 바꾸고 각종 잡무를 줄였다. 바다중은 학교 업무를 분석하여 감사 대비용, 면피용으로 보이는 일을 줄이기 위해 시행 지침을 찾고, 지침에 없는 것은 바꾸거나 없앴다. 이 외에도 학생 교육에 꼭 필요한 일인지를 기준으로 업무를 통폐합하는 방식으로 진행하였다.

이렇게 교사들이 교육과정 지침을 적극적으로 해석하고 현실에 맞지 않는 부분에 기준을 새롭게 세우는 방식은 행위자들의 '선호'를 바꿔 새로운 기준이 작동하게 만드는 제도 개선의 과정에 속한다.

나. 교육과정과 수업 연구 조직 활성화

연구 대상 학교에는 교육과정과 관련된 조직이 많이 생겼는데 학교 규모에 따라 주 1회 모이거나 월 1회 교육과정 협의회가 상설화되고 학년 협의회는 주 1~2회 운영되고 있다. 학교가 발전해 나가면서 해결해야 할 과제가 생기거나 교사들의 관심사가 변화하면 별도 TF를 운영하기도 한다.

또 수업을 기존의 공개 방식이 아니라 수업 나눔 형식으로 전환시켜 공개수업이 학교교육 계획에 공식적으로 들어 있고 학습공동체와 연계되어 운영되는 경우가 많았다. 그래서 인근 지역뿐 아니라 전국적으로 교사나 연구자들이 혁신학교 수업을 보고 싶으면 교육과정 계획을 보고 신청하는 풍토가 생겨났고 이런 문화는 수업혁신 문화 향상에 큰 영향을 주었다.

학년 공동수업을 만든 후 다른 학년에 공개하는 등 학교가 학습조직으로 변화하고 학교 규모나 특성, 교사 분포에 따라 직무연수와 연계하거나 교육과정 연구, 수업 연구, 전문적 학습공동체가 통합적으로 구성되어 있는 것도 특징이다. 바다중학교에서는 교과 협의회가 실질적으로 운영되면서 교과교육과정 연구가 활발하게 이루어지고 있다. 천지중은 의결형 교무회의, 독서토론, 수업협의회 등을 포함하여 교사학습공동체를 운영하고 있다.

그동안 학교교육이 고립적이고 교과 내 소통에 비해 교과 간 소통이 원활하지 않은 것은 중등교육에서 고질적 문제로 지적되었다.[이종재 외, 2012] 그런데 이제 학교 내부에서 학년 간, 교과 간 소통이나 인문학, 그림책 등을 주제로 한 네트워크가 활성화되고 학교 밖 교사들과도 다양한 주제와 교과, 학년 모임 등 거버넌스 구조가 확대되고 있다.

다. 시간 운영 방식과 공간 구조 변화

학교에서는 조직 체계만이 아니라 수업시간과 공간 구조도 교육과정에 맞추어 변화시켰다. 조직을 운영시키는 기제로서의 수업시간표는 학교 조직의 핵심 기술로 구분된다.[진동섭 외, 2005] 이 학교들은 학생들의 생활과 성장 리듬, 교육 내용이나 교육 활동의 특성에 따라 기존 40분(초), 45분(중), 50분(고) 단위 시간을 융통성 있게 운영하고 있다.

초등은 모두 80분간의 블록수업과 2~30분의 놀이 시간을 운영하고 있다. 햇살초는 교육과정을 봄, 여름, 가을, 겨울 교육과정으로 편성하고 학사일정도 4학기로 운영하고 있다. 가람초는 방학 전 1주일 정도 운영하는 계절학기에 문화예술교육이나 집중교육 활동을 하고 활동 성과를 학교교육과정 변화에 반영하여 다음 활동을 기획하는 방식으로 운영되고 있다.

이 외에도 햇살초는 기초교육을 체계적으로 하고 학생의 감각을 열기 위해 매일 20분씩 아침열기활동을 하고 있다. 산들초는 디딤돌 학습시간을 10~20분 운영하여 기초적인 내용이나 해당 학습에 기본이 되는 내용을 다루는 방식으로 운영하고 가람초는 숲 산책 시간을 운영하고 있다.

중학교는 수업시간은 일정하지만 교육 활동에 따라 숙박형, 전일제, 집중이수(천지중 자유학기제) 등을 운영하고 있다. 학교교육과정 흐름을 보면 시간 운영 방식을 바꾸고 나니 교육 내용과 운영 방식이 더 다양해지는 경향도 볼 수 있었다. 교사들이 교육과정 문서를 '해석'하고 교육과정에 적합하게 학교의 시간 운영 방식을 변화시키고 이를 통해 수수업 운영 관행의 변화까지 나타났다. 교육과정 재구성 또는 교육과정 개발을 교육 내용에만 한정시키지 않고 시간 운영 방식까지 변화시켜 교육과정의 개념을 확대하고 교육과정도 변화시킨 것이다.

학교별로 교육과정과 구성원 간 소통 체계를 반영하기 위하여 학교 공간도 변화시켰다. 먼저 학년 교사들이 소통할 수 있도록 학년부 교무실이나 연구실을 확보한 것이다. 또 모든 학교가 공통적으로 도서관을 핵심 학습공간으로 활용하고 생태교육 공간을 확보하고 있다. 햇살초는 상자텃밭이나 학교 화단에서 텃밭농사를 하고 구청의 도움으로 활동 공간을 확대하고 있으며, 산들초는 학교 주변 논을 활용하고 있다. 바다중은 학교교육과정에 생태교육과정을 설정하여 텃밭농사를 과목(과학, 기술·가정 교과군)으로 제도화하고 학교에 텃밭과 논을 만들었다.

이 외에도 학습준비물실(햇살초), 목공실, 카페 등 학교교육과정을 고려한 특별실을 구축하고 학생들이 소통하는 게시판이 활성화되어 있는 것을 볼 수 있었다. 교육과정과 연계한 학교 공간 변화는 최근 많은 교육청의 공간 변화 사업으로 확대되고 있는데 여기에는 혁신학교들의 실천 사례가 준 영향도 크다.

라. 민주적 의사소통 기구 활성화와 거버넌스 확대

혁신학교는 민주적 의사소통을 중요하게 보면서 교무회의가 활성화되고 구성원들의 의사소통이 활발하다. 학교에 따라 이름은 의결형 교무회의(천지중), 햇살교사회(햇살초)로 부르고 있다. 공식 기구인 학교운영위원회 외에도 학부모회, 아버지회가 활성화되고 학부모 동아리도 운영되며, 학부모 의견은 교육과정 운영에도 반영되고 있다.

또한 인근 학교, 지역사회와의 거버넌스도 구축하고 있다. 교사들 간에는 지역 단위의 학년별 모임, 권역별 모임, 혁신학교 간이나 일반 학교 간의 협의회 등 다양한 방식으로 거버넌스를 구축하고 있다.

혁신학교 운영 방식의 변화와 교육과정 중심 운영 구조는 학교 간, 지역사회 간 네트워크의 범위와 방식에도 영향을 미치고 있었다. 기존 학교의 각종 조직이 비민주적이거나 너무 형식적으로 운영된다는 비판이 많았는데 학교 구성원들에 따라 거버넌스가 민주적으로 구축될 수 있다는 가능성을 보여 준다.

3. 교육과정 실행 방식의 변화

학교에서 함께 협의하여 만든 교육과정은 학생들과 상호작용하며 실행되어야 할 것이다. 교육과정 실행에는 학교에서 의식적으로 하는 활동과 일상적으로 이루어져야 하는 표준운영 절차 성격의 활동이 있다. 이는 교육과정 개념에 대한 설명과 유사한 부분도 있지만, 일상에서 실행되는 양상을 중심으로 분류하여 정리하였다.

가. 핵심 내용 중심으로 가르치고 통합적으로 운영한다

국가교육과정 대강화에는 총론과 각론 지침의 대강화, 내용의 대강화 등이 있다.강현석 외, 2006 연구 대상 학교들은 관행적이고 불필요한 업무나 행사를 줄여 교육과정 운영에 집중할 시간을 확보하였듯이, 교육과정에서도 '빼기' 작업을 진행하였다. 또 교과 체계나 시간 운영 방식을 바꿀 뿐만 아니라 가르치는 내용에도 변화를 주는 등 교육과정을 적극적으로 해석하고 실현하였다.

가장 먼저 한 것은 성취기준을 이용하여 교과서에서 안 가르쳐도 될 내용을 빼거나 성취기준을 통합하는 방식이다. 이렇게 하면 교과서 내용에 비해 60~70% 정도만 가르치는 효과를 가져온다.

> (학기 초 재구성 방식은) 성취기준을 먼저 뽑았는데요. 성취기준이 너무 세분화되어 있더라고요. 그래서 중요한 것을 중심으로 구성을 했어요. 2월에 그걸 한 거예요. 동학년은 세 반인데 함께 했어요. (산들초 5학년 교사)

> 연구자: 국가교육과정에서 제시하는 성취기준들을 어느 정도

통합하거나 다른 교과랑 합치거나 여러 가지 방법으로….

답변: 교과별로 다를 것 같은데, 저 같은 경우 70%로 줄였어

요. (바다중 혁신부장)

교과 내 통합만이 아니라 교과 간 통합이 활발해지면서 교과 교사 간에 교과의 성격을 고려하거나 새롭게 규정하여 통합적인 활동을 하기도 하였다. 대부분 학교들이 초기에는 '통합' 자체를 목적에 두고 개발을 하였는데, 학기 초에는 잘 지켜지지만 중간에 다른 활동이 추가되거나 교과 내용이 많아 끝까지 운영하는 것이 쉽지 않다고 하였다.

그래서 학교에 따라 진행 과정에서 통합의 목적을 다시 생각하여 필요에 따라 통합하거나 교과 단독으로 수업을 하는 방식으로 변화하기

[표 2] 바다중 통합교육과정(2018 학교교육과정)

주제	연계 교과	핵심역량	재구성 내용	시기
뮤지컬	사회 역사 국어 창체(음악)	합리적 의사소통 능력 문화예술 소양	사회 역사 시간에 뮤지컬 주제를 선정하여 시놉시스 작성-국어 시간에 시나리오 완성-음악 시간에 뮤지컬 기본 및 음악 3교과 시간에 연습하여 공연.	9월 ~12월
생태	영어 미술 기가	의사소통 능력 문화예술 소양	기가에서 텃밭을 가꾸고 텃밭일기를 작성. 영어 시간에 텃밭일기를 영어로 작성. 미술 시간에 북디자인의 특징 이해 및 다양한 기법으로 창의적으로 영어텃밭그림책을 제작.	6월 ~7월
학교폭력 예방교육	음악 도덕	대인관계 능력	도덕 시간에 학교생활과 친구관계의 갈등, 평화적 해결 방안을 모색함. 음악 시간에 대중음악의 역사와 종류 학습하고 라임에 맞춰 랩 만들기를 배움.	4월 ~5월
표현	체육 음악	문화적 소양 능력	음악 시간에 다양한 음악 감상법을 학습하고 상황에 맞는 음악 선정 방법을 배움. 체육 시간에 스피드컵타를 다양한 표현 방법을 활용하여 창작.	12월

도 하는 등 융통성 있게 운영하고 있다. 교과 내에서 재구성을 하는 경우는 교과의 본질을 고려하거나 교사들이 평소 협의에서 협력할 때 학생들에게 전체적으로 협력수업이 진행될 수 있다고 하였다. 이런 과정을 거치며 교과통합 자체보다 교과 단독으로 하더라도 교사들의 협력의 질이 더 중요하다는 걸 깨달았고, 특히 학교 철학을 공유하는 것이 중요하다고 하였다.

학교에서는 교육과정을 해석하고 학생들의 장점, 단점, 지역 특성을 고려하여 학교교육과정을 만들었다. 이는 교과 일부 재구성보다 폭이 넓고 구성 방식이 기존 학교에서 보기 어려운 형태이다. 교과 통합이 보통 교과 내 통합, 교과 간 통합, 주제중심 통합 활동, 프로젝트 활동으로 이루어지는데 학교 철학이나 활동 특성에 따라 다양하게 통합되었다. 산들초는 2008년부터 교육과정 일부 재구성이 아니라 학교교육 목표에 따라 교과교육과정을 통합하여, 디딤돌학습 등 네 가지 형태로 개발하고, 재량, 특별활동도 창조학습과 동아리, 어울마당 형태로 개발하여 운

[표 3] 산들초 학교교육과정 7형태(2018 산들초 학교교육과정)

구분	2008년	2018년		
		학습 형태	내용	영역
교과	디딤돌학습 다지기 발전 문화예술 통합 생태학습	디딤돌학습 통합학습 발전학습	필수능력 지속 학습 교과 융합 시도 학생 개발 교육과정	개인 맞춤형 교육
		생태교육 문화예술교육	생태체험학습 국어, 체육, 음악, 미술 재구성	감성교육
재량/특별 (창체)	창조학습	어울마당 동아리	전교생 활동 학생 주도	실천교육 맞춤험
	어울마당 동아리			

영하였다. 최근에는 개인맞춤형 교육, 감성교육, 실천교육 영역으로 구분하고 교육과정 7형태로 조직하여 운영하고 있다.

햇살초에서는 학년마다 '집중학습계획'을 함께 만들고, 가람초는 '나눔 수업'이라고 부르고 있다. 바다중은 '텃밭 가꾸기'를 과목으로 만들어서 과학과 기술·가정 교과 등을 통해 가르친다. 그동안 많은 학교에서 텃밭 가꾸기를 하였지만 일시적으로 운영하거나 수업시간 외에 교육 활동으로 운영하는 경우가 많은데 바다중은 대안학교처럼 과목으로 편성하고 체계적으로 운영하고 평가까지 진행하고 있다.

교육 내용과 교육 활동이 다양해지면서 교육과정 진도표에서도 변화가 나타나고 있었다. 그동안 현장에서는 시수에 맞춰 교과서 차시 순서대로 내용이 들어간 진도표가 대다수였다면 최근에는 기존 시수표에 교육 활동을 기록하거나 학교에 맞는 새로운 형식의 진도표가 만들어졌다([표 4, 5]).

가람초는 모든 교과의 목표와 핵심 활동을 고려하여 학년 전체 상시 활동과 학년 교과별 상시 활동을 뽑고 교과별 핵심으로 학교교육과정을 새롭게 구성하였다([표 6] 참조). 가람초에서 6년간 지속적으로 하는 활동은 숲 산책, 배움길, 나눔길, 글쓰기, 책읽기이다. 열쇠말은 학교교육과정을 설명하는 중요한 낱말로, 국어가 삶, 말, 글이라면 모든 구성원이 국어를 가르칠 때 삶과 말과 글을 어떻게 이을 것인가를 초점에 두고 겪기와 드러내기, 이야기, 글쓰기 흐름을 타야 한다는 의미이다.^{가람초 학교교육과정}

교과서의 기능과 역할도 교과나 활동에 따라 달라진 모습을 볼 수 있었다. 학년교육과정을 만들 때 교과 성취기준을 활용하는 것에 익숙해지면서 교과서는 필요할 때만 활용하는 교재 기능으로 전환되었다. 바

[표 4] 햇살초 1학년 4월 집중수업 진도표

집중수업 (차시)	국어		수학	통합교과
아름다운 우리 글(25) •글자는 어떻게 만들어졌을까? •홀소리 만나 보기 •닿소리 만나 보기 •닿소리와 홀소리, 글자의 짜임 •'ㄱ, ㄲ, ㅋ'을 소리와 형태로 경험하고 낱말과 시를 써 보고 그림으로 나타내기 •'ㄴ'을 소리와 형태로 경험하고 낱말과 시를 써 보고 그림으로 나타내기 •'ㄷ, ㄸ, ㅌ'을 소리와 형태로 경험하고 낱말과 시를 써 보고 그림으로 나타내기 •'ㄹ'을 소리와 형태로 경험하고 낱말과 시를 써 보고 그림으로 나타내기	1. 바른 자세로 읽고 쓰기(3) (읽기) 글자, 낱말, 문장을 소리 내어 읽기 (듣기) 말하는 이와 말의 내용에 집중하며 듣기	5. 다정하게 인사해요(5) (말하기) 상황에 어울리는 인사말 주고받기 2. 재미있게 ㄱㄴㄷ(7) (문법) 한글 자모의 이름과 소릿값을 알기 3. 다 함께 아야어여(5) (문법) 모음자의 이름 알고 모음자 읽기 4. 글자를 만들어요(5) (읽기) 글자, 낱말, 문장을 소리 내어 읽기 6. 받침이 있는 글자(5) (쓰기) 글자 바르게 쓰기	2. 여러 가지 모양(6) •여러 가지 모양 알아보기 •여러 가지 모양으로 만들기 1. 9까지의 수(14) •2~9 알기 •수의 순서 알기 •하나 더 많은 것과 한 자 더 적은 것 •두 수의 크기 비교하기 •몇 번째인지 표현하기	「봄」 2. 도란도란 봄 동산(36) •봄에 볼 수 있는 것 살펴보고 봄이 오는 모습 이야기하기 •학교 주변의 봄 모습을 살펴보고, 비슷한 것끼리 모으기 기타 생략
생각하는 수학 ① (1~10) (18) •수 도입 •수 세기 •세상에서 하나(둘…)인 것 찾아보기 •리듬에 맞춰 수 이야기하기 •숫자의 의미 생각해 보기 •몸으로 숫자 표현하기 •숫자의 의미 이미지화하여 표현하기 •숫자와 나와의 관계 생각해 보고 시 쓰기				
59	30		20	56

[표 5] 천지중 2018년도 1학년 1학기 3월 과학 교육 과정 진도표

주	기간 및 행사	교과 통합	단원	성취기준	배움 활동	평가 계획
1	3. 1~3. 2 새학년 맞이 주간(2) (1/1)	세움-자기관리, 정리정돈 경청 1. [국어] 학습플래너 작성방법 모둠별로 공유하기(3학년 멘토 도움)/ 자기소개하기(친구, 가족, 자기성찰 자료 활용) 및 동료 평가 2. [영어] 자기소개를 한 후 모둠에서 모둠원들의 특징을 찾아 노래가사 쓰기 3. [국어] 목적에 맞게 면담하기-학생자치회 인터뷰, 모둠 발표 및 공유 4. [사회] 후보자 공약 분석하기 5. [도덕] 도덕적 행동을 실천하지 못했던 경험을 찾고 실천하지 못한 이유를 설명하고 극복 방안 제시하기 6. [사회] 우리 학급 규약 만들기		9과 06-01 9과 06-02	물체를 보는 과정을 검증하는 실험 설계하고 실험 진행 후 발표하기	실험 평가
2	3. 5~3. 9 새학년 맞이 주간 (5~6×3/4)					
3	3. 12~3. 16 교육과정 설명회(16) (3/7)				확대경을 이용한 TV원리 탐구 후 색깔 그림자를 이용한 이야기 만들기	그림자 이야기 공연 평가
4	3. 19~3. 23 가정방문주간 (3/10)					
5	3. 26~3. 30 (3/13)					

다중은 영어 교과서 대신 동화책으로 수업을 하여 교과서를 사용하지 않고 있다.

가람초는 교육 활동 특성을 고려하여 국어, 수학 공책을 만들고 "평가는 교재 개발"이라며 시 공부 자료, 동화 자료, 노래 자료를 만들어 활용하는 등 필요한 교재를 만들거나 교육 활동 결과를 수업 교재로 전환시켰다. 이렇게 핵심 내용 중심으로 교육과정 양을 줄이고 통합시켜 학교마다 다양한 교육과정이 운영되고 있다.

한편, '교육과정=교과서'로 인식되던 상황이 많이 변화되었지만, 국정 교과서가 많고 여러 교과를 가르치는 초등에서는 여전히 학년교육과정 개발 내용과 교과서가 같이 다뤄지는 문제가 나타나고 있다. 여기에는 교사들의 불안감이 반영되어 있다.

[표 6] 가람초 교과교육과정 재구성 예시(2018 학교교육과정)

	교과 목표(과녁)	핵심(열쇠)	상시 활동
국어	창의적 언어능력 신장 (우리말 부려 쓰는 힘 갖기)/ 삶, 말, 글	삶, 말, 글	글쓰기, 문집, 온작품읽기, 시배움책
수학	수학적 의사소통	겪기, 사고	생각 열고 탐구하는 수학적 경험 (수학공책 활용)
과학 실과	과학적 탐구능력과 소양 기르기	탐구, 이해, 활동	자유탐구활동, 과학탐구주간, 과학 동아리 활동, 여름계절학교
예술 (음, 미)	삶 속에서 예술 즐기기	예술적 기능, 표현, 가치	학년별 악기, 방과후 국악교육, 가람초노래집, 미술관 체험, 졸업작품전

교과서에 상세한 안내가 있는 상태에서 학년 단위의 교육과정 개발의 정당성이 흔들릴 수 있다는 것이다. 이런 문제 때문에 햇살초 혁신부장은 제발 국정 교과서가 없으면 좋겠다고 하였다. 제도의 경로의존성 측면에서 보면 오랫동안 형성된 교과서 중심 수업 관행이나 인식이 학교중심 교육과정 개발을 제한하고 있는 것이다.

이때 교사들이 고민하는 재구성의 질은 단순히 교과서보다 질이 낮다는 의미가 아니라 교사들이 교육 내용을 해석하고 실행하는 수준이 적절한지에 대한 고민도 함께 느껴졌다. 이는 교과서에 기대던 권위가 힘을 잃었지만 교과서를 대체할 새로운 제도는 아직 확고하지 않기 때문이다. 학교 내 학습공동체 연수나 학년 협의회 등 새로운 거버넌스가 구축되고 있지만 단위학교 차원에서 해결하기는 쉽지 않을 것이라고 본인다.

나. 배움중심수업 활동을 만들어 간다

이 학교들은 학생의 배움을 중심으로 수업이 이루어져야 한다고 보고 학년 단위나 영역에 따라 공동수업을 하며 일상 수업에서 학생의 관계를 다지는 방식으로 바뀌고 있다. 가람초는 6학급인데 주마다 교사회의에서 학교교육과정에 따른 수업 상황을 공유하고 수업 에세이를 쓴다. 산들초는 2018년의 경우 교육과정, 그림책, 주제통합 주제로 연간 학습 공동체를 운영하면서 영역별로 협력하여 수업을 만들었다.

수업 공개나 수업 나눔(평가회)은 수업자의 의도 공유, 학생들의 배움, 교사가 배운 내용을 공유하는 방식으로 전환되었다. 중학교는 공개수업 때 교사별로 학생을 나눠 관찰하고 평가회에서는 그 학생들의 배움이 일어나거나 막힌 부분, 생활 부분, 다른 교과에서의 활동과 비교하며 앞으로 학생을 도와줄 수 있는 방법들을 이야기하였다. 이렇게 학생들과 함께 하는 활동이 수업으로 진행되면서 학생 생활 문제를 종례 때 이야기하거나 학생부로 보내던 방식에서 수업으로 풀어 가는 문화로 바뀌고 있다.

> 학년부에서 경험해 본 사람은, 교과에서 하는 게 가장 효과적이라는 것을 경험해 본 사람은 자연스럽게 수업 얘길 하거든요. 저희는 핸드폰으로 인한 문제가 거의 없어요. 1년 내내 그런 이유가, 예를 들면 과학과에서 1학년 학기 초에 과학이 사회에 미치는 영향을 할 때 아예 그 핸드폰 문제로 대체해 버려서 배움으로 가져가는 거예요. 이런 걸로 충분히 토론하고 학급별로 아예 세부 규칙도 따로 정해요. (바다중 혁신부장)

수업이 바뀌면서 교사들의 회의 문화도 지시, 전달에서 토론으로 바뀌고 학생도 마찬가지다. 그래서 이 학교들에서는 교사회의 외에도 학간, 학생과 교사, 학부모 간에도 토론회가 자주 열린다. 수업 과정에서 평가가 이루어진다는 점도 깨닫게 되었다.

> (이전과 다른 점은) 전에는 그냥 수업했죠. 교과서 진도. 재밌게 이걸 잘 전달(하는 거). 애들도 그걸 전달하는 선생님이 재밌으면 잘 배우는 거고 재미없으면 대충 배우는 거고. 그런데 '이런 수업 활동을 왜 하지?' 공감이 있으니까 교사는 수업을 왜 하는가에 대한 수업의 철학이 깊어지고, 그래서 단적인 예로 아이들의 문제행동을 보면 학생부를 찾는 게 아니라 '우리 이거 수업에서 다뤄 볼까?' 이런 변화들이 생겼어요.
>
> (천지중 전 혁신부장)

다. 학교 철학을 반영한 다양한 평가가 이루어진다

평가라고 하면 보통 시험, 즉 총괄형 평가를 보고 점수를 알려 주는 행위로 인식되었다면 연구 대상 학교에서는 일제식 평가를 지양하고 다양한 방식으로 바꾸었다. 교육과정과 수업을 학생 성장 중심으로 바꾸면서 수업 활동 관찰과 피드백이 평가라는 생각을 가지게 된 것이다.

햇살초는 학기초 진단평가를 보고 부진아를 찾아내 부진아 지도를 하는 방식으로 진행되던 관행을 '진단활동', 즉 수업과 관찰 형태로 전환하고 이 내용으로 1년 학급운영 계획 수립, 학부모 상담 기초 자료로 가는 경로를 만들었다. 햇살초는 초등학교 저학년은 평가라는 말 대신 '관찰'로 바꾸자는 제안도 하였다.

문서로 기록되어 학부모에게 전달되는 일방적인 통지를 보완하기 위해 봄과 가을에는 학부모 상담을 통한 통지를 하는 데, 봄·가을 학기에 진행하는 학부모 상담이 정착되어 100% 상담이 이루어지고 있다. (2014 햇살초 백서)

이때 교육과정과 수업과 평가의 연계성은 학교 철학의 공유, 즉 가치를 공유한다는 의미이다. 학생도 수동적으로 평가를 당하는 것이 아니라 수업에 참여하고 평가에도 자기 의견을 낼 수 있다. 천지중은 학생들에게도 교육과정 진도표를 주기 때문에 학생들끼리 "이번에 성취기준 도달했어, 나는 못 했어." 이런 이야기가 오간다고 하였다.

교과통합 활동에 따라 교육 활동과 수업 내용이 바뀌면서 평가에서도 수행평가 비율이 높아지고 영역별 평가가 활동 주제로 바뀌기도 하며, 통합적 교육 활동 안에서 교과별로 평가하는 통합적 평가도 하고 있다. 또 수업이 바뀌면서 서술, 논술형 평가도 많아졌다고 한다.

가람초는 학생의 6년 성장 결과를 기록하고, 평가를 교재 개발의 측면으로 전환하였다. 많은 학교에서 교육과정이 지속적으로 운영되고 수업을 공동으로 고민하면서 일상에서 학생들의 얼굴과 생활 태도를 관찰하여 성장 정도를 볼 수 있게 되었다고 한다. 교육과정 평가회를 보면 학생들의 성장 여부를 중심으로 논의가 이루어지고 교사들이 평가를 학생 성장을 돕는 과정으로 인식하고 있었다.

하지만 다양한 평가 방식의 개발 등 변화가 있지만, 생활기록부나 통지표 등 평가를 기록하는 방식에서는 여전히 어려움을 느끼고 있다. 산들초는 초기에 서술, 논술형 평가 방식을 도입하여 초등 평가 방식 전환에 많은 영향을 주었지만, 시스템이 변하지 않았고 이것을 해석하여 적용해야 하기 때문이다. 예를 들어 전산으로 성적을 기록하는 시스템은 결과 중심 시스템이고 교육부는 통지표를 출력하는 방식까지 지시를 하는 등 제약이 큰 편이다.

중학교는 성취평가제가 시행되고 수행평가가 확대되면서 학생들에게 피드백하는 과정을 중요하게 보는 것은 적절하다. 하지만 입시제도가 견고한 상황에서 초기에는 교사가 가진 평가관(공정성, 객관성 등) 속에서 혼란을 겪었다. 이는 중등학교에서 많이 겪는 문제이다.

저는 처음에 과정 수행평가를 정의롭게, 공정하게 한다는 강박에 너무 많은 수행평가를 하느라 힘들어서 내가 이걸 지속할 수 있을까?(생각했어요.) 예를 들면 학습지를 매번 거둬서 매번 확인하고 어느 정도 되면 1점 주고, 아니면 0점 주고. 그래서 1, 0, 1, 0 매번 누적하고 그러면서 제가 굉장히 성실하게 아이들을 평가하고 있다고 생각했어요. 근데 어느 날 교사들끼리 배공(배움의 공동체) 비슷하게 연수받는 게 있었는데 되게 쓰기 싫더라고요, 제가 충분히 토론하고 했어요. 그러면서 든 생각이, 아이들도 마찬가지라고 봤어요.

이 필기가 과연 아이들을 다 말해 줄까? 나 자신이 수업에 너무 자신이 없었던 것은 아닐까? 과정에서 아이들이 충분히 참여했으면 됐는데. 지금도 학습지 걷어요. 그런데 그때랑 걷는 이유가 달라졌어요. 그때는 아이들이 어떻게 했나 봐야 했고 공정하게 평가해야겠다고 했는데 지금은 내 수업의 방향이 제대로 가고 있나 아이들을 통해서 보기 위해서, 제 자신을 보기 위해서 참고용으로 걷어서 보는 거고. (바다중 혁신부장)

라. 학생자치도 교육과정이다

초중등교육 목표에서는 학생들이 민주시민으로 성장하는 것을 중요하게 보고 있지만 교육과정에서 시간 배치나 실질적 활동이 어려워 학생자치를 포함한 민주시민교육은 영교육과정(교육과정에 있어도 제대로 가르치지 않고 무시되는 교육과정)에 가까웠다. 이 학교들은 혁신학교 철학이나 구성원 합의로 학교를 민주적으로 운영하고 학생자치를 중요하게 보므로 자치 시간을 교육과정에 명시하고 민주시민으로서의 자질을 기를 수 있는 기회를 제공하고 있다.

가람초는 초기 학교교육과정은 체험활동 중심으로 운영하였고 최근에는 학생자치를 중심에 두어 학급다모임(저학년 주 1회, 3~6학년 월 1회), 온다모임(전교, 월 1회)으로 정례화하였다. 산들초와 햇살초도 전체, 학년군별, 학급 협의 시간을 두고 있다. 이 외에도 학생회가 주관하는 행사 시간이 배정되어 실제 자치활동 시간은 더 많다고 볼 수 있다. 동아리 활동의 경우 초중학교 모두 학생들이 주도적으로 운영하고 있었다.

하지만 중학교는 교과 수업시간 확보 때문에 자치 시간이 많이 부족하다고 하였다. 천지중은 학생회 활동이 활발하지만 일상에서 학생들이 학급의 일이나 의결 사항을 협의할 시간은 부족하다고 하였다. 초등은 교과 수업과 연계하여 융통성 있게 운영할 여지가 크지만 자치활동이 더 활발해야 할 중학교는 시간 확보에 어려움이 많았다.

최근에는 학생자치가 생활 영역에서 학습 영역으로 확대되고 있다. 초등학교는 학급별 체험학습이나 숙박형 체험학습을 학생들이 주도적으로 준비하여 운영하고, 중학교도 체육대회 준비와 운영(천지중), 숙박형 통합체험학습인 오감여행준비(바다중)를 수업과 연계하여 기획하고 운영한다.

이러한 활동은 학생들이 1학년부터 교과통합 활동이나 학교교육과정 속에서 체계적으로 능력을 키우고 태도를 습득한 결과라고 한다. 배움 중심수업으로 일상 수업에서 학생들의 실질적 역량을 키우고 학생 주도 교육 활동으로 기량을 발휘할 기회를 제공하는 방식으로 운영이 되고 있다. 그래서 이런 활동을 학교교육 활동의 절정이라는 의미에서 '꽃'으로 표현하기도 하였다.

> 학생자치 같은 경우는 어울마당을 중심으로 하는데, 그거 발전학습이라는 동아리, 어떻게 보면 발전학습이 가장 꽃이라고 보고요. 우리 학교교육과정의, 절정에 올라 있는 모습이라고 보는데요. 그만큼 (1학년부터) 자기가 계획하고 실천하고 계획 세우는 것부터 이야기가 오가면서 자기가 할 것을 찾고 해 나가는 과정이에요. (산들초 혁신부장)

가람초는 학생들에게 스스로 배울 권리, 스스로 누릴 권리를 강조하여 4~6학년 수학 수업 중 일부를 학습 자치 시간으로 운영하는 등 학생들의 성장을 보면서 다양한 시도를 하고 있다. 바다중은 사회 교과에서 선거 관련 공부와 체험을 하고 수행평가로 교육청에 선거 공약을 올리는 것을 제시하였다. 그런데 이것이 2014년 한솔 교육청의 "9시 등교" 정책으로 만들어져 학생들이 제도 개선의 주역이 되는 경험도 하였다.

학생들이 교육과정 개발에 의견을 내고 수업 참여도가 높아지면서 자기주장을 하기 위해 학교 벽보에 자유롭게 붙이는 것을 좋아한다고 하였다. 그래서 햇살초에서는 게시물이 너무 많아 교육과정평가회 때 조정 방안을 협의하였다. 학생들이 잘 모르는 것이 있어도 부끄러워하거나 두려워하지 않고 자기 표현을 잘하는 편이라고 한다.

천지중 학생들은 고등학교에 가서 중학교 경험을 토대로 지역연합 학생자치활동을 시작하여 교직원, 지역 주민들과 지역교육공동체의 발판을 만들고 마을에서도 '마을 장터', '마을 사랑방' 등의 활동을 전개하고 있었다.

마. 삶과 앎이 연계되는 교육과정을 만들어 간다

이상을 보면 이 학교들은 구성원들이 학교교육과정을 함께 만들어 운영하고 평가하는 흐름이 상시적인 "개발-운영-평가"로 정착되고, 교육과정 운영 경험이 계속 축적되고 있다. 이는 교사의 경험에서도 나타나고 학교교육과정의 정리 내용에서 해마다 고민 내용이나 교육 활동이 깊어지는 것이 보인다.

많은 교사들이 교과나 학교교육과정을 교사들이 주도적으로 만들어 가면서 교사도 성장하지만 학생들의 성장과 발달을 관찰할 수 있게 되었다. 교사에 따라 방식은 다양하다.

> 2학년 교육과정 평가 내용: 국어, 말듣읽쓰를 통합하여 수업을 하는데 학생의 무엇이 발달하고 스스로 수정하는지를 보고 있다. 1학기에 반복된 활동 수업을 했다. 전에 재구성은 프로젝트로 반짝반짝하고 다양한 수업을 했다. 그때는 수업이 좋긴 좋았으나 학생 발달이 잘 안 보였다. 이걸 조금 단순화시켜야 학생 발달이 잘 보이겠다(고 생각했다).
>
> (7월 16일 산들초 교육과정 협의회 참관록)

무엇을 위해 교과를 가르치고, 아이들에게 필요한 배움은 무엇이며, 우리 학교를 졸업하면 어떤 아이로 성장할 것인가? 학교교육과정은 우리 학생들을 어떻게 키워 내고자 하는가에 대한 답이다. 그래서 아이들에게 필요한 자존감과 배려가 학교 철학이자 목표가 되고 이것을 행사가 아닌 일상 수업에 녹여 내어 이것이 다시 학생들의 삶에 적용될 수 있도록 지내는 것이 학생 성장을 돕는 교육과정이다. 학기말과 학년말에 하는 교육과정 평가회는 아이들의 성장과 변화를 중심으로 평가한다. (바다중)

혁신학교 초기에는 수업을 변화시키는 것에 많은 노력을 했는데 이런 활동이 축적되면서 이제는 일상의 교육 활동에 집중하고 그러면서 오히려 교육과정이 단순해지고 학생 성장을 잘 볼 수 있게 되었다. 이는 학교가 추구하는 목표를 일상 수업이나 교육 활동에 녹여 내거나 기본적인 학습 과정에서도 학생들의 앎과 삶이 연결되는 고리를 찾아낼 역량이 쌓이고 있다는 의미이다. 초기에 교육과정 재구성에 집중하던 교사들이 방법론에서 교과 본질을 탐색하다가 학생 발달에 대한 이론서를 많이 찾는 현상과 맥락을 같이한다.

하지만 경험이 축적된다고 이 과정이 쉬운 것은 아니다. 학교교육과정 평가회가 되면 교육과정이나 학생 성장에 맞춰 학년 간 활동 배치를 다시 해야 한다. 2월에 학년교육과정을 만들었어도 상황에 맞게 교육과정을 유연하게 수정하고 새로운 것도 추가하는 등 학생 성장에 따라 만들어 가야 하기 때문이다.

연구자: 학년교육과정을 짜실 때 학생들의 삶과 연계하여 고민한다고 하셨는데 그럼 어떤 걸 가장 중요하게 잡아서 만드셨어요?

답변: 5학년이 온작품읽기를 하는데 학생들의 삶을 반영하기 위해 책 선정을 학년에서 가장 중요하게 생각했어요. 작년에 했던 책도 있지만 학생들에게 맞춰서 새로운 책을 찾았어요. 실과와 미술을 연계해서 프로젝트도 운영했고요.

연구자: 구체적으로 학생 삶과는 어떻게 연관이 될까요?

답변: 사실 올해 아이들이 작년에 비해서 많이 어려요. 그래서 처음에 짰던 걸 다시 학생들에게 맞춰서 주마다 조정했어요. 작년 아이들은 생각은 깊고 학력도 높은 편인데 활동성이 부족했어요. 그래서 올해는 작년 아이들 기준으로 활동적인 내용을 더 많이 반영했는데요. 막상 아이들 보니까 활동적이긴 한데 뭔가 깊게 생각하고 토론하고 자기 생각을 정리해 내는 걸 잘 못하더라고요. 고민이 부족하고요. 그래서 접근 방식을 달리하고 매주 교육과정을 수정했어요. 그대로 가면 활용을 못 하겠더라고요. 저 도마 만들기도 원래 없던 건데 아이들이 하나를 꾸준히 하기 위해 새로 넣은 거예요. 원래 실과에 만들기로 나온 건 해도 별 의미가 없겠다 싶었어요. (산들초 5학년 교사)

이 과정에서 교사들은 교과서 재구성에서 교과의 해체나 본질 탐색 등 다양한 방향으로 고민이 확대되고 실천적 지식을 활용하여 다양한 모색을 하고 있다. 즉 교육과정의 실행에서 충실도 관점이나 상호적응 관점을 벗어나 생성적 방식을 보여 주고 있는데, 여기에서 나아가 기존 교육과정 구조에 대해서도 문제를 제기하는 것이다.

한편, 현재 교육과정 재구성이 학교 철학의 공유가 없이 ○○ 교육과정, ○○ 방식 등 일정한 형식을 강요하는 방식으로 수렴되는 현상은 비판적 시각으로 보고 있었다. 교육청에서 하는 연수를 듣고 왔는데 혁신학교 성과를 왜곡하거나 문서 만들기처럼 보일 우려가 많다는 것이다. 특히 교육과정보다 평가 혁신 방식에 대한 걱정을 많이 하였다. 혁신학교에서 평가가 변화되는 과정이 각기 다르고 관점의 변화가 중요한데 최근의 평가 혁신 또한 너무 복잡한 양식을 강요하고 있다고 비판하였다.

Ⅳ. 학생 성장발달 중심 교육과정의 발전

1. 교육과정의 개념과 성격 변화

혁신학교들은 여러 가지 제도적 제약 속에서도 교육과정을 해석하고 학생들의 상황을 고려하여 교육과정을 만들고 실행하고 있다. 이상을 보면 기존 교육과정 운영 관행이 많이 변화하였을 뿐 아니라 제도적 관점에서 변화가 나타나고 있다.

가. 교육과정 개념, 지원, 실행의 역동적 관계

혁신학교 교사들은 교육과정 개념을 '학교에서 학생 성장발달을 위해 이루어지는 모든 교육 활동'으로 이해하는 관점과 철학을 공유하고, 교육과정에 학교 철학을 반영하여 숙의 방식으로 개발하고 있다. 그동안 교육은 가치나 철학을 반영하기보다 가치중립적이며 객관적이어야 한다는 인식이 강하였다. 혁신학교가 구성원의 합의를 거쳐 교육과정에 철학이나 가치를 반영하는 것은 학교중심 교육과정의 필요성을 잘 보여준다.

변화된 교육과정 개념을 실행하기 위해 교육과정 지원 구조(조직과 거버넌스 변화)는 학교교육 목표에 부합하도록 변화시켜 학교를 학습조직으로 전환시키고 교육과정 실행(표준운영 절차), 즉 일상적인 행위논리까지 변화시켰다. 이들의 관계를 보면 [그림 3]과 같다.

[그림 3] 교육과정 개념, 지원 체제, 교육과정 실행의 관계

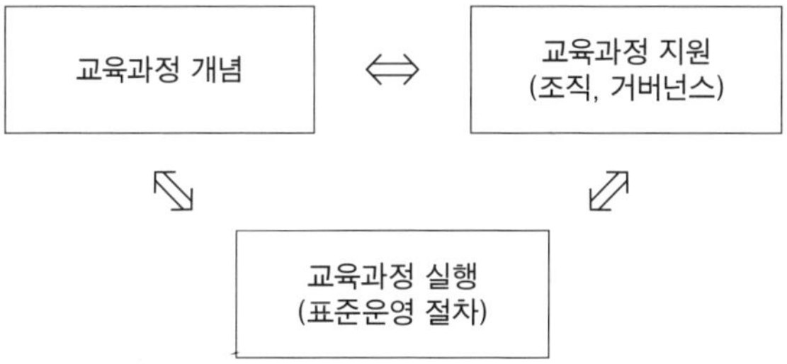

| 교육과정 개념 | ⟺ | 교육과정 지원 (조직, 거버넌스) |

교육과정 실행
(표준운영 절차)

이는 일방향적인 것이 아니라 학년부가 만들어지니 자주 만나게 되고, 업무가 없어지고 나니 그다음에 할 것이 무엇일까 생각하여 수업에 전념하게 되는 등 조직 구조가 행동과 공유된 이해를 변화시키는 상호작용도 가능하다. 특히 학교 구성원이 계속 바뀌기 때문에 최근에는 교육과정 지원 구조나 실행 방식이 교사들의 인식을 바꾸는 데 중요한 역할을 하고 있다.

이 학교들은 교육과정 변화를 추구할 때 교육과정 관련 예산 배정, 다양한 학습 공간 등 교과 수업과 교육환경이 분리되던 관행을 교육과

정의 내용과 정책 과정을 포괄하는 개념으로 전환시켜 학교교육과정을 운영하였다. 업무정상화 정책, 교사 학습공동체 운영도 연계하여 추진하고 교육과정이 발전하면서 지역사회와도 협력하게 되었다. 민주적 학교문화를 추구하고 기존 관행을 변화시키려 한 점이 교육과정 변화에도 큰 영향을 주었다. 신제도주의는 제도를 단일체가 아니라 복합체로 보며, 문화나 관행도 변화시켜야 할 요소로 보는데, 이런 특성을 잘 보여주는 사례이다.

그동안 교육과정 정책을 보면 국가교육과정 개정으로 학교교육과정 변화를 추구하였지만 문서 변화에 그치고 기존 관행, 규범 및 문화를 변화시키지 못했다. 행정적 지원 체제나 학교의 물리적 환경 개선도 함께 이루어지지 못했다. 이에 비해 혁신학교 구성원들이 참여와 자율을 통해 교육과정 개념을 새롭게 설정하고 교육과정을 변화시키는 것은 국가교육과정을 개정하지 않고도 기존 교육과정과 운영 체제를 점진적으로 변화시키는 것으로 교육과정 변화가 가능하다는 것을 보여 준다.

나. 실적 중심 교육과정에서 학생 성장발달 중심 교육과정으로

혁신학교는 교육과정의 성격 측면에서 실적 중심의 교육과정을 학생 성장 중심 교육과정으로 변화시켰다. 실적 중심 교육과정과 학생 성장발달 중심 교육과정의 내용을 보면 [표 7]과 같다.

먼저 실적 중심 교육과정이란 무엇일까? 기존 학교교육과정은 학사일정표와 진도표, 부서 계획을 학교교육과정 만들기로 보고, 학교 행사는 학교 평가나 감사에 실적으로 제시할 사업 계획 중심이다.^{김은주, 2017} 이렇게 만든 교육과정은 교사들에게 외면받는 캐비닛 교육과정이 되고 교사는 잡무 때문에 교과서 중심 수업을 벗어나기 어렵다. 감사나 장학 대

[표 7] 실적 중심 교육과정과 학생 성장발달 중심 교육과정

구분	실적 중심 교육과정	학생 성장발달 중심 교육과정
교육과정 개념	• 교과, 행사 중심(공식 교육과정) • 가치중립적(공학적 설계) • 문서 중심(캐비닛 교육과정)	• 모든 교육 활동(공식+잠재적, 영 교육과정) • 철학과 가치 중심(숙의 과정) • 교육 설계도(조향) 기능
교육과정 지원 구조	• 목적과 분리(업무 중심) • 계층적 거버넌스	• 목적에 부합(교육과정 중심) • 협력적 거버넌스
교육과정 실행 방식	• 교과서 진도 나가기 • 지식 전달, 고립적 문화	• 학생 성장발달(삶과 앎 연계) • 지식 구성(배움중심수업), 협력 문화

비를 이유로 학교에 많은 문서가 만들어졌고 아직도 이런 관행이 지속되고 있는 학교나 지역이 많다.

이때 학교 조직은 실적 수행에 적합한 행정업무 중심 구조라서 교육과정 목표 실현과 분리되어 있다. 거버넌스 체제는 학교운영위가 다른 학교 조직과 단절되거나 학교장 중심의 계층적 거버넌스(계획에는 참여하되 실질 운영이나 평가에는 배제되는 방식)로 운영되어 도리어 관료적 행정을 정당화시켜 주는 경우가 많다. 교육과정 실행은 교과서 진도 나가기와 교과서 지식 전수와 다름없다. 이때 민주적 협의나 합의가 없는 교육과정 재구성은 또 하나의 문서 만들기이고 실제 수업에는 영향을 주지 못하는 업무가 될 뿐이다. 최근에 많은 학교에서 교육과정 재구성을 강조하는데 실제 수업에는 변화가 없거나 문서만 많아진다고 하는 이유가 이런 구조적 문제 때문이다.

학생 성장발달 중심 교육과정의 특징은 다음과 같다. 연구 대상 학교들은 교육과정을 학교의 모든 교육 활동, 즉 공식적 교육과정뿐 아니라 잠재적 교육과정, 영교육과정을 포함한 개념으로 보고 교육과정에 학교

철학과 가치를 반영하여 숙의 과정으로 개발하고 있다. 또 구성원이 제도를 변화시키는 행위자의 역할을 하고 있다. 학교의 철학을 공유하고 변화된 교육과정에 맞춰 지원 체제까지 변화시키고 학교를 교육과정 중심 구조로 만들었다. 즉 구성원 간의 협력과 자율성이 보장되는 협력적 거버넌스 체제가 만들어지고 운영된 것이다.

이렇게 만든 교육과정은 문서에 그치지 않고 학교의 일상생활과 조직까지 교육과정 중심으로 움직이게 하는 조향steering 기능을 수행하고 있다. 교육과정 실행 기준은 학생의 성장발달을 중심으로 삶과 앎을 연계시키려고 하고 다양한 교과서와 교재를 활용하여 학생들이 지식을 구성하고 활용하는 방식으로 이루어진다.

이때 학교교육과정을 실적 중심 교육과정과 학생 성장발달 중심 교육과정으로 분류하는 기준은 혁신학교냐, 아니냐의 차이보다 다른 데 있다. 혁신학교라도 민주적인 학교문화를 만들지 못하고 형식적으로 교육과정을 개발하거나 문서 만들기에 치중하면 실적 중심 교육과정에 속한다. 이런 방식으로는 학생의 삶과 앎을 연계시키지 못하기 때문이다. 반면, 일반 학교라도 구성원들이 합의하여 학교문화를 변화시키고 문서는 많이 변화시키지 못했더라도 학생들의 삶을 바꾸는 교육을 한다면 그 학교는 성장발달 중심 교육과정을 운영하고 있다고 볼 수 있다.

다. 다양한 교육 활동과 수업으로 펼쳐지는 학교교육과정

연구 대상 학교에서는 교과서를 도외시하지도 않지만 교과서가 절대적인 위치를 차지하지도 않는다. 학교 철학이나 학생들의 발달에 맞추어 교육 목표나 내용을 설정하고 성취기준을 활용하며 교육과정을 운영하기 위해 시간, 공간까지 변화시켜 교육과정을 만들어 가고 있다. 이는 그동안 국가교육과정이 학교로 하달되던 방식과는 다른 양상이다.

그동안 우리나라 교육과정은 '교육과정 → 교과서 → 수업'^{김종식, 2002}으로 제도화되어, 국가교육과정 문서에 제시된 내용이 교과서에 단원으로 들어가고 이는 차시별로 교과서 내용을 전달하는 수업으로 일반화되었다. 이에 비해 혁신학교에서는 '교육과정 → 학교교육과정 → 교육 활동과 수업', 즉 학교가 학생과 지역의 요구를 반영하여 다양한 교육 활동과 수업으로 만들어 내고 있다.

이런 변화는 6차 교육과정기부터 이론적으로 제기된 학교교육과정이 더 이상 국가교육과정의 재현이나 캐비닛 교육과정이 아니라 학생과 지역의 현실에 발 딛고 교사나 학교 구성원들의 협력으로 만들어진 구체적인 산물임을 보여 준다. 아울러 우리나라에서도 더 이상 학교 구성원들에 의한 학교 단위 교육과정 개발과 교육과정 개혁이 먼 일이 아니라 가까운 미래에 실현될 수 있다는 희망을 보여 준다.

2. 교육과정 이론과 정책의 발전

혁신학교의 교육과정이 변화되면서 교육과정의 개념, 교과 제도, 교과서 제도 등 교육과정을 구성하는 다양한 제도 요소들에도 영향을 주었다.

첫째, 교육과정 개념이 교육 내용뿐 아니라 학습 방법, 운영 방법, 학교문화까지 포함한 광의적 개념이고 학교교육과정이 실질적으로 작동하고 있다. 교육과정 개념이 확대되면 교육과정 이론이나 정책에서도 변화가 나타날 수밖에 없다.

둘째, 교과 제도에서 변화가 나타났다. 통합적 교육 활동이 늘어나고 학교 철학에 맞는 과목 신설이나 학생들이 잘 배울 수 있도록 상시 교육 활동이나 학년별 계열성을 고려한 교육 활동 등의 변화가 나타나고 시간 운영 방식도 유연하게 변화하고 있다.

셋째, 교과서 제도의 성격이 변화되었다. 그동안 교과서 제도에서 검인정 확대, 자유발행제 도입 등이 제시되었는데 이 또한 원활하게 진행되지 못했다. 혁신학교에서는 교과서를 교재로 활용하거나 동화책 등 대체 교재를 활용하고, 필요한 자료를 직접 만드는 식으로 다변화되었다. 학교교육 활동 결과물을 모아 학습 교재로 만들기도 한다. 이는 교과서가 교재의 성격을 넘어 학생들의 '학습재'로서의 기능^{김대현, 2011}으로 전환되고 있다고 볼 수 있다.

넷째, 제도 행위자로서 학교 구성원의 역할이 확대되었다. 학교 운영 과정에서 학교장은 교사들과 함께 교육과정을 만들고 지원하거나 거버넌스를 확대하고 있다. 교사들은 교육과정 개발을 주도하고 생성적 관점에서 실행하며, 학생들의 역할도 수업 참여만이 아니라 교육과정 개발이나 학교 운영에 참여하는 등 다양한 역할을 보여 주고 있다.

교육과정 제도 요소들의 변화는 교과교육을 통합적으로 이루어지게 하고 학교교육에도 영향을 주기 시작하였다. 제도와 행위의 상호작용 측면에서 보면 제도가 개인의 선호와 신념을 변화시켜 개인 행위를 변화시키고 이를 통해 사회적 결과를 변화시킬 수 있다는 것을 보여 준다.^{Little, 1992; 하연섭, 2013, 재인용}

신제도주의 관점에서 교육과정 제도화 방식이 변화되었다는 것은 혁신학교 교육과정이 기존 학교교육과정을 대체하고 극복한 것이다. 또 국가교육과정 관점에서 보면 기존에 운영되던 교육과정이 아니라 새로운 교육과정이 구현되었으므로 교육과정의 다양성이 강화되는 것이다. 교육과정이 이렇게 다양해지면 기존 교육과정 체제로 포괄할 수 없게 되거나 혁신학교에 나타나는 교육과정 제도 요소의 갈등이 심화되어 결국 국가교육과정도 변화될 것이라는 예측이 가능하다.

3. 혁신학교에서 학교혁신으로

지금까지 혁신학교의 교육과정이 어떻게 변화되고 있는지 알아보았다. 연구에서는 5개 학교의 교육과정을 보았지만, 이 학교들의 교육과정 운영 방식이 많은 학교에 확산되었고 새로운 변화가 자연스럽게 느껴진다면 기존 국가교육과정 중심 체제에도 변화가 나타나게 될 것이다. 이미 교육청이나 교육부의 교육과정 정책이나 다른 정책에 혁신학교의 정책 방식이 많은 영향을 주었으므로 제도 변화가 시작된 것이다.

혁신학교에서 교육과정이 변화될 수 있었던 요인은 교육과정 제도 측면과 혁신학교 정책, 행위자들의 전략 등에서 찾을 수 있다.김윤권, 2005 교육과정 제도 측면에서 모든 구성원이 숙의 과정으로 교육과정을 개발하여 자율성의 범위가 확대되고 기준을 교과나 교과서 중심에서 학생 중심으로 바꾸었으며, 전문적 학습 공동체 등을 통해 교육 내용 해석의 폭과 깊이가 변화된 것이다.

교육과정 개발에서 합리성이나 가치중립성을 중요하게 보던 관행에서 학교의 철학이나 가치, 구성원의 합의를 중시한 것도 교육과정 변화에 영향을 주었다. 타일러주의 일색이던 교육과정 이론 풍토도 혁신학교의 실천가들이 변화시킨 것이다. 이는 국가교육과정의 변화 없이도 행위자들이 지침과 교육과정을 적극적으로 해석하는 등 이미 주어져 있던 재량권을 행사하여 가능하였다. 또 변화된 교육과정 실행 방식이 지속될 수 있는 것은 조직과 거버넌스, 즉 교육과정 지원 체제가 함께 변화되었기 때문이다. 혁신학교가 학교의 총체적인 변화를 추진하는 특성이 학교교육과정까지 변화시킨 것이다.

이 부분은 일반 학교에서 기존 관행 변화나 교육과정 지원 구조가 병행되지 않고 혁신학교 교육과정 실행 방식만 모방하면 결과적으로 프로그램만 양산되고 기존의 실적 중심 교육과정을 강화하는 방식으로 왜곡될 수 있다는 의미이다. 교육청에서 교육과정 혁신 정책이나 지원 정책을 수립할 때에도 학습공동체 지원만이 아니라 학교 업무 구조나 교육과정에 대한 인식 변화까지 함께 추진해야 할 필요성을 보여 준다.

한편, 혁신학교 교육과정의 제도화는 교사 간 편차를 줄여 주고 교육 활동을 안정시키는 역할을 하고 있지만, 여전히 교과 중심 학습을 벗어나기는 쉽지 않고 교과서 제도가 굳건한 상황에서 일부 교사에게는 제약으로 작용한다. 공동체성을 강조하는 것이 새로운 것을 모색하려는 교사들의 자율성을 제약하는 경우도 생길 수 있다.윤석주, 2016 학생 중심 교육과정은 고정된 것이 아니라 학생의 변화와 성장에 따라 융통성 있게 변화해야 하기 때문이다.

또 아무리 학교가 노력한다고 해도 운영 과정에서 나타나는 문제를 학교 스스로 국가교육과정의 제약을 벗어나는 것이 쉽지 않으므로 교사의 자발성만 요구하기보다 체계적인 연구와 국가교육과정, 지역교육과정의 변화도 함께 이루어져야 할 것이다.

2장
혁신학교 교육과정 변화, 어떻게 가능했나?

I. 혁신학교, 이 어려운 일을 해내다

7차 교육과정부터 시작해서 2015개정교육과정까지 교육과정 연수를 가면 늘 나오는 스토리가 있다. 전 세계적으로 나타나는 미래 변화에 맞춰 다른 나라는 어떻게 하고 있으며, 그래서 이번 교육과정에 그것이 어떻게 반영되었는지를 화려한 그래픽으로 보여 준다. 동시에 기존 교육과정에 얼마나 문제가 많았으며 새 교육과정은 얼마나 좋게 바꼈는지도 알려 준다.

그런데 문제는 거기서 비판하는 기존 교육과정이 아직 학교에 제대로 시행도 되지 않았고, 학교현장의 고질적 문제, 즉 교과서를 성전처럼 여기고 학교마다 똑같은 교육과정, 학생들의 낮은 수업 참여도, 객관식 시험 문제 등도 늘 언급된다. 개정 배경과 원인은 밖에서 찾고 문제는 안에서 찾는 방식이다. 그러면서 정작 학교에서 역동적으로 일어나고 있는 교육현상들은 제대로 조명받지 못하거나 문제점을 해결하기 위한 노력은 개별 교사나 학부모에게 맡겨 놓았다.

학교는 제도적 환경에서 교육부나 교육청이 요구하는 구조대로 문서와 행사를 맞춰 놓고 수업은 교과서라도 제대로 가르치기 위한 방식으로 생존하여 왔다. 교육과정이 개정되면 거기에 맞춰 문서를 맞춰 주면 되고 공문을 기한에 맞게 보내면 큰 문제가 없이 유지될 수 있다. 1장에서는 이렇게 유지 강화되는 학교교육과정 관행을 실적 중심 교육과정이라고 보고, 혁신학교에서 학생 성장발달 중심 교육과정으로 변화시켰다는 것을 보았다.

혁신학교는 교육과정 개념을 '학교에서 학생 성장발달을 위해 이루어지는 모든 교육 활동'으로 폭넓게 해석하고 교육과정 지원 구조를 새롭게 만들고 교육과정 실행 방식도 함께 변화시켰다. 이를 통해 학교교육과정이 학교교육 활동의 방향을 제시하고 모든 구성원들이 공유하여 실제로 작동하는 '조향' 기능을 하고 있다. 그렇다면 실적 중심 교육과정이 생긴 구조적 원인은 무엇이고, 혁신학교는 이걸 어떻게 극복하고 학생 성장발달 중심 교육과정으로 변화시킬 수 있었을까? 혁신학교에서 만들어 낸 성과를 제도 개선으로 발전시킬 수는 없을까?

그동안 국가 수준에서 많은 학자들과 관료들이 교육개혁의 일환으로 교육과정 개혁을 추진하였다. OECD도 교육과정이나 평가에 대한 개선 권고를 하고 최근에는 역량중심의 OECD 2030 프로젝트 등이 시도되고 있다. 하지만 교육과정 개혁이 성공했다고 하는 경우는 많지 않다. 이렇게 어려운 일을 혁신학교에서는 어떻게 한 것일까?

2장에서는 혁신학교에서 교육과정이 변화될 수 있었던 다양한 구조적, 제도적 요인과 학교 구성원들의 노력을 신제도주의 이론을 적용하여 분석하고 혁신학교 교육과정 개혁의 의미를 총체적으로 파악하였다. 또한 혁신학교 교육과정이 그동안 국가교육과정에 반영된 교육과정 이론이나 정책 방식과 얼마나 다른 점이 많은지를 살펴보고, 학교의 변화를 토대로 국가교육과정, 지역교육과정 정책의 변화 방향을 모색하였다.

Ⅱ. 신제도주의와 교육과정 연구

1. 신제도주의와 교육과정 변화

가. 제도 변화 이론

신제도주의new institutionalism는 사회 현상을 제도와 행위의 상호작용으로 설명하고, 사회적 규범과 법, 질서 등 공식적 제도만이 아니라 행위를 규정하는 문화나 관행도 제도라고 본다. 초기 신제도주의가 제도가 주는 제약이나 외부 충격에 의한 변화에 주목하였다면, 후기 신제도주의는 제도 내부 요인이나 행위자 주도로 제도가 변화하는 것에 관심을 가지고 있다. 제도 변화를 설명할 수 있는 주요 내용은 다음과 같다.

첫째, 제도 변화란 기존 제도가 있는 가운데 새로운 제도가 형성되는 과정이다. 이때 기존 제도의 관행이나 문화가 새로운 제도의 형태를 제약하는 '경로의존성'을 가지고 있는데, 교육과정 제도는 해석의 여지가 많고 구성원의 인식이나 실천 방식 등 학교문화가 교육과정에 주는 영향이 크다는 점에서 경로의존성이 강한 편이다.

신제도주의는 행위자의 자율성을 중요하게 보는데 제도 요소 간의 변화나 제도의 성격을 변화시키는 것이 행위자의 역할이다. 제도 변화에는 새로운 제도가 기존 제도를 대체하는 것이나 제도 요소의 재배열로 제도가 미치는 영향력이 달라지는 것도 포함된다. 제도 변화는 제도 설계로도 연관되는데 제도 행위자들이 제도에 순응하지 않고 분명한 목적과 의도를 가지고 제도 구성 요소를 바꾸거나 재구성, 보강하는 등 제도를 배열하고 정교화하는 것을 제도 설계라고 본다.안현찬, 2014; 하연섭, 2013 이러한 제도 설계 자체가 행위자들을 각성시키고 공동 실천으로

나아가게 만들어 제도 변화의 동력이 될 수 있다는 의미이다.Lowndes & Roberts, 2013

둘째, 정책 아이디어나 담론이 제도 변화의 원동력이 될 수 있다. 각 개인과 조직의 상호작용 패턴에 영향을 미치는 핵심적인 '게임의 규칙' 이 바로 정책이고,Pierson, 2006 정책 아이디어 도입 자체가 제도 형성과 제도 변화의 과정으로 볼 수 있다. 정책이 변하면서 비공식적 관행이 바뀌고 이렇게 바뀐 관행이 당연하게 여겨지면 정책이 제도 변화(비공식적 제도 변화 포함)로 바로 연결된다는 뜻이다.

아이디어가 정책 변화로 이어지는 과정을 보면 정책결정자들이 정책 을 정당화하기 위해 상징이나 개념에 해당하는 틀frame을 자신들이 원 하는 방향으로 유리하게 해석할 수 있도록 틀짓기framing하게 된다. 즉 아이디어는 정책결정자나 정책과정 참여자들에게 각색되고 구성되며, 정책을 둘러싼 논의 과정을 거쳐 담론으로 형성된다.

셋째, 제도 변화는 '역사'와 '맥락'의 영향을 받는다. 제도는 개인이 가 지는 선호와 신념을 변화시켜 개인 행위를 변화시키고 개인 행위의 변화 가 사회적 결과를 변화시킬 수 있다. 하지만 이 또한 '역사'와 '맥락'의 영향을 받는데, 역사적 신제도주의에서는 행위를 형성하고 제약하는 맥 락으로서 제도의 중요성과 맥락이 형성되는 역사적 과정을 중요하게 본 다. 이때 역사란 과거 특정 시점의 원인이나 선택이 현재에도 영향을 주 거나 미래의 선택을 지속적으로 제약하는 경로의존성을 의미한다.Peters, 2011; 김윤권, 2005; 박진형, 2014; 하연섭, 2013

제도 변화를 추동하는 정책 아이디어도 각 국가의 고유한 역사와 맥 락에 따라 선택적으로 '해석translation'되고 적용된다. 예를 들어 신자유 주의 정책 도입은 '게임의 규칙'을 바꾼 제도 변화의 과정에 해당된다.

하지만 신자유주의가 나라마다 같은 모습이 아니라 각 나라의 제도 도입 취지나 기존 경제 체제(자유경제형, 조정경제형 등)에 따라 다르게 구현되었다.하연섭, 2013

이때 중요한 것이 제도 맥락이다. 교육정책의 경우 만든 취지와 달리 현장에서 변형되는 경우가 많은데 이는 다른 제도와의 관계가 영향을 주는 측면이 크다. 취업과 노동시장에서 개인의 가치를 결정짓는 가장 중요한 요인은 명문대 입학으로, 명문대 입학은 사회적으로 유리한 위치를 선점하려는 치열한 '지위경쟁'의 성격을 가지고 있다. 그런데 5·31 교육개혁의 주요 담론인 소비자 주권, 수요자 중심, 학교 선택권 보장 등 교육에 시장원리를 도입하는 것은 지위경쟁을 더욱 격화시키고 교육기회와 경제 전체의 양극화를 심화시킬 수 있는 위험성을 안고 있다.하연섭, 2013

학교교육의 질도 두 가지 측면에서 보아야 하는데, '공교육의 질 향상'이라는 절대적 측면과 '개인 간 비교와 상대적 우위'라는 상대적 측면이 있다. 교육이 선별 기능을 하고 있는 상황에서는 개인 간의 상대적 지위를 둘러싼 '지위경쟁'이 교육의 본질적 모습이라 볼 수 있다. 그래서 공교육의 보편화나 공교육의 질 향상이 추구될수록 역설적으로 개인 간 지위경쟁은 격화될 수밖에 없다. 7차 교육과정기부터 강조한 교육과정의 다양성과 선택, 2009개정교육과정의 학교자율화 정책과 고교다양화 300 프로젝트가 대표적 사례이다.

넷째, 제도는 단일체가 아니라 복합체나 관계망으로서, 제도의 일부 요소가 변하거나 서로의 결합 관계가 달라지는 것도 제도 변화로 볼 수 있다. 교육과정은 세계 변화나 정권의 정책, 입시제도, 다른 교육정책 등 상위 제도 영향을 강하게 받고 교사양성 제도, 교과 제도, 교과서 제도,

학급당 학생 수 등 수평적 정책 영향도 많이 받는다.

한편, 이런 제도의 복합성 때문에 국가교육과정이 변화하여도 학교의 교육과정이 바로 변하기는 어렵다는 특성을 가지고 있다. 반대로 관련되는 제도 간의 관계 변화로 제도가 변화할 수도 있다. 교육과정 제도와 교과서 제도의 관계를 보면 교과서 정책이 국정제에서 검인정제 확대로 변화되어도 기존 입시중심 교육, 단답식 시험, 교과서 내용 통제 정책이 변화하지 않으면 다양한 교과서가 아니라 국정 버전이 여러 개로 나타나는 현상이 여기에 해당된다.

반대로 교육과정 정책이 완고하더라도 다양한 교과서가 많이 나타나고 현장에서 많이 사용하면 향후 교육과정 정책에서도 일부 변화를 가져올 수 있는데 이를 제도의 상호보완성이라고 부른다. 다른 나라의 정책을 벤치마킹해도 그 나라의 고유한 정치, 경제 맥락 때문에 실패하는 사례 또한 제도의 상호보완성 때문이다.박진형, 2014; 하연섭, 2013

나. 교육과정의 제도적 성격

신제도주의에서는 교육과정을 제도로 인식하고, 교육과정 개정은 제도로서의 교육과정을 의도적으로 변화시키려는 시도로 설명한다. 리드 Reid, 1978는 사회학적 신제도주 관점으로 교육과정 변화를 실천과 제도로 개념화하고, 학교 단위는 실천, 국가교육과정은 제도 차원으로 설정하였다. 교육과정 개정은 제도로서의 교육과정을 의도적으로 변화시키려는 시도이고 제도로서의 교육과정은 각기 행위논리를 가지고 제도 행위자와 제도의 내용, 제도적 환경이라는 제도적 제약 하에서 이루어진다.김용, 2003

사회학적 신제도주의는 조직 관련 연구가 많은데 학교 조직이나 해당 분야 조직들이 정당성을 얻기 위해 비슷해져 가는 동형화 현상 연구가 많다. 교육과정에서도 90년대 이후 동형화되고 표준화되는 경향이 나타났다. 세계적으로 총론은 취지, 내용, 방법이 거의 유사한데, 그 내용은 '중앙정부의 사회보장, 교육운영 체계 지방 이양, 주5일 수업, 세계화·분권화, 컴퓨터 교육, 자국 역사 교육 강화, 외국어(영어) 교육, 통합교육과정', '공부에서 학습으로, 투입에서 산출로, 학교교육에서 평생학습으로, 중앙 통제에서 통제 공유로, 분화된 학습에서 통합된 학습으로, 문서화된 교육과정에서 과정으로서의 교육과정으로의 변화'이다.^{나장함, 2008}

우리나라 교육과정도 제1차에서 7차까지 총론이 점증적으로 세계 교육 담론과 유사해졌다. 2015개정교육과정은 협력학습을 강조하고 있는데 전 세계적으로 교육과정 개정 방식이 교육 내용 전면 개편보다 미시적인 변화에 집중하고 있는 것과 흐름을 같이한다. 교육과정평가원은 주기적으로 교육과정 국제비교연구를 하는데, 이 내용들이 차기 교육과정에 반영되기도 한다.

최근에는 제도 복합성 관점에서 비슷한 제도라도 자국의 역사나 제도 맥락, 다른 제도 요소와의 결합으로 다르게 나타난다는 의미에서 선택적 동형화 현상으로 부르고 있다. 교육과정은 다른 제도보다 경로 의존적 성격이 강하지만 세계시민교육이나 세계화 담론의 경우 교육 거버넌스에 따라 국가별 강조점이 달라진다.^{Szukala, 2016}

제도 도입 취지에 따라 전혀 다른 성격의 제도로 변화되기도 한다. 5차 교육과정기부터 교육과정 분권화, 자율화가 제시되었지만, 교육과정에 제시된 제한 사항은 더 많아졌다.^{이승미 외, 2018} 이는 우리나라에서 교육과정의 제도적 맥락이 국가교육과정 체제가 세계 어느 나라보다 강력하고 규제가 강하여 학교의 자율성을 보장하지 않기 때문이다. 또 교육과정 운영을 행정적 관점으로 지시, 점검하는 교육과정 체제와 결합되어 나타난 현상이다.

2. 교육과정 이론과 정책 과정

가. 교육과정과 교과

교육부는 초중등교육의 목적과 목표를 달성하기 위한 교육과정 편성 기준으로서의 국가교육과정을 고시하고 있다. 교육과정은 시공간적 맥락 속에서 특정한 집단에 의해 인위적으로 설정한 준거에 따라 규정되는 조작적 성격을 가지고 있다.김왕근, 2003

정책 대상으로서의 교육과정은 교육과정을 성립시키는 제도와 절차 및 교육과정 결정 과정을 대상으로 한다.곽병선, 1994 정책 과정은 정책의 내용, 속성과 연관이 깊다. 교육과정 이론도 정책 내용이나 정책 과정의 속성에 영향을 준다. 교육과정의 정의는 크게 처방규범 이론과 기술적 이론, 비판적 이론으로 구분된다.

처방 이론은 교육과정 전문가 관점과 권위에 의거하여 학교교육 목적, 내용 선정, 평가 등을 제시하는 것을 의미한다. 규범적 이론은 교육이 나아가야 할 방향에 대해 사회화 관점으로 규범화하고 학교교육을 통해 성취하려고 하는 이론이다. 기술적 이론은 '있는 그대로 기술한다'는 의미로 학급이나 학교에서 이루어지는 교육현상을 가능한 한 있는 그대로 이해하고 설명하려는 입장이다. 비판적 이론은 '이해 패러다임'으로 볼 수 있으며, 처방규범적 이론으로 현실 교육 문제를 해결할 수 없다고 비판하면서 등장하였다.김두정, 2002; 박승렬, 2016; 한국교육과정학회, 2017; 125-130

처방규범 이론은 전통적 이론으로 분류되는데, 이 관점에서는 최상의 교육과정 시스템이 무엇인지에 관심이 많다. 최상의 교육과정을 추구하는 관점은 객관성을 강조하고 교육과정을 공학적 방식으로 개발하는 관점과 맥락을 같이한다. 기술적 이론은 개념적 경험주의로 분류되는데, 이 관점에서는 교육과정이 누구에 의해 만들어졌는지, 즉 민주적 숙의 과정을 거쳤는지를 중요하게 보고 지식이 주관적으로 구성될 수 있다고 본다.

교육과정 개발 모형은 타일러Tyler의 합리주의적(공학적)적 교육과정 개발 모형과 워커Walker의 자연주의적 개발 모형 또는 숙의 모형 deliberation으로 구분할 수 있다. 교육과정 개발에서 공학적 모형과 숙의 모형의 선택 여부는 교육과정을 보는 관점과 정책 과정, 참여자의 행동 양식에도 영향을 준다. 교육과정 개발과 결정 주체로서 교사의 참여 여부는 학교기반 교육과정 개발SBCD 이론을 비롯하여 지속적으로 강조되고 있다.

교사가 전문적 능력을 기르기 위해서는 교육과정 개발과 평가에 참여해야 하고, 교육과정 개발 관점에서 벗어나 교사의 교육과정 해석 능력을 기르고 학습자에 맞게 생성하는 관점에서도 교사의 교육과정 개발 참여를 중요하게 보고 있다.김재춘, 2002; 김왕근, 2003; 김평국, 2014; 성열관, 2016

1980년대 이후 성취기준 등 국가 수준 교육과정을 강화하는 나라들이라도 교사들이 교육과정 개발에 참여하고 있다.이근호 외, 2015 핀란드의 경우 분권화 체제에서 교사들의 리더십을 첫 번째로 두고 현장의 아이디어를 담론화하여 교육과정을 만들고 있다.Uljens & Ylimaki, 2017 또 학생들까지 참여하여 민주적 의견 수렴의 장으로 삼는다.윤은주, 2015

교과제도는 교육 내용을 어떻게 조직할 것인지에 따라 교과중심 조직 유형과 경험중심 조직 유형, 학문중심 조직 유형으로 나눌 수 있다. 우리나라는 교육과정을 주로 교육 내용 중심으로 보고 교육 내용 조직 유형은 주로 분과형 교육과정과 광역형 교육과정을 혼합하였다. 교육 내용 선정과 조직에서는 학문중심 조직 유형인 나선형 교육과정을 채택해 왔다.곽병선, 1994 하지만 광역형이라고 해도 독립적 개별 교과를 물리적으로 결합한 형태가 많고(과학은 물리, 화학, 생물, 지구과학) 각 과목의 내용도 학문적으로 분화되어 연구되는 경향이 강하다.

나. 글로벌 거버넌스와 동형화 현상

국가교육과정은 7차 교육과정기까지 전면 개편을 하다가 수시 개정 체제로 변화되어 최근 10여 년간 2007개정교육과정, 2009개정교육과정, 2015개정교육과정이 연속적으로 등장하였다. 우리나라 교육과정은 교과 체계와 시수 변동 중심으로 변화되고 있는데 최근에는 글로벌 거버넌스의 영향으로 역량과 성취기준 개념을 도입하고 있다.

OECD는 1968년 '교육연구혁신센터'를 설립하고 1980년대에는 신자유주의 경제를 표방하여 인적 자원 이론에 기반을 둔 정책을 추진하였다. 인적 자원 이론은 인간이 곧 경제 개발과 성장에 가장 중요한 자본이며, 노동력의 질 향상을 위해 교육을 포함한 다각적인 투자가 필요하다고 본다.김종훈, 2017 인적 자원 이론은 90년대 교육과정 개혁 동향에 영향을 주었다. 지식기반 사회에 대비한 핵심교육과정 개발, 수행과 능력 performance and competence을 강조한 역량중심, 수행중심 교육, 교육과정 의사결정체제 강화와 교사 전문성과 자율성을 강조하였다.OECD, 1990; 정기오, 2001

또 국가 간 비교가 가능한 지표를 개발하여 개별 국가의 교육 시스템이 갖는 효율성과 효과성을 객관적이고 과학적으로 확인하는 국제학생평가프로그램PISA을 진행하고 있다.김종훈, 2017 역량 담론이나 평가를 통한 책무성 향상 등 국가교육과정 정책 수립과 사회적 담론 형성을 보면 여전히 신자유주의적 교육 이념이 주도하고 있다.박휴용, 2018

교육과정에 핵심역량을 도입하는 방식은 기존 교육과정의 틀 속에 교과나 내용 추가, 범교과나 역량, 교과외 활동으로 도입하거나 새로운 교육과정 틀로 마련하는 등 다양한데,이상은, 2017 우리나라는 핵심역량을 도입하고 교과마다 특수역량을 제시하였다.이근호 외, 2015 역량 개념은 나라마다 Key Skill(영국), Cross-curricula Competences(캐나다), General Capabilities(호주) 등 다양하게 나타난다.한국교육과정학회, 2017

성취기준은 교육 평가나 교육과정 운영, 자유학기제 등 정책적 측면에서 많이 활용되고 있다. 성취기준은 교육과정 재개념화 운동 이후 1980년대 미국이나 영국에서 추진한 신자유주의 정책과 함께 강조되었고,성열관 외, 2008 국가 수준 성취기준 제시와 강조 정책은 교육과정에서 처방규범적 개념, 공학주의적 접근방식 성격이 반영된 것으로 분류할 수 있다.박휴용, 2012: 최병옥, 2003 또 행동주의 교육과정이 교과중심, 학문중심 교육과정과 결합하여 교육의 표준적 성과를 강조하는 성취기준 교육과정으로 나타났다.홍후조, 2016 현장에서 성취기준이 행동 목표와 별 차이가 없다고 느끼는 것은 이 때문이다.

성취기준은 정책 차용의 성격을 가지고 있는데 지금도 개념이나 활용방안 의견이 다양하다.성열관 외, 2008 현재 성취기준은 교육과정 내용과 행동 형식으로 진술되고, '교사가 가르쳐야 할 내용, 학생들이 배워서 수행할 내용' 개념으로 사용된다.교육부, 2012 우리나라는 7차 교육과정기에 평가 기준으로 성취기준을 도입하여 여전히 평가 기준으로서의 성격이 강하지만, 교사에 따라 성취기준을 해석하여 목표, 내용, 평가 수준에서 활용하는 경우도 많다.

다. 국가교육과정 정책의 경로의존성

국가교육과정이 선택적 동형화를 통해 변화하고 있지만, 교육과정 개발 정책이나 내용에 대한 평가는 대체적으로 유사하고 경로의존성이 강한 편이다. 우리나라 국가교육과정 정책의 문제를 보면 다음과 같다.

첫째, 교육과정의 개념은 처방규범적 관점이고 연구개발보급 방식이 지속되며 공학적 방식을 고수하고 있다. 이 때문에 교육과정 개발 구조가 중앙집권적이고 교육부와 소수 전문가가 주도하며 개정 과정에 사회 및 정권의 요구를 반영하는 것이 비교적 수월하다.

둘째, 제도의 상호보완성 측면에서 교육과정 개정 주기와 범위는 수시 개정 체제로 전환되었으나 개발 방식이나 관련 제도 미비로 실질적으로는 부분 개정이 아닌 전면적, 일시적 개정 체제가 반복되고 있다. 교육과정 개발은 합리적 모형에 따라 절차를 준수하여 만들어지지만 연구개발 기간이 짧고 질 높은 교육과정 개발에 이르지 못하고 있다. 이 때문에 교육과정이 개정되어도 학교를 비롯한 교육과정 관련 행위자들에게 비판받고 교육과정 개혁 목표를 공유하지 못하고 있다.

셋째, 교육과정 체제가 교육과정 개발에 중점을 두고 있어서 적용, 평가, 모니터링 체제 등은 제도적 장치가 미흡하다. 또한 이전 교육과정 평가가 제대로 이루어지지 않은 상태에서 문서(계획) 중심으로 각종 연구와 개발이 이루어지고 있다. 전문가 인력풀을 보면 대부분 교육과정 학자로 한정되어 학생들의 발달 상황을 고려하거나 교육과정 구현을 위한 행정적 지원, 교실 구조 개선이나 교사 수급 등의 문제는 상대적으로 소홀하게 다뤄진다.

넷째, 교육과정 개정의 실질 내용은 교과 신설 및 통폐합, 시수 증감 중심으로 개발되고 있다. 각론 연구는 부족한 편이고 총론 주도 개정으로 내용이 빈약하며 교과 개발자도 현장 교사가 아닌 학회 중심이라 현장성이 부족하다. 이런 문제 때문에 질 높은 교육과정을 개발하고 사회 다양한 구성원의 의견을 수렴하기 위하여 상시적인 교육과정 연구 개발 기구 및 독립적인 교육과정 개발 기구가 필요하다는 의견이 많다. 또한 이를 뒷받침할 제도 개선 및 교육과정 관련 법체계 정비도 시급하다.

3. 연구 분석틀

학교는 국가교육과정뿐 아니라 외부의 많은 압력과 영향을 받아 학교를 운영하므로 제도적 관점에서 교육과정 또한 복합체의 성격을 띠고 있다. 지역교육과정이나 교육청, 지자체의 각종 정책의 영향을 받고 정권 변화에 따라 변동되는 것도 많다. 학교에서 구성원들이 협의하여 직접 변화를 추구하기도 한다.

이를 크게 분류하면 구조, 제도, 행위자 수준으로 구분할 수 있다. 거시적 수준에서의 구조의 범주가 가장 크고 이 안에 중범위 수준의 제도, 미시적 수준의 행위자가 포함되며, 구조 안에서 제도와 행위자는 서로 영향을 주고받는다.황수아, 2018

구조란 거시적인 변화로 사회경제변화나 정치구조를 변동시킬 수 있는 수준이다. 정권이 교체되거나 세계적 위기가 오면 우리 사회도 영향을 많이 받게 된다. 학교교육과정은 교육감의 변화나 OECD, PISA, 유네스코 등의 영향도 받는다.

제도란 제도화된 이념과 관행, 공식적 조직, 규칙, 절차로서 이들이 행위자를 제약하거나 기회를 제공할 수 있다. 혁신학교 교육과정이 영향을 받는 제도로는 혁신학교 정책, 국가교육과정, 지역교육과정이 있다. 또 학교 입장에서는 교육부의 정책도 교육청을 통해 오는 경우가 많기 때문에 구조와 제도를 분리시키기보다 함께 고려할 수밖에 없다. 이 글에서는 구조와 제도를 통합하여 분석하였다.

행위자[2]는 혁신학교에서 구성원들의 선호와 역할이 학교교육과정 변화에 어떻게 영향을 주는지 살펴보고 교육과정 변화 과정에서 아이디어와 담론을 어떻게 활용하는지를 보도록 한다. 행위자에는 교사 외에도 학생, 관리자, 지역교육청(교육감)이 포함된다. 이를 전체적으로 보면 [표 8]과 같다.

[표 8] 구조-제도-행위자 분석 수준

수준		이론적 변수	설명 기제	학교교육과정 분석 수준
거시적	구조	사회경제 변화, 정치구조	자극과 계기, 위기	글로벌 거버넌스, 정권교체, 교육정책, 교육자치
중범위	제도	제도화된 이념과 관행, 공식적 조직, 규칙, 절차	제약과 기회	혁신학교정책, 국가교육과정, 지역교육과정
미시적	행위자	리더십, 집단 간 상호작용	제약 속 변화, 제도 창출	제도 변화 리더십, 아이디어와 담론, 제도 설계

김윤권(2005), 황수아(2018) 분석틀 활용.

---

2. 본 글에서 행위자, 제도 행위자가 같이 사용되는데 서술 과정에서 교사, 학교 구성원도 같은 맥락으로 사용되고 있다.

학교교육과정 행위자들이 구조나 제도 수준 요인과 작용하는 과정을 분석하는 틀은 [그림 4]와 같다.

[그림 4] 교육과정 제도 분석틀

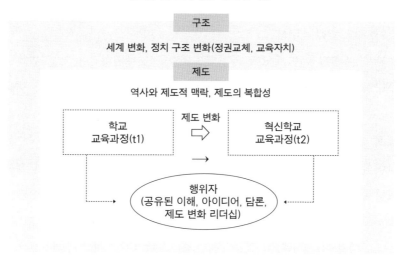

학교교육과정은 구조 수준에서 세계적 변화나 정권교체와 같은 요인들의 영향을 받고, 제도 수준에서 학교의 역사나 국가, 지역교육과정 등의 영향을 받아 학교교육과정을 변화시켜 나간다. 제도 행위자인 학교 구성원은 구조와 제도 수준의 변화를 받으면서도 교육과정에 대한 공유된 이해나 제도 변화 리더십을 통해 어떻게 기존의 학교교육과정을 혁신학교 교육과정으로 변화시켰는지를 보는 것이다.

Ⅲ. 혁신학교 교육과정 변화를 가져온 제도 맥락

1. 제도 행위자 분석

가. 제도 변화 리더십

제도 행위자들은 제도 간의 구성 요소를 재배열하거나 제도 변화를 추구하여 제도 변화를 가져올 수 있다. 우리나라 교육과정은 교육 내용을 중심으로 보고 분과형으로 조직된 데다 교과서 제도의 규정력도 강해서 대부분의 학교에서 교육과정은 교과서 진도 나가기라는 공식으로 받아들여진다. 하지만 연구 대상 학교들은 학교 목표나 학생들의 성장 발달을 고려하여 학년교육과정을 개발하고 수업을 함께 만들었다.

> 연구자: 선생님이 이 학교에서 많이 변했다면, 그전 학교에서는 어떻게 하셨던 건가요?
> 답변 1: 다른 학교에서는? 고민이 없죠. 그냥 교과서대로 가르치는 거지. 이걸 가지고 우리가 어떤 목표를 가르칠지, 목표 자체가 없죠. (바다중 1학년 부장)
> 답변 2: 제가 이 학교에서 고마운 건 나와 학생에 대해서 고민이 많다는 게 그게 장점인 거 같았어요. 다른 학교에서는 별로 그냥 수업에 대해서만, 어떻게 가르칠지 내용만 파악하기 바쁜데 우리 학교에서는 그런 생각을 많이 하거든요. 나는 어떤 사람이고 애들은 어떤 걸 원하고 있고 많이 신경 쓰게 되는…. (바다중 1학년 교사)

교과서 위주 수업을 벗어나면서 교과의 기능과 역할이 이전과 달라지고 교과통합 활동이 많아졌다. 바다중에서는 교과통합 활동을 꾸준히 하면서도 교과의 본질을 중요하게 보고 교과별로 일정한 재구성 방식과 수업 방법을 정하고 영어 교과는 학년 구분 없이 새롭게 편성하였는데 지금도 이 방식이 지속되고 있다.

바다중은 혁신학교 초기에 교사들이 지역단위 연구모임을 하면서 초중등 영어 교과서가 계열성이 부족하고 단어 선정의 맥락도 찾기 어려운데다 영어 교과서로 영어 학습을 하기에 적절하지 않다는 것을 깨달았다. 그래서 교과서 대신 동화책을 교재로 사용하고 '듣기, 말하기, 읽기, 쓰기' 영역에서 핵심을 '읽기'로 잡아 3개 학년의 계열을 재구성하였다.

교과학습의 본질은 학교에서 주로 가르칠 '학學' 부분과 학생이 스스로 학습할 '습習'의 과정으로 구분하고 역할도 나누었다. '학' 부분은 학교 철학과 관계가 되는 동화책을 선정하여 교과교육 목표를 반영하여 아이들의 성장을 지켜보고, '습'에 해당하는 문장은 패턴이므로 3개 단원을 통합하여 통째로 외우고 활용할 수 있도록 하였는데 이는 영어가 도구교과라서 가능하였다.

학습 조직은 2, 4, 8명 등 탄력적으로 운영하고 "함께 읽기"학습을 하니 영어를 잘 못하는 학생의 기능도 향상되는 것을 볼 수 있었다. 이런 과정이 지속되니 학생들이 먼저 다음 책을 궁금해하고 영어로 '생각'을 할 수 있게 되었다고 말하였다.

> 영어 동화책으로 함께 읽기 그 과정을 쭉 하면서 제일 크게 얻었던 효과는 영어 수업이 영어 읽기에 대해서 애들이 두려움을 안 가지고 자신감이 있고 흥미를 떨어뜨리지 않았다는

거예요. 영어가 시험을 위해서 단순히 외우는 교과잖아요. 그
래서 이 교과가 도구라는 걸 조금씩 알게 된 거죠. 영어를 통
해서 생각도 할 수 있고. 전에는 (영어로) 단순히 읽고 쓰고 말
하기 하다가…. (바다중 전 혁신부장)

이렇게 교육과정을 유연하게 만들 수 있는 것은 학생들의 성장을 돕
기 위해 국가교육과정 문서의 '지역과 학교에 따라 교육 내용 등을 바
꿔서 가르쳐도 된다'는 항목 등을 근거로 삼았다. 교사들이 교육과정에
제시된 지침이나 규정을 해석하여 자율적인 요소를 찾아 현재의 활동
을 정당화시키는 근거로 활용한 것이다. 이를 통해 독립교과 중심의 교
과 구조의 성격도 부분적으로 변화시켰다. 또한 교과 교육을 통해 중학
교 학생들의 성장을 지원하는 교육과정 목표[3]의 취지를 실현한 것이기
도 하다.

나. 아이디어와 담론 활용

• 학교 자율화

제도 행위자들은 아이디어와 담론을 활용하여 제도 변화의 주체가
될 수 있다.하연섭, 2013 연구 대상 학교에서는 자율화와 역량 담론을 많이
활용하고 있다. 자율화의 경우 5차 교육과정기부터 자율화 담론이 나왔
지만 7차 교육과정기부터 강조되었다. 2009개정교육과정은 학교별 수업

---

3. 중학교 교육은 초등학교 교육의 성과를 바탕으로 학생의 학습과 일상생활에 필요한 기본
능력을 배양하며, 민주시민의 자질 함양에 중점을 둔다(2009개정교육과정).

시수 증감 20% 부여 등 더 많은 자율성을 주었다고 하지만, 오히려 타율화 정책이라는 비판을 듣고[김재춘, 2011], 한동안 교육과정 자율성이라 하면 시수 증감이 떠오를 정도로 개념을 한정시켰다.

한편, 학교자율론은 많은 학교나 연구자들이 사용하고 있는데 다중적 의미가 있다. 학교자율화는 엄밀하게 보면 80년대 민주화운동을 거치며 교육 주체들이 요구한 내용이지만 정책 추진은 5·31 교육개혁안 이후 정부가 내세우면서 이중의 의미를 담게 되었다.[김용, 2018] 학교자율성 개념은 학교운영위처럼 '학교가 외부의 간섭이나 규제에 얽매이지 않고 자신의 특성과 조건을 고려하여 구성원의 자율과 참여로 자유롭게 교육에 관한 의사결정을 하는 것'으로 학교자치의 맥락도 가지고 있다.[고전, 2016; 박창언, 2018]

위 학교들은 가람초 사례처럼 교육과정 개발과 운영에서 구성원의 자율성을 가장 중요하게 바라보고 있다.

> 연구자: 가람초 학교교육과정의 특성을 무엇이라고 보세요?
> 답변: 첫째는 구성원의 합의에 의한 자율성, 저는 그게 제일 크게 느껴져요. 어차피 공립학교니까 국가교육과정, 지침이나 이런 데 자유로울 수는 없지만 법의 테두리 안에서 그다음에 상식선에서 우리가 최대한 자율성을 확보해서 지금 우리가 생각했을 때 가장 우리 아이들에게 필요한 것이라는 것으로 교육과정을 바라보고 구성하는 것(이에요). 그게 2001년, 새롭게 시작했을 때부터 지금까지 가져온 큰 부분이라고 생각하는 게 그 부분이에요. (가람초 학교장)

이상을 보면 학교에서 '자율' 개념을 '학교자치' 맥락으로 틀짓기하고 교육과정 변화와 학교의 민주적 운영의 주요 담론으로 활용하여 제도를 변화시켰다.

• 역량 담론

역량 개념은 학교마다 다른 방식으로 표현하고 학교에 적용하는 방식도 다르게 나타나고 있다. 혁신학교에서 지식 위주 교육의 문제를 벗어나기 위해 OECD의 역량 개념을 학교교육과정에 제시하여 역량중심 교육을 강조하고, 한솔 교육청이 최초로 지역교육과정에 역량을 반영하였다. 각 학교는 '역량' 또는 '학생들이 기를 소양', '성장할 수 있는 힘' 등의 개념으로 교육과정에 역량을 반영하였다.

바다중은 학교교육 목표에는 민주시민 양성이 있고 역량중심 교육인 창의지성교육과 연계성을 정리하였으며, 교과에서도 역량을 키우기 위한 교육을 하고 있다. 사회 교과의 예를 보면 '사회를 보는 관점에 중립은 없으며 참여를 글로 배우지 않는다'라고 보는데 이는 교육과정을 비판적으로 보는 관점이다. 그래서 민주적 토론 문화와 의사결정을 학급과 학교 선거에서 경험하고 민주시민으로 성장하도록 돕고 있다. 또한 교과 재구성 원칙은 배움이 몸에 익도록 하기 위해 직접 해 보는 것을 통해 '삶으로 연계되는 수업'을 지향하고 있다.바다중, 2015

천지중은 학교교육 활동과 핵심역량을 연계시켜 학생들에게 필요한 역량을 제시하였고, 진로 담론은 학생들이 어떤 직업을 선택하는 것이 아니라 "꿈 넘어 꿈", 즉 어떤 사람으로 성장할 것인가를 고민하는 계기가 되도록 운영하고 있다.

[표 9] 바다중 사회 3학년: 자기 입장에서 사회를 보는 노동수업

시기	성취기준 목표	배움 내용 및 활동 (프로젝트 /통합교과활동)	학교 행사/철학과 연계	평가
5월 ~ 6월 일상 생활과 경제 주체의 역할	학교철학인 자존감 살리 는 수업	인권 감수성을 느껴 보는 활동 통해 인권의 중요 성을 인식	모둠별 역할극으로 장애인, 비학교 학생, 이주노동자 간접체험으로 인권은 누구 에게나 보편적으로 중요한 것임을 깨닫 게 함	인권 일기 쓰기 수행 평가 (10)
			세계인권선언의 내용을 모둠별로 완성 하면서 인간에게 꼭 필요한 권리를 생각 해 보는 활동	
	3학년 교육 목표인 진로 와 연계하여 노동 의미 고 민하고 노동 자 권리 알기 위한 수업	비정규직 문제를 통해 노동 인권을 고민해 본다.	노동 인권 첫 시간으로 드라마 〈직장의 신〉 영상으로 비정규직 문제에 대한 자 신의 생각을 정리하고 세계인권선언과 연계하여 인권 문제를 고민하고 함께 생 각을 나누는 활동	
		사회적 문제인 갑을 관계에 대 해 고민하고 갑을 관계의 문제점을 해결할 방안 찾 을 수 있다.	노동 인권 첫 시간으로 드라마 〈직장의 신〉 영상으로 정규직도 갑을관계에서 약 자임을 알게 하고 사회적 이슈가 되는 사 건 통해 갑을관계의 정의와 해결 방안을 경제민주화와 연관하여 고민하는 활동	개방형 지필 평가와 연계
	2학기 교과 통합 뮤지컬 주제 연결	왜곡된 노동과 노동자의 정의를 바로잡고 노동자 권리를 정확하게 알 수 있으며 청 소년 아르바이트 문제를 해결할 수 있다.	왜곡된 노동과 노동자의 정의 생각해 보 는 활동 노동 명언과 사진 통해 노동자가 누구인 지 생각해 보는 활동	
			노동 3권 기사 이해 영상과 청소년 알바 10계명으로 청소년 알바 실태와 권리 알아 가는 활동	

출처: 수업을 바꾸다, 배움을 채우다(2015)

진로교육으로 우리가 (자유학기제 시범학교 활동으로) 그러
다 보니까 이건 조금 더 깊이 있게 가야겠다. 화려하게 돈 많
이 버는 연봉 빵빵한 직업을 가지고 꿈탐색을 해 주는 건 아
닌 거 같다. 그래서 '꿈 넘어 꿈'을 고민을 해야겠다. 의사가 되
면 다 행복할까? 의사가 돼서 그럼 어떤 의사가 될 건데? 의사
가 되어서 다른 사람들하고는 어떤 관계가 되어서 어떻게 살

건데? 이런 거를 고민을 했는데, 의사가 되려고 했는데 의사가 안 되더라도 비슷한 관련 직업을 더 탐색해서 그 분야에서 뭘 한다든가 아니면 정말 동떨어진 직업을 갖더라도 실패한 경험 이라 생각하지 않고 내가 되고 싶은 사람이 되고 싶은 노력의 과정으로 진로탐색을 이끌어 가는 게 맞는 거 같다, 이런 반성을 선생님들이 하신 거죠. (천지중 혁신부장)

가람초는 현재 통용되는 핵심역량 개념이 학생들의 성장 경로를 특정하게 규정지을 우려가 있어 반대한다고 하였다. 면담 과정에서 하향식으로 진행되는 평가 혁신 방향에 대한 우려는 여러 학교에서 나왔지만, 어떤 정책에 반대한다고 강하게 표현한 것은 처음이다. 그 대신 교사들이 합의할 수 있는 목표 개념 또는 초등학생들의 문화나 능력 개념으로 "글쓰기, 책읽기, 자치, 타인 배려, 자기 집중 능력"을 제시하였다.

교사들은 학교의 모든 교육 활동을 학생 성장 관점에서 끊임없이 생성하여 운영하고 있었다. 또 학생들이 살아갈 세상에 '적응'하게 하기보다 학생들의 삶과 앎을 연계하기 위해 학생이 살고 있는 마을과 사회 문제를 적극적으로 활용하고 있다. 학교에서 역량 담론을 적극적으로 활용하는 것은 그간 학교교육의 역할로 보였던 인식론적 지식의 유용성이나 기능적 접근을 벗어나 교육 목표를 학생 성장 관점에서 접근하는 방식이다.[정영근, 2013]

이때 '역량'이란 잠재 가능성을 의미하는 센의 역량capabilities 개념과 비슷한 맥락이며[정윤경, 2015], 독일의 didaktik(독일교수법)이나 핀란드의 Bildung(빌둥) 개념도 담고 있다.[손승남, 2016] 이상을 보면 제도 행위자들이 역량 아이디어를 OECD에서 제시했던 인적 자원 개념의 역량

conpetency이 아니라 지식 중심 교육에 대한 대안으로 틀짓기하여 '담론' 수준으로 발전시켰고, 역량 담론으로 교육 활동의 방향을 제시하는 등 제도 변화를 주도하고 있다.

다. 제도 개선 요구와 제도 설계

학교에서 구성원들이 교육과정이나 관련 제도를 주체적으로 해석하고 변화를 시도하지만, 여전히 현재 제도로 해결할 수 없는 문제들 때문에 어려움을 겪고 있다. 물론 이런 문제는 학교교육과정을 제약하는 요인이 되지만, 현장에서 개선을 시도하고 있기 때문에 이들의 아이디어나 담론이 이후 교육과정 제도 변화의 주요한 동인이 될 수도 있다. 제도 개선 요구는 학교 구성원과 전문직의 의견을 함께 정리하였다. 내용은 크게 교육과정 대강화, 학교와 지역의 자율성 확대, 개발 체제 개선 등으로 나뉜다.

• 교육과정 대강화

교육 내용 적정화가 4차 교육과정부터 요구되었는데 최근에는 교육과정 대강화 요구로 수렴되고 있다. 면담 대상자들 대부분 교육과정 대강화를 요구하였는데 그 방식은 성취기준의 질과 양이나 교과, 교과서 등 여러 측면에서 제시되었다.

저는 예를 들어 교과를 몇 개 없앴으면 좋겠어요. 없앤다는 게 학년을 올리는 거죠. 기술교육이 필요한데 실과를 올려 버리고 영어도, 영어도 사교육 광풍이 분다면 그 시기가 짧은 쪽으로 몰아주자. 초등학교 6년, 중학교까지 9년만이라도 아이들

이 학업 스트레스에서 벗어날 수 있게. (중략)

그리고 교사들이 창의적일 수가 없죠. 시간이 없잖아요. 전에 우리 선생님이 근무했을 때 담임들 다 색깔 드러낼 수 있었어요. 근데 지금은 아예 없어요. 너무나 많은 담임 시간을 빼앗아 버리고서는 공통으로 해야 할 것이 산적해 있는데 거기서 어떻게 창의성이 발휘되죠? 이전에 없었던 것들 영어, 안전, 실과. 만약에 그것만 덜어 낸다고 했을 때 선생님들 시간이 엄청 많죠. 빈 시간은 어떻게든 채워 낼 수밖에 없잖아요. 그러면 자기 색깔이 나오죠. (가람초 5학년 교사)

현재 교과교육과정에서 영역별 내용과 성취기준이 제시되는 방식을 더 대강화해서 주제 정도만 제시하거나 핵심적인 것만 제시하여 교사들이 구성할 수 있도록 해야 한다는 의견도 있다. 교사들이 더 적극성을 발현할 수 있는 구조이다.

연구자: (역량중심) 지역교육과정 해 보셨고 국가교육과정 체제를 보시면 어떻게 바꿔야 할 거라고 보세요?
답변: 가장 핵심은 지금도 변함없지만 선생님들이 교육과정에 개입할 수 있는 여지를 드려야 한다. 여태까지는 그랬지만 2015는 교과 내용이 좀 많이 줄었어요. 총론은 말고 교과교육과정이 굉장히 세세했잖아요. 내용, 방법까지 이런 내용을 이런 방법으로 가르쳐라, 평가까지 해라, 여기에 선생님들이 개입할 여지가 어디 있냐? 내용, 평가까지 다 정해 놨는데. 지금도 이 틀을 유지하고 있습니다. 지금은 내용이 좀

줄었어요. 좀 성기지만 여전히 이 구조는 계속 유지가 되고 있습니다.

향후 교육과정은 이 내용 체계가 어떻게 될 것인지인데, 하나는 아주 성기게 큰 틀에서, 수학 같으면 집합, 명제 정도 대주제만 사이사이, 시도교육청에서 특징에 맞게 추가할 여지, 학교에서는 선생님이 내용 구성할 여지를 줘야 한다. 지금 적당한 용어를 못 찾아 대강화라고 생각하는데, 제가 생각하는 대강화 방향이고. 교과교육과정을 구성할 때 선생님이 개입할, 교육 내용을 선정할 여지가 있어야 한다. 교육 내용을 구성할 권한, 자격을 줘야 되지 않겠나.

(한솔 교육청 전 교육과정 담당 장학사)

그동안 교육과정 대강화가 잘 이루어지지 않는 것은 수능 등 평가제도 문제도 있지만, 현재 대학교수진 위주로 교과교육과정을 개발하는 문제를 개선해야 한다고 하였다. 또 교육과정을 대강화하는 것도 중요하지만 이와 함께 사회적 합의가 중요하다는 의견도 있다.

국가교육과정의 대강화 부분 중요할 것 같고. 교사, 학교에 자율권 보장(이 필요해요). 그렇다고 해서 교사들이 안 가르치지 않거든요. 혁신학교의 경험을 통해서 많이 봤어요. 교사들에게 시간을 많이 주고 교사들에게 여유를 준다고 해서 대충 가르치지 않아요. 오히려 더 고민한다는 거죠. 아까 얘기했던 평가 부분. 사회적 합의인 거죠. (바다중 전 혁신부장)

교육과정 대강화는 교육과정 내용 제시 구조를 대강화하는 것도 있지만, 성취기준의 성격을 변화시켜야 한다는 의견도 나왔다. 현재 성취기준이 학생들이 달성해야 할 '목표'로 제시되어 있는데 학생 수준과 맞지 않아도 기계적으로 성취기준에 맞춰 평가를 하니 학생에게 적합한 피드백이 이루어질 수 없다는 이야기이다.

선생님들이 교육과정을 짜면서 우리의 교육과정이 너무나 아이들하고 맞지 않다. 나는 우리 아이들 수준에 맞는 교육과정을 운영하고 싶다는 거예요. 아까도 들었는데 24명 중 14명이 기초학력 미달이라는 거예요. 그때 교사로서 국가교육과정을 가르치면서 좌절을 느끼고 우리 아이들에게 무슨 도움이 될까 생각을 하는 거예요. (중략) 그니깐 저희 초등 성장평가 기술을 하는데 성취기준이 있으니까 분명히 얘는 아무것도 안 되는데 성취기준 내에서 이 정도 학습을 했고 이 부분에서 이런 성과가 있었다고 기술하는 상황들이 있어요.

연구자: 학생에게 맞추는 게 아니라 성취기준에 맞추게 된다는 의미인가요?

답변: 네. 그런 부분들이 앞으로는 조금 더 교육과정을 조금 더 교사들이 개발해서 쓸 수 있도록 개발하고 그렇게 변화하는 것이 주어져야 되지 않을까 생각이 들어요.

(도담 교육청 전 혁신담당 장학사)

• 학교와 지역 교육청의 자율성 확대

학교와 지역 교육청에 자율권을 더 달라는 요구는 국가교육과정이 요구하는 것보다 학교의 요구를 담을 수 있는 구조나 권한을 요구한다는 측면에서 교육과정 대강화 맥락과 맞닿아 있다.

> 자율성을 더 주었으면 좋겠어요. 교육과정이 맥락이 있어야 하고 기준이 되어서 교사들에게 도움을 주기 위한 거 아닌가요? 그런데 너무 세세하게 제시해서 조금 더 간략하게 제시하면 좋겠어요. 맥락은 교사들이 찾을 테니, 중요도는 찾는 데 시간이 너무 드니까 교육과정에서 너무 세세하지 않게 중요한 것을 중심으로 제시하면 좋겠어요. (산들초 5학년 교사)

> 중앙정부에서 이런 걸 독점하지 말고 지방정부가 활성화되고 그러니까, 그런 것들을 좀 과감하게 이양을 해 주셨으면 좋겠고 수업권, 평가권, 교육과정 편성권은 선생님들에게 주어져야 한다, 그런 생각을 하고 있습니다. (천지중 학교장)

초등학교, 중학교 모두 면담 과정에서 교과서나 성취기준을 미리 보지 않고 교육과정을 만들었는데 나중에 보니 그 내용이 (성취기준에) 다 있었던 경험을 한 교사를 만나기도 했다.

> 사실 국가교육과정이 기본으로 해야 할 것만 있으면, 성취기준, 핵심 성취기준 해놨지만 정말 필요한 것들을 해놓으면 교과서를 자료처럼 활용할 수 있는 문화가 만들어지면 충분히 초

등학교 선생님들은 요리해서 내놓을 수 있다는 거죠. 사실 선생님들의 머릿속에서 나오는 것들이 성취기준에 엄청나게 위배되는 것은 나오지 않았다는 거죠. 많이 해 봤는데 그렇지 않더라고요. (햇살초 전 수석교사)

이는 교사들이 오랫동안 교과서 중심 수업을 해 왔던 경로의존성에 의해 나타난 현상일 수도 있다. 또 교과가 사회 문화적인 내용을 담고 있어 학생 성장 관점에서 접근하더라도 교과 내용이 포함될 수밖에 없을 것이라는 추측도 가능하다. 이를 보면 학교에 교육 내용 구성권 등 일정한 권한을 주더라도 경로의존 현상에 의해 당장 학교마다 교육과정이 금방 변하기는 어렵다고 예상할 수 있다. 아울러 학생에 따라 다양한 교육과정이 구현되려면 개별 교사나 학교 차원의 노력만으로는 부족하고 체계적인 교과교육연구 등 지원이 필요하다.

• 교육과정 개발 체제 개선 요구

교육과정 개발 체제에 대한 요구는 가장 먼저 "제발 그만 바꿨으면 좋겠다"가 가장 많았고 앞으로 교육부의 계획이 궁금하다는 등 그동안 진행된 수시 개정에 대한 반작용이 많았다. 국가교육과정 정책의 방향이나 시기를 예측하기 어렵다는 점은 교육과정이 개정된 후에도 교육과정 개정을 통해 이루려고 한 개혁 목표에 대한 공유를 어렵게 하고 있었다.

연구자: 2015개정교육과정에 대해 이야기 나눴는데요. 궁금하거나 더 하고 싶은 이야기가 있을까요?
답변: 궁금해요. 국가 수준에서는 앞으로 어떤 걸 원하고 있는

지, 어떤 계획을 가지고 있는지? (햇살초 4학년 교사)

교육과정 개발뿐 아니라 적용 과정에 대한 연구가 중요하며 교사들이 학교에서 교육과정을 운영한 경험을 토대로 교육과정개정이 이루어져야 한다는 의미이다. 또한 지금의 공학적 방식이 아니라 숙의 과정으로 바뀌어야 한다고 보았다.

다만 교육부에 부탁할 게 있다면 교육과정은 저는 그분들이 훨씬 전문가라고 생각을 해요. 세계 동향, 연구를 했고 21세기 내다보고 탄탄한 이론 바탕, 최고 전문가들이 만들었겠죠. 문제는 그것이 현장에 어떻게 적용되고 있는지를 촘촘히 좀 살펴보고 옛날에 하던 허울만 좋은 연구학교 통해서 검증하지 말고 현장의 선생님들이 잘 실천하고 있는지 이런 걸 좀 꼼꼼하게 들여다보면서 좀 고민을 해 줬으면 좋겠다. 그리고 좀 제발 좀 교육과정 내용 좀 줄여라, (중략) 이런 점이 문제라고 봐요.
(바다중 학교장)

어느 학교 어느 지역을 가도 그 아이가 교육을 균등하게 받아야 되는 권리가 있잖아요. 저는 그것 때문에 국가의 기본적인 책무 사무 때문에 국가교육과정의 큰 틀은 있어야 한다고 보지만 결국은 개발권은 학교교육과정에서 선생님들이 개발을 해야 되는 단위로 완전히 확대되어야 한다고 생각이 되는데 지금 개발 체제가 과거처럼 전문가 꾸려서 가는 한계, 그리고 그게 현장에 있는 사람들하고 네트워킹하고 숙의 과정을 거치면

서 가야 되는데 그렇게 가지 않고 일시에 어느 순간에 고시해
버리는 이런 체제는 개선되어야 한다고 생각하고 있어요.

(한솔 교육청 전 혁신담당 장학사)

한편, 교육과정만 바꾸기보다 교육과정이 운영될 수 있는 관련 제도
를 함께 바꿔야 한다는 의견도 많이 나왔다. 학교교육과정 운영에서 가
장 문제가 되는 것이 교사의 정기이동 때문에 생기는 문제가 많아 인사
제도 개선이 첫 번째로 나오는 경우가 많다. 또한 학급당 학생 수나 학
교 의사결정구조 개선 등이 바뀌어야 한다고 하였다. 이는 제도의 상호
보완성 차원에서 교육과정의 취지가 제대로 실현되려면 관련 제도들이
함께 연계하여 변화되어야 한다는 것을 잘 보여 준다.

• 플랫폼 기능의 지역교육과정 구상

한편 교육과정 제도 개선 요구에 그치지 않고 이미 지역 차원에서 현
재의 교육과정 문제를 개선하기 위한 정책도 추진되고 있었다. 도담 교
육청은 학교의 자율권이 수업시수 증감권 20%에 머물러 있는 것을 벗
어나 교육 내용 20% 권한을 학교에서 스스로 구성할 수 있도록 지역 지
침을 개선하고 교사와 학교의 역량을 강화하는 방안을 모색하고 있다.

연구자: 지역교육과정을 새롭게 구상한다는 것이 뭔가요?
답변: 혁신과에서 주변을 건드리지 말고 교육과정을 건드리자,
    교육과정 정책에 대해서 편성운영 지침에 대해서. 좋은 실천
    해 가지고 시수 문제, 교과 문제 자꾸 걸리면 본인들이 열정
    을 다해서 했는데 교수님은 교수님대로 공격하고 현장 관리

자들은 관리자대로 공격하고 설 자리가 없다.

그러면 교육과정으로 쓱 들어가자. 우리 도담형 교육과정을 만들자. (중략) 현장 선생님들이 노력하는 것이 제도화된다는 가시적인 것을 보여 줘야 한다. 그 첫 번째가 교육과정 정책이다. 그러면 교육감 권한 안에서 할 수 있는 것이 교육과정 편성 운영 지침이다. (중략) 100에서 80은 국가에서 하고 20이라도 법적으로 완벽하게 학교에서 전문적 학습공동체 통해서 지역 사회나 학교교육과정, 교사교육과정까지 할 수 있게 교육감 내부 결재 맡으면 이 안에서 감사하는 거니까, 자율학교 제도도 있고, 공부해 가지고 뚫어 보자 해 가지고 어디까지 왔느냐면 참학력교육과정 기반에 도담형 교육과정을 만들 거예요.

(도담 교육청 혁신담당 장학사)

도담형 교육과정이란 처방적 관점에서 교육청에서 바람직한 내용을 만들어 보급하는 방식이 아니라, 학교에서 직접 학생들에게 맞는 내용을 만들 수 있는 체제를 만들어 주는 방식이다. 이는 그동안 국가나 지역에서 했던 여러 과정이 모두 학교교육과정을 개발하는 데에는 실패했으며, 가장 좋은 연수는 직접 교육과정을 개발하는 것이라고 보았기 때문이다. 이는 교과의 조직 방식에서 학교에서 생각하는 중핵적인 활동을 담는 '중핵중심 교육과정'으로 볼 수 있다.[4]

---

4. 이 교육청은 2019년에 자율학교규정에 학교교과목을 신설하여 학교나 교사가 가르치려고 하는 내용을 정리하여 교육청에서 인정하는 방식으로 제도 개선을 실행하여, 현재 초등학교 2곳 사례를 정리하고 있다.

내가 직접 개발하는 것이 가장 좋은 교육과정 연수다. 자기가 직접 20프로 시수안에서 개발해 보고 직접 해 보고 평가받고 아이들에게 평가받고 피드백을 받아 가지고 다시 층위를 올리고 이 과정을 한 숨 돌고 왔을 때 교과목 20%를 올리는 것으로 가야지, (중략) 그 힘이 교육과정 80까지도 마음대로 주무를 수 있을 거다. 그런 경험을 주고 싶은 거죠.

(도담 교육청 혁신담당 장학사)

이런 정책 시도가 이루어지는 배경에는 그동안 혁신학교에서 근무한 교사들이 전문직이 되어 교육청 정책이나 구조를 혁신학교 운영 취지에 맞게 개선해 가는 측면이 있다. 지역교육과정 개선 경험을 가진 전문직이 시도교육감협의회나 교육부에서 근무하는 등 제도 개선 의지를 가진 행위자의 성장은 제도 설계의 새로운 계기로 작용하는 것으로 나타났다. 이는 제도가 실제로 변화하였을 때 권력관계 면에서 학교현장 쪽으로 무게가 실릴 가능성을 높여 준다.

2. 구조와 제도적 요인의 상호작용

가. 혁신학교의 역사성과 제도적 맥락이 준 영향

혁신학교는 공공성, 자발성 등의 철학을 바탕으로 학교문화 개선, 업무 중심에서 교육과정 중심 조직 구조 전환, 민주적 학교 운영 체제를 구축하여 "모두를 위한 교육"을 추구하고 있다. 혁신학교 철학은 학교를 운영하는 데 기본 가치가 되고 학교 구성원 간의 협력과 민주적 운영을 추구하고 있다.

혁신학교 정책은 제1대 민선 교육감 선거에서 경기도 김상곤 교육감의 핵심 공약으로 제시된 이후 2018년에는 14개 지역에서 혁신학교 정책을 내건 교육감이 당선되었다. 교육감의 정책으로 등장하였지만 기존에 작은 학교 살리기 운동이나 자발적인 학교개혁 성과가 정책으로 발전한 것이고, 1980년대 말 이후 참교육운동 성과를 반영한 것이기도 하다.이윤미, 2014; 송순재 외, 2017 혁신학교 태동과 발전 과정을 보면 개방형 자율학교로 명칭이 바뀌었지만 노무현 정부 정책인 공영형 혁신학교와 유사하다.김수경, 2011

가람초, 산들초, 천지중은 혁신학교 정책이 시작되기 전부터 학교를 바꾸는 노력을 해 온 곳이다. 먼저 가람초는 2000년 학생 수 감소로 폐교 위기가 오자 학부모들이 전입학추진위원회를 만들고, 동의한 교사들이 전입하며 학교 살리기가 시작되었다.

• 가람초

가람초는 합의된 철학에 따라 학교와 공교육 전반의 문제에 대해 토론하고 해석하여 불필요한 것을 없앤 것에서부터 교육과정이 변화했다고 본다.

> 2001년 출발 당시에 오신 선생님들의 생각은 그때 당시 가지고 있던 공교육의 문제점들, 일반적 평가의 문제, 아이들의 줄 세우기 등. 이것을 해소해 보자는 공통된 철학들이 있었어요. 그렇게 가는 것들에 대해서 그것들을 버리고 가는 거여서 오히려 지금보다 더 혁신적이었던 것 같아요. 그래서 교육과정을 논하기보다 가지고 있던 문제들을 해소하는 게 일이었어요.

평가에 문제가 있다면 줄 세우기 하지 않는다, 시상하지 않는
다, 이런 식으로 고민했던 것 같아요. 그럼 자연스럽게 교육과
정이 변하죠. (가람초 교무부장)

가람초 학교 목표는 "참삶을 가꾸는 작고 아름다운 학교"에서 현재는
"배움과 나눔으로 삶을 가꾸는 학교"로 바뀌었다.^{김영주 외, 2013} 교육과정
중점도 체험 중심 교육에서 학생자치 활성화로 바뀌어 학습자치까지 시
도하고 있다. 학교 교육론을 세울 때에는 작은 학교 살리기 운동 외에도
국내 교육운동과 프레네, 발도르프 등등 외국교육론의 도움을 받았으
며, 그동안 모두 작은학교연대 워크숍에 참석하였다.

그동안 교육과정이 실적 중심 교육과정으로 운영된 상황에서 이런
'빼기' 정책은 다른 학교로 확산되는 과정에서 교사들의 공감을 얻어 내
고, 혁신학교 정책이 '빼기'부터 시작한다는 제도 맥락으로 발전되었다.

• 산들초
산들초는 노무현 정부 학교혁신 정책과 교장공모제 확대 정책에 따라
2007년 9월에 내부형교장 공모제를 활용하여 학교를 변화시켰다. 당시
공모 교장은 기존에 근무하던 교사들, 학교 밖 교사들과 농촌학교 모델
을 세우기 위해 새로운 교육과정을 만들었다. 학교교육과정은 기존 교육
과정 틀에 따르지 않고 교육과정 9형태로 만들었다가 최근에는 7형태로
변화되었다(44쪽 [표 3] 참조).

교육과정 보시면, 22쪽에, 지금은 지향점이라든가 이런 건
지금은 완전히 바뀌었는데요. 그때는 공모교장, 이○○. 농촌학

교 모델 만들기라고 해서. 물론 전국에 작은 학교(살리기 운동을 한 학교)가 있지만 수도권에는 가람밖에 없었고. 학교 샘들이 모델 만들기로 시작했어요. 아이들이 장점을 가지고 있고 이 장점을 살리자, 삶이 변하는 건 배움과 감동에서 오고, 아이들을 신뢰하자. 우리가 거기에 맞춰서 교육 프로그램을 짠 거죠. (산들초 연구부장)

• 천지중

천지중은 학생 수가 줄어드는 상황에서 2009년에 내부형공모 교장이 부임하였는데, 교사로 근무하다가 지역의 신망을 얻어 교장으로 추천되었다. 학교는 학생들이 오게 하기 위해 많은 노력을 하였는데, 전원학교를 신청하고 학생들에게 필요한 내용을 중심으로 방과후학교를 운영하다가 2012년에 혁신학교로 지정되었다. 현재는 초기에 학교 살리기 운동을 함께 했던 교감이 학교장으로 부임하여 초·중·고 연계 및 지역네트워크를 운영하고 있다. 방과후활동에 치중하던 교육과정을 수업과 평가 혁신 중심으로 바꾸는 데에는 자유학기제 시범학교가 전환점이 되었으며, 학생들이 교육과정 운영에도 참여하고 있다.

전원학교도 학교 체제나 운영이 혁신학교였죠, 명칭만 안 붙였지. 그렇게 해 오다가 학교문화 개선되고 새롭게 학교 방향이 정립이 되고 시스템이 안착이 되면서 선생님들이 이제 수업에 집중을 하셨죠. 혁신 더하기 학교부터 더 수업에 깊이 있게, 2015년부터, 집중을 하셨던 거 같아요. (천지중 학교장)

가람초와 천지중, 산들초는 기존에 학교가 교육부와 교육청의 하부 단위로 인식되고 권한도 많지 않은 상태에서 교사 전보 제도와 교장공모제를 활용하여 제도 변화를 추진하였다. 전원학교 정책도 함께 활용하였다. 전원학교는 이명박 정부가 공교육다양화를 위해 농어촌과 같은 낙후 지역의 교육 여건을 개선하고 실질적인 교육경쟁력을 높인다는 목표로 기숙형 고교, 연중 돌봄학교 정책과 함께 추진한 정책이다. 또한 교장공모제가 확대되고 법제화되면서 여러 학교가 내부형 교장공모제 정책을 활용하였다.

하지만 이명박 정부의 학업성취도 평가 정책은 연구 대상 학교들에게 직접으로 제약을 주고 학교 철학과 충돌하는 위기 상황을 만들기도 하였다. 가람초의 경우 진단평가를 거부하고, 햇살초는 교사 간 협의를 거쳐 학부모들에게 교사들의 입장을 알리는 가정통신문을 보내기도 하였다.이부영, 2013 혁신학교에서 새로운 시도가 많았는데, 잘못된 정책에 반대하고 새로운 문화나 제도를 만들어 내기도 한 것이다.

• 바다중

바다중과 햇살초는 1기 진보 교육감들의 정책으로 혁신학교 정책이 시행되고 나서 생긴 학교이다. 바다중은 지역에서 2010년부터 연구회를 하던 교사들이 전입하여 혁신학교를 운영하였는데, 학교 비전을 실현하기 위해 교과통합 활동을 지속적으로 추진하고 모든 교과에 학교·학년 교육과정 중점 내용을 반영하여 운영하였다. 학년 구조도 학년별로 배움과 돌봄을 책임질 수 있는 역할 분담 구조로 바꾸었다. 초기부터 수업혁신을 중요하게 보고 "배움의 공동체" 연구회를 조직하여 수업 공개를 활성화하고 지역과 연계하여 운영하였는데, 현재는 학교 중심으로 연구모임을 운영하고 있다.

> 2010년도부터 지역에서 혁신학교 준비하시는 선생님들이 모여서 어떻게, 어떤 학교를 꿈꾸는지 이야기했었거든요. 그러면서 교육과정도 짜보고 철학도 이야기해 보고 활동해 보다가 그중 4명 선생님이 바다중으로 들어왔어요. 들어오신 선생님들하고 기존에 계신 선생님들하고 같이 수업을 통해서 학교를 바꿔 보자, 수업이 바뀌면 학교가 바뀐다는 생각을 가지고 처음에 수업을 바꾸는 일을 시작했어요. (바다중 전 혁신부장)

• 햇살초

햇살초는 2011년에 개교하면서 혁신학교로 지정되었고 2010년 여름부터 관심 있는 교사들이 공부하고 학교교육과정을 만들었다. 개교 전이라 법률적으로 학교가 없는 상태인데도 연구모임에서 교육청에 학교교육과정을 제출하여 지정받았다. 대규모 학교지만 교사회에서 학교 업무와 학년 배정을 하고 학교교육과정을 함께 만드는 등 민주적 절차를 정착시켜 나갔다.(이부영, 2013)

또한 별도의 프로그램이나 학교 특색활동이 없이 학생 성장발달 특성을 반영하여 교육과정을 만드는 것을 가장 중요하게 보고 있다. 초기에는 기존 학교교육과정 문화에서 없앨 것, 바꾸거나 새로 만들 것으로 가지치기 하는 방식으로 학교문화를 만들어 갔다.

햇살초는 학교교육과정이 실제 학년에서 교육과정 운영되는 내용과 같다는 이야기를 많이 하였다. 그래서 학년교육과정을 열심히 운영하면 그것이 곧 학교교육과정 운영과 연계되며, 교육과정 문서 체계도 최대한 실제를 반영할 수 있도록 체계도 바꾸고 많이 변화시켰다.

> 연구자: 그럼 학년교육과정하면서 이것이 결국 학교 교육을 하
> 는 거구나 느꼈던 구체적인 경험은 어떤 걸 말하는 건가요?
> 답변: 구체적인 부분이 학교교육과정에서 학년교육과정으로
> 연결되는 것이라고 하면 그냥 전체가 연결이 된다고 보면 돼
> 요. 처음 배움이 즐거운 학교에서 4학기제 운영, 넓고 깊은
> 배움 이런 것들이 다 하고 있는 부분들이고요. 학년에서 정
> 말 중점적으로 하고 있는 부분들이 이것들이고. 가장 큰 게
> 마음이 행복한 학교. 두 번째, 큰 바탕이 감성을 깨우는 배
> 움으로 문화예술 교육하는 것 등등 하고 있어요. 학년별로
> 계획을 어느 정도 세워 놓고 많이 벗어나지 않게 하는 거예
> 요. (햇살초 전 혁신부장)

1, 2학년은 발도르프 교육을 반영하여 교육과정을 만들다가 점차 협의를 거쳐 국내 교육론과 결합하여 학생들에게 맞는 교육과정을 만들었다. 진단평가는 학기 초 수업 과정에서 학생들의 학력뿐 아니라 정서, 건강, 사회성 등을 종합적으로 관찰하고 성장계획을 세우는 진단활동으로 전환시키고 많은 학교에 확산시켰다. 또한 한솔 교육청 정책으로까지 발전하는 등 제도 변화를 넘어 새로운 제도를 만들어 낸 셈이다.이부영, 2013: 햇살초 백서 학교교육과정 개발 원칙이나 평가 기준으로 학생 성장 발달을 내세운 것은 기존 제도에 순응하기보다 새로운 선호 기준을 세워 교육과정 제도 요소를 재배열한 것으로 결과적으로 제도 변화가 제도 설계로 연계된 것이다.

혁신학교가 자발성을 토대로 민주적 학교문화 형성과 교육과정 변화를 주요 과제로 한다는 정체성은 학교 구성원들에게 가치로 인정받고 학교문화와 제도로 정착되어 운영되고 있다.

> (학교교육과정을 유지하게 하는 동력은) 동료성이죠. 저희가 교사가 계속 줄지만 학년부 시스템을 놓지 않기 위해서 부장들의 업무가 더 늘어났죠. 그럼에도 불구하고 학년교육과정을 유지하려고 노력하고, 공개수업도 하고, 평가회 하고 학기별로 교육과정 평가회를 하면서 한 학기를 돌아보고 서로서로 위로하고 격려하고 그렇게 노력을 많이 하죠. (바다중 1학년 교사)

혁신학교 정책은 학교가 기존에 하던 활동을 지속시키는 기회를 열어준 경우도 있고 혁신학교에 관심 있는 교사의 전입을 전보다 쉽게 만들었다. 전에는 같은 뜻을 가진 교사들이 같은 학년에 모이는 것도 어려웠는데 한두 명이 아니라 집단적으로 이동하는 것은 우리 교육사에서도 쉽지 않은 일이다. 심지어 아직 개교도 안 된 학교를 지정받아 오는 등 학교마다 혁신학교의 역사와 제도 맥락은 다르게 나타났다. 이런 학교별 특성은 같은 정책에 대해서도 특정 제도에 대한 선호도가 다르게 나타나고 학교 운영 방식에도 영향을 주었다.

혁신학교 초기에는 자발적인 의지로 모인 교사들이 개별 학교를 바꿔 나갔다면 2기, 3기 혁신학교로 지정되면서 학교의 변화 외에도 혁신학교 네트워크, 마을교육공동체, 혁신교육지구 등으로 정책이 확대되고 활동 범위도 커지고 있다. 이 외에도 학교 자체로 지역에듀벨트 학교(가람초), 지역 학교와 동반 성장을 추구하고 있다.

혁신학교 제도가 많은 가능성과 길을 열어 주었지만 여전히 서열화, 점수 위주의 학력관은 혁신학교 교육 활동에 제약 조건으로 작용하는 경로의존성을 발휘하고 있다. 바다중은 종합평가를 앞두고 마련한 콘퍼런스에서 학부모들이 수업 방식에 문제 제기를 한 경우도 있었다. 일부 졸업생들이 고등학교에 가서 중학교와 다른 수업 방식 때문에 어려움을 겪는 경우도 있기 때문이다. 그렇지만 학부모들과 계속 토론하여 혁신학교의 철학이나 2015개정교육과정에서 이야기하는 역량 담론으로 설득하였다고 한다.

> 물론 학부모의 학원식 수업, 많은 지식을 강요하는 이런 수업에 동의하지 않고 학교는 공교육기관이기 때문에 교육의 방향이나 사회적 흐름도 선도할 책임이 있죠. 흘러가는 방향은 이게 맞고 그래서 학부모들에게 우리가 옛날 학원식 수업으로 돌아갈 수는 없고 주입식 교육을 할 수는 없다. 2015개정교육과정에서 이야기하는 학생들의 역량, 그건 학력이지 성적이 아니잖아요? 그렇다면 우리도, 내 수업이 아이들 성장에 도움이 되는, 21세기에 살아갈 아이들에게 도움이 되는 건가에 대한 면밀한 분석과 자기반성과 들여다보는 게 있어야 된다는 거죠.
>
> (바다중 학교장)

나. 국가교육과정, 지역교육과정과의 상호작용

혁신학교 교육과정에 영향을 주는 제도로는 크게 국가교육과정과 지역교육과정이 있다. 현재 학교에 적용되는 교육과정은 2009개정교육과정과 2015개정교육과정이다. 구조 수준에서 세계화가 가속화되고 사회가 지식정보화, 지능정보화 사회로 이행하므로 기존과 다른 인재상을 길러야 한다는 사회적 요구가 지속적으로 제기되었다. 중앙집권적 정치 체제를 운영하는 우리나라에서는 이런 요구가 대선공약을 거쳐 교육정 책으로 반영되고 교육과정 개정으로 연결되었다.

2009개정교육과정은 글로벌 창의인재 육성을 내세우고, 자율화 담론 이 학교교육과정 자율화로 이어져 학년군, 교과군을 이용한 집중이수제 와 수업시수 증감 등 교육과정 운영 방식에서 큰 변화가 나타났다. 박 근혜 정부는 창조경제를 표방하면서 창의융합형 인재 양성을 강조하고 '문이과융합교육과정'을 내세워 2015개정교육과정 개정을 추진하였다. 2009개정교육과정에서 창의인재 양성이 강조되었음에도 교육과정을 개 정한 것은 공교육 정상화와 행복 교육 등 정권의 국정과제를 실현하기 위한 방안이었다.황수아, 2018

2009개정교육과정은 2011년 초, 중, 고 1학년부터 시행하였고, 2015 개정교육과정은 박근혜 정부에서 개정하여 2017년에 초등 1, 2학년부 터 적용되었다. 국가교육과정은 모든 학교에 적용되는 기준으로 작용한 다. 7차 교육과정 이후 학교중심 교육과정이 활성화되고, 2009개정교육 과정 이후 학교자율화, 역량중심 교육이 강조되고 있다. 국가교육과정은 혁신학교에서 기회 요인이 되거나 제약을 주기도 하는 등 역동적으로 작용하고 있다.

1) 총론의 선택적 활용

역량 담론의 경우 국가교육과정이 역량교육을 강조하면서 외부에 학 교교육과정을 정당화시키는 데 도움을 받고 있다. 그전에는 교과서를 가르치지 않는다거나 공부를 시키지 않는다는 비판이 많았지만 역량중심 교육이 미래 방향이라고 하고 교육부에서도 한다고 하면 수긍하는 분위기가 된다.

교육과정 총론에 제시된 개정 방향을 보면 이미 학교에서 실천하던 것이라서 혁신학교가 먼저 가면 정책이 따라온다는 느낌을 받기도 하고, 학교에 따라서는 2015개정 이전부터 핵심역량으로 학교교육과정을 편성하였다.

> 연구자: 우리나라 교육과정이 여러 번 변했는데 학교교육과정 운영 과정에서 어떤 영향을 받았나요?
> 답변: 변한 건 맞는데 큰 방향에서는 자율화 방향은 바뀌지 않았다고 보거든요. 이명박 정부에서는 강고한 게 있기는 했지만 저희가 거기에 크게 압박감을 느끼지는 않았었고, 제가 그때 5, 6학년 교사였는데 진단평가 거부하고 그랬던 기억은 나요. 그런 흐름에서도 저희가 크게 압박감을 느끼지 않았어요. 기본적으로 국가교육과정이 개별화, 자율화, 다양화되는 흐름에 올라타 있었고, 더 가람만의, 또 시대에 부합하는 그런 교육과정에 대한 고민, 개발, 실천 이런 것들은 노력이 더 강화되어 왔다고 생각해요. (가람초 학교장)

> 실은 2015개정교육과정이 나오기 전에는 불안감을 가지고 있었습니다. 저희는 2010년도부터 좋은 학교 박람회에 나가고 역량중심 교육과정을 편성, 운영을 했고요. 다행히 2015교육과정이 역량중심 교육과정이라서 저희들의 방향이 틀리지 않았다고 안도할 수가 있었습니다. (천지중 학교장)

교육과정 총론은 5차부터 분권화를 강조하고, 7차 교육과정 문서를 보면 외국과 큰 차이가 없을 정도인데 이는 국제 거버넌스 영향으로 나타난 동형화 현상이다. 제도는 무조건 따라야 하는 강제력도 있지만 도덕적 권위나 정당성, 합리성을 부여하기도 한다.^{김윤권, 2005} 혁신학교에서는 국가교육과정보다 먼저 OECD의 역량 개념을 차용하고 미래교육 담론으로 틀짓기하여 교육과정에 반영하는 등 세계적 변화에 빠르게 반응하였다. 결과적으로는 혁신학교 교육과정을 정당화시켜 주는 효과를 가져왔다.

이 학교들은 학교 특성에 맞게 교육과정을 만들어 운영하므로 국가수준 교육과정이 바뀌었다고 해도 학교의 교육과정을 더 중요하게 본다. 5개 학교 모두 학교교육과정 문서 체제에 2015개정교육과정의 핵심역량을 따로 반영하지 않고, 지역교육청에서 제시한 역량이나 학교가 정한 역량을 제시하거나 철학으로 대체하고 있다.

연구자: 핵심역량은 어떤 방식으로 반영하셨나요?
답변: 저희 학교교육과정에 반영은 안 했죠. 그냥 구호만 바뀌는 느낌인 거죠. 학교현장에 특별히 바뀐 건 없는데.

(햇살초 연구부장)

연구자: 지난 면담 때 성취기준이 들어와서 교과서를 벗어나는 데 자신감을 주고 혁신학교에서 먼저 활용했다고 하시고 요즘은 교육청에서 교육과정, 수업, 평가 일체화를 등을 너무 강조하는 부담감을 말씀하셨는데요. 학교 기존 활동들과 새로 2015개정교육과정 들어오고 어떠셨어요?

답변: 큰 어려움은 없는 거 같아요. 그런 거는. 저희가 해 오던 상황이고 만약에 저희가 큰 어려움이 있었다면 학교교육과 정을 바꿨겠죠. 우리가 해 왔던 것이 문서상으로 들어왔단, 그런 생각이 많이 들어요. (산들초 연구부장)

교사들도 교과 차원에서 핵심역량을 반영하려 하나 그보다는 학교교육과정에 더 영향을 받는다고 하였다. 국가교육과정 개발진은 2015개정 교육과정의 특징이 핵심개념 중심의 교과교육과정 개선이라고 강조하는데, 학교에서는 획기적인 변화를 못 느낀다고 하였다.

연구자: 2015개정 총론은 핵심역량을 반영하고 교과마다 교과 역량으로 실현하라고 제시하고 있어요. 그리고 교과 내용 체계는 이해중심 교육과정을 반영하였다고 하는데요. 실제 수업을 진행하시면서 달라진 점이 있나요? 선생님은 어떻게 생각하시나요?

답변 1: 핵심역량 같은 걸 수업에 많이 넣으려고 노력을 하긴 했었거든요. 근데 교과서를 가지고 막 하는 건 아니기 때문에 교과서를 가지고 재구성 했을 때 추론이면 추론, 다른 독서나 이런 데에서 역량을 발휘하도록 노력을 했던 게 있고 그다음에 문제해결이나 이런 부분들도 교과서를 주로 하지 않았고 재구성을 할 때 넣으려고 노력을 했죠.

(바다중 1학년 교사)

연구자: 교과에서 핵심개념-일반화된 지식-기능을 설정하고

성취기준으로 제시했는데 이전과 달라진 점이 있을까요? 중
등 교과별로는 어떤 영향을 주고 있는지요? 반영이 잘되어
있나요?

답변 1: 그 사람들이 생각하는 그런 것처럼 그렇게 많이 반영
을 할 순 없었던 것 같긴 하거든요. (바다중 1학년 교사)

답변 2: 그분들이 수업을 안 해서 그래요. (바다중 1학년 부장)

학교가 조직의 생존을 위해 고유 특성이나 조직의 효율성에 맞지 않
아도 외부 압력에 대해 공식 조직이나 행정 절차를 비슷하게 맞춰 놓
고 실제 운영은 다르게 하는 것을 디커플링 현상이라고 한다. 문서 따
로 실제 따로가 대표적이다. 그런데 혁신학교가 2015개정교육과정에 대
응하는 과정은 이와 다르게 나타난다. 즉 기존 관행을 바꿔 구성원들이
학교교육과정을 숙의 과정으로 개발하고 개정교육과정을 적용할 때에
는 일부 수정 내용만 학교 맥락에 맞게 반영하거나 교과 내용에 적용하
는 방식으로 대응하였다. 이는 국가교육과정을 '해석translation'하고Kjaer
& Pedersen, 2001 학교 역사와 맥락에 따라 선택적으로 적용하는 방식이다.
하연섭, 2013

또한 국가교육과정이 변화하면 지역교육과정에서 총론의 내용을 그대
로 반영하고 학교교육과정에 문서로 반영되던 제도의 경로의존성을 벗
어나 학교교육과정 관점에서 지역교육과정, 국가교육과정을 선택적으로
적용하는 등 제도와 행위자의 상호작용 방식이 역전되었다.

다음으로 2009개정교육과정의 집중이수제나 2015개정교육과정의 시
수 증가, 국가교육과정의 교과 편제와 교육 행정 체계는 교육과정 운영을
제약하고 있다. 바다중은 2009개정 초기에 교사 협의를 거쳐 집중이수

제는 운영하되 학교 철학에 따라 예체능 시수를 줄이지 않기로 하였다.

하지만 사회, 도덕(군)이 교과군으로 묶이면서 1, 3학년은 사회를 배우고 2학년은 도덕을 배워 그동안 사회 교과에서 학기 초에 담당하던 학급세우기 활동을 하지 못하게 되었다. 그래서 사회, 도덕 교사가 협력하여 공동으로 학급세우기 활동을 운영하였다.

이는 국가교육과정 제도의 제약에 굴복하지 않고 '교육 활동 공동 운영' 관행을 창출한 것이다. 집중이수제는 입시중심교과운영으로 전인교육 취지가 손상되고 취지와 달리 학습 부담이 늘어난다는 비판 등으로 2012년 수정고시되어 사문화되었지만, 2015개정교육과정에도 여전히 남아 있는 조항이다.

한편, 2015개정교육과정은 세월호 참사 후 대책으로 안전교육을 강조하고 1, 2학년에 안전한 생활을 신설하여 수업시수가 34시간(주1시간) 늘어났는데 교육부는 별도의 교사 충원 없이 학교에서 운영하도록 하였다. 늘어난 수업시수는 학교교육과정에 제약이 되고 있었다.

안전한 생활 신설은 국가사회 문제 해결책을 교육과정에 반영한 것으로, 국가교육과정이 사회 문제를 교과 신설과 시수 배정으로 해결하는 처방적 기능으로 작용하고 있다는 것을 보여 준다. 그동안 혁신학교가 국가교육과정의 제약에 대해 제도 복합성 차원에서 문제를 최소화하고 회피하거나 새로운 제도를 창출하는 방식으로 대응했지만, 집중이수제나 시수 증감의 문제를 자체적으로 해결하기는 쉽지 않았다.

2) 지침으로 축소된 국가교육과정

다음으로 국가교육과정의 성격에 대한 것으로, 국가 수준 교육과정은 모든 학교가 지켜야 하는 '기준'으로서의 성격이지만 지키기 어려운 경우도 많다. 이에 비해 지역교육과정은 '지침' 성격이라 학교에서 필요에 따라 활용한다. 2009개정교육과정의 교과군, 학년군 제도는 거의 활용되지 않고 집중이수제도 사문화되어 있다.김대현 외, 2013 학교에서 융통성을 많이 발휘하지만 항목에 따라 기회 요인이나 제약 조건으로 작용하는 것을 볼 수 있는데, 대표적인 것으로 성취기준과 편제표를 들 수 있다.

• 성취기준

교육과정 각론은 7차 교육과정부터 교육 내용 외에 성취기준을 제시하고 있다. 성취기준은 OECD에서 권고한 내용 중 하나인데 교사들이 먼저 구조 차원의 압력을 학교교육과정에 반영한 것이다. 2009개정교육과정에서도 교과 성취기준을 제시하였는데, 2013년에 다시 핵심 성취기준을 제시하였다. 자유학기제를 앞두고 학교에서 교육 내용 20% 증감을 할 때 활용하도록 제시한 것이다.박순경 외, 2013

성취기준이 대중화된 데에는 혁신학교에서 교과서를 사용하지 않고 성취기준으로 교육과정을 재구성하고 역량중심 교육에 활용한 것이 영향을 주었다. 교과마다 조금 다르지만 교과서 한 단원은 성취기준 1~2개, 또는 영역별 성취기준으로 구성된다. 교사들은 성취기준을 활용하면서 차시 중심의 진도 나가기 수업에서 벗어나 한 단원이나 수십 차시의 주제통합 수업, 프로젝트 수업, 교육 활동을 기획하고 있다.

혁신학교에서는 대부분 성취기준을 활용하여 교과교육과정을 편성하고 있다. 성취기준은 교사들의 교육 활동에도 유용하지만, 수업시간에는 여전히 교과서를 배우는 것으로 생각하는 학부모들에게 교육부의 권위를 이용하여 교육 활동을 정당화하는 역할을 하고 있다.

성취기준 같은 경우는 제도가 행위자에게 제약을 줄 뿐 아니라 기회로 작용할 수 있다는 것을 보여 준다.^{하연섭, 2013} 하지만 성취기준이 학생 수준에 맞지 않고, 우리 교육의 고질적 문제인 교육 내용 감축이나 학습 부담 경감에는 큰 도움을 못 주고 있다.

> 성취기준은 요만큼인데 그걸 하기 위해서 밑에서 해야 할 작업들이 너무 지난하고 많은 거예요. 교과서도 한 쪽에 내용은 요만큼인데 그 내용을 공유하고 나름 이해를 시키려면 낱말 하나하나 넘어갈 수 있는 게 없는 거예요. (중략) 근데 한 쪽의 내용이 압축되어서 결코 줄은 게 아닌 거예요. 이 한 쪽을 한 시간 안에 뭘 할 수가 없어요. 아무것도. 특히 역사가 진짜 어려운 거 같아요. 암호 해독이에요. 사회과가 어려운데 그중에서도 역사는, 정말 어려워요. (햇살초 혁신부장)

성취기준이 학생 수준에 맞지 않거나 여전히 학습 부담이 줄지 않는 이유는 '교과' 내용 자체가 어렵거나 성취기준 하나를 해결하기 위해 연결되는 내용이 많다. 초등의 경우 특히 역사 영역에서 내용이 압축되어 어려움이 많다고 하였다. 이는 우리나라 성취기준이 교육 내용과 성취기준이 함께 제시되어 학습 부담을 줄이지 못하고 있으며^{임현정 외, 2011}, 성취기준 아이디어가 교육의 표준적 성과를 강조하여 학교 책임을 강조하는 맥락에서 도입된 것과도 연관된다.^{홍후조, 2016}

이런 점 때문에 4차 교육과정기부터 학습 부담을 줄인다고 하고 7차는 30% 감축, 2009개정은 집중이수제로 학습 부담 경감을 내세웠지만 성공하지 못했다. 2015개정교육과정은 핵심개념을 중심으로 내용을 조직하여 학습 부담을 줄이겠다고 했지만 실효성이 크지 않다.강현석, 2016; 손민호 외, 2016 교사들은 큰 변화를 느끼지 못하고 오히려 교과 단원을 한 두 개 줄이거나 교과서 수(보조 교과서 포함)를 줄이는 것이 학습 부담을 줄여 주었다고 한다. 그래도 학생들은 여전히 어렵게 느낀다고 한다.

• 교과 편제와 진도표

국가교육과정에서는 통합교육을 강조하고 있다. 특히 2015개정교육과정은 창의융합교육을 위해 고등학교에 공통사회, 공통과학 과목을 만들어 문이과 칸막이를 없애겠다고 하였다. 하지만 여전히 교과 체계가 강력하고 교과서 구성 방식은 차시별로 분화되어 있으며, 학교교육 활동은 분절적으로 이루어지는 경향이 강하다. 감사나 컨설팅에서도 시수 운영 부분을 중요하게 본다.

혁신학교에서는 교과 통합 활동이나 다양한 교육 활동 과정에서 교사 간의 협력 활동을 많이 하다 보니 기존의 편제표, 시수 운영표로 나타내기에 어려움이 많다. 그래서 최소한의 문서만 만들고 무시하는 방식도 나타나고 있다.

햇살초는 문서로서의 교육과정과 실제 교육과정을 일치시키자고 하여 처음부터 기존 양식을 벗어나 학교에 맞춰 일정 양식을 갖추고 수정 보완하고 있다. 초등은 학급담임제라는 특성 때문에 불편하지만 무시해도 교육과정 운영에 큰 어려움이 없었다.

이는 제도 행위자들이 국가교육과정을 최소한의 기준 또는 지침 성격으로 해석하고 이용하는 전략이다. 가람초도 초기에는 무시하거나 최소한의 문서만 만들었는데 학교에서는 부담을 느끼고 있었다. 그러다 최근에는 학교가 해 온 활동이 오히려 새로운 근거가 되고 있다는 느낌을 받는다고 하였다. 이는 제도가 행위자들의 선호를 형성하지만, 행위자들이 선호를 바꿔 제도의 성격을 전환시킬 수도 있음을 보여 준다.하연섭, 2013

> 저는 2000년대 초반에 가람초 교사로서의 고민이었지만, 다른 시도에서는 지금 이 고민을 하고 있더라고요. 격차가 꽤 있구나 하는 게 이런 거예요 여름계절학교 이거 몇 시간이에요? 어느 교과에서 왔어요? 어, 이거 교과 특성하고 맞지 않는 건데요. 이런 질문을 여전히 받거든요. 제일 흔했던 것이 무슨 근거냐, 어디에 근거 있느냐, 누가 책임질 거냐.
>
> 이게 근 20년 지나니까 사람들 생각이 달라진 거 같아요. 지금은 그게 뭐가 중요하냐? 국가교육과정이나 표준시수나 이런 게 없다면 우리가 근거를 세우면 그게 근거가 되는 것이지, 지금은 생각이 바뀌었으니까 조금 자유로워진 거 같은데….
>
> (가람초 학교장)

교육과정 편제표는 국가교육과정 문서에서 학교별로 가르쳐야 할 교과목과 시간을 규정한 것이고, 학교에서 수업시간을 40~50분 단위로 구획하여 움직이게 하는 규범으로 작용한다.진동섭 외, 2005 교육과정에서 교과의 통합적 운영을 강조하지만 행정상으로는 통합적 교육 활동에 많은 노력을 요구하고 맞추기가 어려워 중학교는 어려움을 겪고 있다.

> 연구자: 선생님. 중학교에서 이렇게 교과를 통합해서 운영하는 사례가 많지 않은데요. 지금 교육과정 편제표는 교과별로 제

시되어 있잖아요. 학교에서 어떻게 운영하셨어요?

답변: 엄청 걸림돌이에요. 거의 편성표는 천지중에서는 공문서
위조급. 진짜 이 편성표가 엄청 걸림돌이 될 때가 많아요. 그
래서 항상 느끼는 건데 너무 세세한 것까지 규정을 해놨다.
이럴 필요가 뭐가 있나…. (천지중 전 혁신부장)

현재 교육과정 편제표는 학교가 추구하는 가치를 담는 교육 활동에
제약으로 작용하고 있다. 편제표 구조는 제도의 상호보완성 측면에서
교과 제도, 교사 양성 임용 제도와 연관성이 깊고, 학교 운영에 복합적
으로 작용하므로 학교 차원에서 해결이 쉽지 않다. 교육부나 교육청의
종합적인 정책 연구와 제도 개선이 필요한 영역이다.

• 자유학기제

박근혜 정부의 대표적 교육정책인 중학교 자유학기제는 2013년부터
시범시행을 거쳐 2016년에 전국적으로 확산되었고 2015개정에서는 중학
교교육과정에 반영되었다. 문재인 정부에서는 자유학기제가 자유학년제
로 확대되고 있다. 자유학기제로 중학교에서도 수업과 평가의 변화가 나
타났기 때문에^{성열관, 2018b; 이경호, 2018} 구조, 제도, 행위자 수준 모두에서
제도 변화가 이루어진 흔치 않은 사례이다.

두 중학교는 자유학기제와 자유학년제에 대해 의견이 다르게 나타
났다. 먼저 바다중은 자유학기제와 자유학년제 외에도 교육부 연구학
교로 2학년 연계자유학년제를 운영하고 있는데 부담감을 많이 느끼고
있다.

연구자: 자유학년제는 어떻게 구성하고 운영하셨어요?

답변: 협의를 하죠, 어떤 시수를 1학기에 뺄 것인가 2학기에 뺄 것인가 1년 내내 뺄 것인가 해서 하는 건데, 교육과정에서 문제가 많은 거 같아요. 예를 들어 수학 같은 경우 4시간으로 교육과정 짜 놓고 3시간으로 수업을 해야 되고 자유학기제 같은 경우 따로 수업을 해야 되고 하니까 교사로서는 수업 준비도 힘들고 진도 나가기도 힘들고 파행이 되는 거 같아요. (중략)

　저희는 자유학기제하고 연계되기보다는 전체적으로 교육과정 짤 때 2월 이렇게 회의할 때 그때 반영이 되는 거 같고요. 1학년 목표가 교과통합활동이나 외부로 나가는 활동 속에서 학년 목표랑 연결되어 하는 것이 많고 그다음에 이제 교과별로 필요한 것들을 부장님 말씀하신 것처럼 3, 4월에 끌어와서 학년 목표를 인식할 수 있도록 하는 활동들이 많은 편이에요. (바다중 1학년 교사)

반면 천지중은 자유학기제와 자유학년제를 호의적으로 생각하고 있다. 여러 교사가 자유학년제 연수를 받고 연수 후에 수업개선과 연계하여 자유학년제를 운영하기로 하였다. 하지만 여전히 인프라 부족 문제가 해결되지 않고 있다.

　저희 학교는 2학기에 연극제를 하는데 바로 진행을 하기가 어려워서 1학기 때 연극에 필요한 것을, 연극의 기본부터 익히면서 대본도 직접 쓰고 모든 활동을 아이들이 할 수 있도록 사전에 준비를 하고 2학기에 공연을 올리고. 발표대회나 실제 적으로 아이들이 체험을 나가는 이런 활동적인 부분들을 많 이 합니다.

인프라가 부족하긴 한데요. 여러 가지 진로 탐색활동 한 거 를 종합해 가지고 발표를 하는데 ppt를 만들어서 종합발표를 하는 것, 그다음에 지역사회하고 어울려 가지고 봉사하면서 벽 화를 했거든요. 지금 밖에 있는 모든 벽화가 자유학기제 하면 서 여기저기 다 한 거예요. 이 세 가지(연극, 진로 발표, 벽화작 업)를 해요. (천지중 혁신부장)

천지중이 자유학년제를 선호하는 것은 자유학기제가 학교교육과정 변화에 도움을 주었고, 연극이나 벽화, 진로 발표회는 주제 활동의 성격 이 강하고 집중이수 방식으로 운영하여 부담이 덜한 편이다. 학교 변화 를 시작할 때 방과후 교육 활동 위주로 추진하다가 자유학기제를 계기 로 방과후활동을 줄이고 수업과 평가 혁신으로 이동한 것도 자유학기 제에 호감을 가지게 해 주었다.

바다중은 2011년부터 학교교육과정을 반영하여 학년교육과정을 만들 고 수업과 평가의 변화로 이어지고 있다. 현재 자유학기제와 자유학년제 가 추구하는 학생 체험 중심 교육 활동, 수업과 평가의 변화가 7년째 지 속되고 있다. 그래서 바다중은 교과가 그대로 있는 가운데 새로운 활동 들이 들어와 시간을 융통성 있게 운영하는 것이 어렵다고 하였다.

이 외에도 초기 자유학기제가 진로체험활동으로 도입되어 외부 직업 체험과 외부 강사 수업이 많은 편이다. 시간표를 융통성 있게 운영하는 것이 어려운 상태에서 외부 강사 수업이 빠지지 않도록 하는 것이 우선시되므로 교육과정 운영이 힘들어진 것이다. 이는 자유학기제 연구학교에서부터 나타난 현상이고[이경호, 2018], 최근 많은 학교에서 제기하고 있다. 자유학기제 정책의 목표가 진로 체험이 아니라 수업과 평가 혁신으로 변화되었다면, 제도 운영 방식도 이전과 다르게 설계할 필요가 있다.

3) 학교교육과정을 지원하는 지역교육과정의 역할

• 지역교육과정의 자율성

혁신학교는 지역교육청의 정책이므로 지역 수준에서 혁신학교 정책을 지원하기 위해 많은 변화가 시도되었다. 보통 교육과정 지침은 국가교육과정을 요약하여 만들고 교육감의 정책은 교육과정 운영 장학자료 형식으로 운영하는데, 한솔 교육청은 지역교육과정을 만들었다.

한솔 교육청이 2012년에 개발한 창의지성교육과정은 지식 중심 교육을 벗어나기 위해 역량 개념을 도입하였다. 주요 내용은 지식 전달 위주의 수업 방법에서 '할 수 있다'로 표현되는 능력을 기르기 위해서는 협업능력이나 토론, 독서 등의 수업 방법으로 전환을 유도하기 위한 것이다. 지역교육과정에 여러 제약이 많지만, 제약 조건을 극복하기 위해 자체 연구를 강화하고, 교육부와 정책 협의를 할 때마다 제도 개선을 제안하였다.

창의지성교육과정은 고등학교 1학년까지는 진로 선택을 하는 것이 무리라고 보고 역사나 기타 공통 교과를 가르치게 하여 기존 7차나 2007 개정처럼 '4+2' 체제(고1까지 공통교육과정)를 유지하였다. 한솔 교육청은 2009개정교육과정에서 고등학교가 선택교육과정으로 전환되고 교육부에서 학교자율화 조치 결과를 시도교육청 평가 결과에 반영할 때에도 창의지성교육과정을 운영하였다.

평가 정책에서도 초등은 교육청에서 먼저 일제형 평가를 폐지하고 수행평가중심으로 전환하거나 서술, 논술형 평가로 전환하도록 유도하여 교육부 훈령에서도 중학교나 고등학교 실기교과의 경우 수행평가만으로 평가할 수 있도록 하는 데 영향을 미치기도 하였다.^{김해경 외, 2016}

최근에는 도담 교육청과 한솔 교육청처럼 교육청 지침으로 자유학기제를 기점으로 정기고사를 학기당 1회로 줄이고 수행평가를 확대하도록 하여 학교 평가 혁신을 추진할 때 교사들의 합의가 더 수월하게 이루어지게 하였다. 도담 교육청은 교육과정 지침 대강화로 학교에 부담을 줄이는 방식을 활용하였다. 샛별 교육청은 1, 2학년 성장 단계를 고려하여 안전과 성장 맞춤 교육과정을 만들었다.

이상을 보면 교육과정 제도에서 국가가 주도하고 지역이나 학교의 권한은 미미한 권력 관계에서도 교육청이 제도 해석과 새로운 담론, 수업과 평가 정책으로 교육과정 변화를 추진하였다. 변화된 정책은 2015개정교육과정 핵심역량에도 영향을 주고 교육과정, 수업, 평가의 연계가 강조되는 등 한솔 교육청의 정책이 많이 반영되어 새로운 제도 설계의 기능도 보여 주고 있다.

• 지역교육과정 개발 관행의 경로의존성

지역교육과정이 많이 변화하였지만 혁신학교는 학교교육과정을 편성할 때 지역 편성운영 지침을 거의 보지 않고 있다. 지침 활용도가 낮은 것은 전국적 현상이지만 그 이유는 존재감이 없다는 것과 함께 굳이 보지 않아도 학교에서 이미 하고 있는 내용이 담겨 있기 때문이다.

교육과정 편성운영 지침은 해마다 만드는 지역도 있고 교육과정 개정기에만 만드는 지역도 있다. 2017년 전국 지침을 분석한 결과, 진보 교육감 지역의 편성운영 지침은 성취기준 통합이나 재구성이 가능하다거나 수준별 이동 수업 보완, 협력수업, 학년 발달 특성을 제시하였다. 또 학교업무 정상화, 평가 혁신, 놀이 시간 운영 등 학교현장의 혁신 성과가 반영되는 등 국가교육과정에서 문제가 되는 지침을 보완하는 기능을 가지고 있다.^{신은희 외, 2017} 샛별 교육청은 1, 2학년 성장 단계를 고려하여 안성맞춤 교육과정을 만들고 입학 초기 알림장 금지, 저학년 교실 청소비를 지급하는 등의 정책을 시행하였다.

지역교육과정을 개발하는 방식은 교육청에서 관례적으로 관련 위원회를 만들고 부서나 학교의 의견을 듣는 형식을 취하고 있다. 또 국가교육과정에서 정하거나 위임한 내용, 교육청의 지표, 방향에 다른 중점 사항 등을 담는 공학적 방식으로 만들고 현장 연수로 보급하는 등 기존 관행에 따르고 있다. 현장과 유리되어 하향식으로 만들어지는 것이다. 지침이 국가교육과정 문서 개발이나 확산 방식과 유사한 동형화 현상을 보이거나 지침 개정 과정이 더 비민주적으로 운영되는 것은 기존 제도의 경로의존성이 새로운 제도의 발전을 가로막는 현상이다. 지침을 새롭게 만들려면 개발 과정에서 굳어진 기존 관행도 함께 바꿔야 한다는 뜻이다.

•학교 역량을 키우는 교육과정 정책

한편 지역교육과정의 변화보다 더 빠르게 변화되는 것은 교육과정 정책 방향이다. 교육과정 정책 방향은 현장 교사의 역량을 강화하고 소통하는 방식으로 변화되었다. 한솔 교육청은 학교 단위 변화를 추진하기 위해 수년간 2박 3일간의 교육과정 매니저 연수를 운영하여 학교교육과정 재구성 역량을 강화하고, 학교 간 네트워크를 활성화하여 교육과정 운영 방식이 확산되도록 지원하였다.

도담 교육청은 교육과정-수업-평가의 변화를 같이 추진하되 성장평가제와 연계하여 진행하고 교사 워크숍에서 나온 결과물과 의견들을 행정에 반영하고 있다. 전체 정책 기조가 감사 항목 축소 등 학교현장의 규제를 최소화하는 방향으로 추진하고 있으며 학교 간 격차 완화에 중점을 두고 있다.

또 교육과정 연수 방식이나 학습공동체 운영 등 교육과정 정책이 많이 변화하였고 민주시민교과서(한솔 교육청)나 초등 4학년 지역교과서, 초등 역사 보조 교재(도담 교육청) 등의 교재가 현장에 도움이 된다고 하였다.

수업이나 평가 방법 혁신은 그동안 교육과정을 바꿔도 현장이 바뀌지 않는다는 반성 속에 최근 교육과정 개혁이 미시적인 변화나 학습공동체 등 역량 강화 방안을 채택하는 것과 맥락을 같이한다.이근호 외, 2015 이를 보면 지역교육청이 현장의 교육과정 변화를 주도하거나 지원하고 있지만, 지역교육과정의 기능이나 역할과는 분리시켜 생각하는 것으로 보인다. 이상의 내용을 종합하면 지역교육과정 개념이 너무 협소하거나 교육청, 학교가 교육과정을 보는 상이 다르게 나타난다.

또 지역교육과정 제도가 평가 정책 개선, 인정교과서 발행, 학교혁신 정책 확산 등으로 학교교육과정을 지원하고 있지만, 학교나 교육청 업무 담당자들은 각 정책을 분리시켜 사고하거나 지역교육과정을 여전히 편성운영 지침으로 축소시켜 생각하고 있었다. 이는 지역교육과정에 대한 실제와 공유된 이해가 서로 다르게 형성되어 있다는 의미로 지역교육과정 개념을 새롭게 정의하려는 노력이 필요하다.

Ⅳ. 혁신학교 교육과정의 성과와 제도적 한계

1. 구조, 제도, 행위자 요인과 교육과정 제도의 관계

가. 행위자들이 바꾼 제도

연구 대상 학교들은 교육과정 개념을 '학교에서 학생 성장발달을 위해 이루어지는 모든 교육 활동'으로 폭넓게 잡고 숙의 과정으로 개발하고 교육과정 지원 구조, 일상적인 교육과정 실행 방식까지 변화시켰다. 이 과정에서 교과서 제도나 수업, 평가 방식도 함께 변화되고 시간과 공간의 변화도 함께 이루어졌다.

즉 학교교육과정의 제도 요소 일부 변화가 아니라 그동안 학교에서 자율성을 발휘하기 어려워 보이던 부분까지 총체적으로 변화시켜 제도 변화 영역을 확대시켰다. 신제도주의에서는 제도가 기회가 되거나 제약이 될 수 있지만 행위자의 역동성에 따라 제도와 행위자의 상호작용 방식이 변화할 수 있다는 것을 보여 준다.

제도 행위자 수준에서 교육감(지역교육청), 학교장, 교사, 학생의 역할이 확대되었는데, 이는 혁신학교가 학교의 민주적 운영을 중요한 가치로 삼고 학교 구성원들의 참여를 제도적으로 보장하기 때문이다. 학교 구성원들은 학교 자율화, 역량 담론 등을 새롭게 해석하고 틀짓기하여 교육과정을 운영하였다. 학교 철학이나 학생 성장발달을 고려하여 학년교육과정을 만들고 교과 제도를 변화시키는 등 제도 변화 리더십을 발휘하고 있다.

나. 구조적 변화 활용

제도 행위자들은 구조 변화나 제도 수준 정책의 제약과 기회 요인에
도 적극적으로 대응하였다. 구조 수준에서는 글로벌 거버넌스, 정권의
교육정책과 교육과정, 교육감의 정책, 제도 수준에서는 혁신학교, 국가교
육과정, 지역교육과정과 함께 교장공모제, 전원학교 정책, 학업성취도 평
가에도 영향을 받았다. 먼저 구조 수준에서는 민선 교육감의 등장으로
제도화된 혁신학교 정책과 학교자율화 조치로 교육감에게 초중등교육
권한이 이양되고 교육청의 기능이 교육과정 지원 역할로 변화되어 제도
가 기회를 열어 주었다.Little, 1992; 하연섭, 2013

다. 게임의 규칙을 바꾼 제도 변화

● 학교가 주도권을 가진 혁신학교 정책

제도 수준에서 보면 역사와 제도 맥락에는 혁신학교 정책이 해당되
는데 연구 대상 학교들은 혁신학교 정책을 탄생시키거나 초기 혁신학교
운동을 주도한 학교들이다. 혁신학교 정책은 현장 교사들의 실천을 토대
로 만들어져 제도 초기의 불균등한 권력관계가 다른 정책과 다르게 작
동하여 학교가 정책집행 대상이 아니라 개혁을 이끌어 가는 방식으로
변화되었다.

즉 혁신학교 도입과 운영이라는 정책 변화 자체가 제도 형성과 제도
변화의 과정으로 볼 수 있다. 정책이란 각 개인과 조직의 상호작용 패턴
에 영향을 미치는 핵심적인 '게임의 규칙'이므로, 혁신학교 도입 자체가
'게임의 규칙'을 바꾸는 제도 변화에 해당된다. 혁신학교 정책은 다른 나
라의 학교혁신 운동과도 연관되고 학교 구성원의 실천을 토대로 제도로

발전하였으므로 구조 수준, 제도 수준, 행위자 수준에서 긴밀하게 결합한 정책이다.

글로벌 거버넌스의 성취기준이나 역량 담론은 혁신학교 교육과정에서 정책 아이디어로서 기능하고 있다. 혁신학교는 국가교육과정에 종속되지 않고 주체적으로 해석하여 학교교육과정을 설명하고 정당화시키는 데 활용하였다. 혁신학교에서 역량을 강조하면서 이를 지역교육청이 제도화시키고 2015개정교육과정에 영향을 준 것이다. 이 과정에서 혁신학교 행위자들은 중앙집권적 정책과 지방분권 정책의 협력과 경쟁 상황을 이용하는 전략도 활용하였다.

교육부가 교육과정 개정 배경으로 활용해 온 글로벌 거버넌스를 학교가 선점하고 국가교육과정에 반영되는 상향식 개정은 제도의 경로의존성을 넘어 제도 행위자들에 의한 제도 설계 사례에 해당된다. 하지만 역량이 기존 학력 담론을 대체하는 데까지는 가지 못했다.

학업성취도 평가나 진단평가는 학교 구성원들의 활동을 제약하였지만, 거부하거나 최소로 적용하여 부작용을 줄이고 진단 활동과 같은 새로운 제도를 설계하는 방식으로 대응하였다. 여기에 2011년 경기도 교육청에서 학교에 진단평가 선택권을 주고 박근혜 정부의 초등 국가 수준 학업성취도 평가 폐지에 이어 문재인 정부가 중등 평가를 표집평가로 전환하는 등 결과적으로 제도 폐지와 같은 효과를 가져왔다. 제도의 일부 요소가 변화하여 결국은 제도 자체를 변화시킬 수 있다는 점을 보여 준 것이다.

• 제도 복합성을 이용한 제도 변화

제도 복합성 차원에서 국가교육과정은 총론의 역량과 자율화 담론이 혁신학교 교육과정에 정당성을 부여하고, 집중이수제나 시수 증가는 교육 활동에 제약 요인으로 작용하고 있다. 총론의 역량이나 자율화 담론은 현장에서 해석하여 실행할 여지가 큰 데 비해 집중이수제나 시수 증가는 학교 일상에 바로 영향을 주고 강제성이 강하다. 이는 국가교육과정이 대강화되고 학교에 자율성을 보장할 여지가 있을 때 학생 중심의 교육과정이 가능하다는 것을 보여 준다.

다음으로 성취기준이나 시수 편제표는 행위자들이 학생 성장 관점, 교육 내용 통합과 협력적 교육 활동의 상황에서 최소 기준으로 제도의 영향력을 축소하였지만, 교과목 중심 시수 편제가 통합적 교육 활동과 갈등 요소로 작용하여 제도의 제약에서 벗어나지 못하고 있다. 그래서 학교에서 대외적으로 문제가 발생하지 않도록 기존 양식에 담아내거나 새로운 기준을 세워 진도표를 바꿔 내고 있다. 제도 복합성 차원에서 제도 요소 간의 불일치나 갈등은 앞으로 새로운 제도 변화의 원동력이 될 것이다.

• 지역교육과정 개발 관행과 실천의 괴리

지역교육과정 행위자들은 역량중심 교육과정 개발이나 대강화된 지침 제시, 교육과정 정책, 지역 교과서 등을 통해 학교교육과정 변화를 지원하는 상호보완적 기능을 하여 국가-지역-학교교육과정의 위계적 관계를 약화시키는 등 제도 변화를 촉진하고 있다. 또 학교교육과정의 변화를 지원하고 혁신학교에서 적용된 사례를 지역교육과정에 반영하여 일반 학교교육과정 변화를 촉진하거나 교육청 정책을 변화시키는 방향으로 진행되고 있다. 반면, 지역교육과정을 여전히 지침으로 생각하고 교육과정 정책과 분리시켜 사고하는 인식이 강해서 이를 통일시키고 발전시키지 않는다면 지역교육과정이나 학교교육과정 발전이 저해될 수도 있다.

이런 상호작용 구조는 외국에서 일반적으로 교육과정 정책이 운영되는 시스템이기도 하다. 즉 학교에 적용되는 과정을 모니터링한 결과가 교육과정에 적용되고 학교의 실천이 교육과정 개발과 연계되므로 교육과정이 개정되어도 별도의 홍보나 연수를 하지 않아도 교육과정이 정착이 되는 경우가 많다.이근호 외, 2015 교육과정 개발과 적용, 평가가 통합적으로 운영되는 정책 구조, 즉 현장 중심의 교육과정 제도가 운영되고 있기 때문이다. 이는 학교-지역 수준의 상향식 교육과정 개발 사례로 향후 교육과정 제도 변화의 가능성을 보여 주었다.

2. 교육과정의 경로의존성을 극복하다

가. 혁신학교 정책 효과

구조 수준에서 정권교체로 2009개정교육과정과 2015개정교육과정이 개정되었지만, 학교교육과정 변화를 직접 추동할 제도적 변화로는 이어지지 못했다. 집중이수제나 학년군, 교과군, 수업시수 증감은 1차 제도화는 되었지만 교육현장에서 공유된 이해 개념으로 발전하지 못했다. 2009개정교육과정과 2015개정교육과정이 선택교육과정 강화 및 진로진학 연계, 문·이과 통합, 수능제도 개편 등 고등학교와 연관된 내용이 많아 초중학교 교육과정의 내적 변화와의 연계성은 상대적으로 부족하기 때문이다. 그동안 국가교육과정이 주로 고등학교를 중심으로 개혁해 온 경로의존성도 영향을 준 것이다.

결과적으로 혁신학교 교육과정이 변화된 데에는 국가교육과정 자체보다는 전원학교 정책이나 교장공모제 등이 도움을 많이 주었다. 즉 혁신학교 교육과정이 실현되기 전에 민주적 학교 운영이나 업무정상화 등이 선행되거나 동시에 진행되고, 지역사회 거버넌스와의 연계 속에서 학교 교육과정이 변화되었다.

이는 그간 교육과정 변화가 이루어지던 방식과 큰 차이를 보인다. 2009개정교육과정이나 2015개정교육과정을 보면 학교자율화, 공교육 정상화, 역량 담론이 제시되었지만, 초중학교 교육과정 변화에 준 영향은 크지 않다. 즉 교육 내용 일부 변화에 그치고 학교 변화를 추동하고 지원하기 위한 다른 정책 지원이나 관련 제도 변화가 거의 없었다.

반면에 혁신학교 정책을 통해 학교를 민주적인 구조로 바꾸고 협력적인 학교문화를 조성한 것이나 학교가 교육과정 중심으로 변화되도록 교육청이 학교의 자율성을 존중하고 지원하는 역할을 한 점이 영향을 주었다. 교육청의 혁신학교 추진 계획에 제시된 관련 정책이 학교의 혁신학교 추진 계획에도 반영되어 3~4년간 추진된다.

이는 핀란드 국가교육과정에서도 볼 수 있다. 핀란드 교육과정을 보면 교육과정 변화에 필요한 학교문화 개선 방향, 학습 방향, 국가와 지자체의 모든 지원 사항이 문서로 제시되어 있다. 그래서 교사들이 교육학적 실천을 개발할 수 있는 기능과 행정적 지침의 문서로 작용하고 있다.[비고츠키연구회, 2018; 장수명 외, 2017; FNBE, 2014] 혁신학교 정책과 혁신학교 교육과정의 관계는 향후 국가교육과정 문서의 기능과 거버넌스 구축의 방향성에 대해서도 시사하는 바가 많다.

이상을 보면 교육개혁을 할 때 교육과정을 바꾸면 학교교육과정이 바뀔 거라는 처방적 관점으로 진행해 온 교육정책과 교육과정의 관계에 대한 성찰이 필요하다. 또 국가교육과정 개정 논리와 학교교육과정 변화 논리 간에는 차이가 있다는 것을 보여 준다. 혁신학교는 기존에 연구개발보급 방식으로 학교교육과정을 변화시키려던 교육과정 제도의 경로 의존성을 극복하였을 뿐 아니라, 향후 교육과정 개혁은 제도 복합성 차원에서 관련 제도들과 연계하여 추진되어야 한다는 제도 설계 방향까지 보여 준다.

나. 혁신학교 정책 발전 방향

구조, 제도, 행위자 수준 분석 내용을 종합적으로 보면 구조와 제도 수준의 변화에 비해 행위자 수준에서 학교문화와 규범, 교육과정에 대한 개념과 실행 방식 등을 변화시킨 것이 많다. 이는 두 가지 측면에서 볼 수 있다.

첫째, 학교의 자율성을 확대하는 것만으로 교육과정의 변화를 촉진할 수 있다는 것이다. 교육과정이 해석의 폭이 넓고 지역과 학교의 특성을 반영할 수밖에 없는 제도 특성을 가지고 있으므로 공공성이나 민주시민교육 등 합의된 철학을 기반으로 기존 교육과정 제도 변화를 촉진할 수 있다는 것이다. 이는 교육부나 교육청이 학교에 실적을 강요하는 사업 관행을 바꾸고, 학교의 자율성 개념이나 정책 방식이 질적으로 달라져야 한다는 것을 의미한다.

둘째, 제도 변화가 크게 이루어지지 않은 채 기존 교육과정을 가지고 학교에서 변화를 이루어 냈다는 것은 행위자들의 부담이 크다는 것을 의미한다. 혁신학교 교육과정을 제도화하기까지 교사들의 피로도가 크고, 교육과정의 질은 점점 높아지는데 순환근무 구조에서 질 담보를 위한 노력도 쉽지 않다. 이제는 제도가 확산되고 안정되는 과정에서는 교과 연구의 질을 담보하기 위한 연구 지원 기능이나 행정 지원, 정책적 고려를 통해 자발성이 발휘될 수 있는 방향으로 전환되어야 할 것이다.

이는 혁신학교가 제도적으로 제약받고 있는 학급당 학생 수, 수업시수, 교과 중심 교육과정 구조 등 제도 요소들의 변화 없이 일반 학교로 학교혁신이 확산되는 것은 어려울 수 있다는 측면을 보여 준다.

셋째, 제도의 상호보완성 측면에서 혁신학교 정책을 학교혁신으로 확산할 때에는 관련되는 제도 요인과 세트로 추진해야 한다. 혁신학교는 연관되는 여러 정책을 활용하고 학교문화 개선을 통해 교육과정과 수업, 학생 생활교육을 변화시켰다. 하지만 여전히 제약이 되는 조건도 많다.

하연섭[2011]은 교육-복지-노동 관련 제도가 한 세트로 추진될 때 비로소 교육이나 숙련 제도의 효과가 나타날 것이라고 하였다. 학교 차원에서는 제도 일부 요소를 변화시켜 변화를 추진할 수 있지만, 교육청 차원에서는 총체적이고 근본적인 변화를 추구해야 한다. 즉 학교혁신 정책이 별도의 정책이 아니라 교육청 전체, 교육부 전체 사업에서 관련 요소를 함께 변화시키는 방향으로 추진할 때 효과가 나타날 수 있을 것이다.

3. 혁신학교 교육과정, 국가교육과정을 흔들다

신제도주의에서 제도의 점진적 변화를 강조한 것은 외적인 충격이 없어도 제도 내부의 구성 요소의 재배열 등 내생적 변화에 의해서도 변화가 가능하다고 보았기 때문이다. 학교교육과정과 국가교육과정은 법적 지위, 권한 범위, 성격, 제도적 제약이나 책무성 등에서 비교 대상이 될 수 없다. 하지만 국가교육과정의 성격이 결국 학교교육과정으로 구현되어 학생들에게 실행되어야 하는 속성을 가지고 있다는 측면에서 시사점을 얻을 수 있다. 교육과정 제도 요소를 이론과 정책 과정 측면에서 비교해 보면 서로의 차이점을 볼 수 있다.

먼저 국가교육과정 제도 요소를 보면 2009개정교육과정과 2015개정 교육과정이 처방규범적 교육과정 성격을 가지고 있고, 전문가주의와 효율성을 중시하는 공학적 방식으로 개발되었다. 정책 수단은 교과 신설과 시수 증감이 활용되었으며 2009개정교육과정의 학년군, 교과군, 선택교육과정 확대, 학교진로 과정, 2015개정의 자유학기제는 교육과정 운영방식의 변화로 볼 수 있다.

학교교육과정을 보면 교육과정의 개념을 학생의 성장에 중심을 두는 기술, 해석적 개념을 가지고 있고, 비판적 개념의 교육과정도 포함하고 있다. 모두를 위한 교육과정을 추구하여 배움과 돌봄을 책임지는 학교 시스템을 구축하여 복지의 개념도 포함하고 있다.

개발 과정을 보면 교원을 중심으로 지역사회, 학생들과 숙의 과정을 거쳐 교육과정을 만들고 학년 협의회, 교과 협의회, 교육과정 평가회나 설문 조사 등이 교육과정 평가 및 조정, 새 교육과정 개발 자료를 제공하는 순환적 구조, 즉 개발-적용-평가 시스템이 정립되어 있다.

교과 구조는 교육 내용, 교육 활동을 조직하는 방식으로 확대하였다. 기존 교과 수업 외에도 상시 활동, 분기 활동, 계절학기 등 운영 방식을 달리하거나 학교 철학에 맞는 새로운 교과를 개설하는 등 국가교육과정을 최소의 기준으로 활용하고 학년교육과정도 운영과정에서 학생들에 맞춰 변화시키고 있다.

혁신학교 교육과정이 10여 년 운영되면서 기존 국가교육과정 제도 요소와 여러 부분에서 차이점이 나타나고 있다. 이런 차이에도 불구하고 국가교육과정에 비하면 제도화 정도가 높지 않아 당장은 큰 문제가 없을 수도 있다. 하지만 혁신학교의 실천이 주변에 많이 확산되고 자치, 분권의 가치가 확대되는 가운데 국가교육과정 내부에서 나타나는 균열은 제도 변화를 더욱 촉진할 것이다.

V. 교육과정 정책, 어떻게 바꿔야 할 것인가?

1. 교육과정 제도의 지속성과 변화 요인의 관계

국가교육과정의 문제점이나 정책 과정에 대한 비판은 오랫동안 나왔지만, 해방 이후 오랫동안 정부나 교육부 중심의 교육과정 제도가 수립되고 운영되어 제도 변화가 쉽지 않다. 정책 방식 하나만 바꾸는 것으로는 불가능하고 근본적인 변화가 필요한 시점이다.

하지만 제도 내부를 보았을 때는 교육과정 제도를 지속하려는 속성과 제도 변화 요소가 계속 갈등 관계에 있다. 혁신학교 실천을 토대로 현재의 국가중심 교육과정 정책에는 어떤 영향을 줄 수 있을까? 혁신학교 교육과정을 해석하는 데 도움을 준 신제도주의 이론으로 제도의 지속성과 변화 가능성을 통합적으로 볼 수 있다.

가. 교육과정 제도 지속 요인

혁신학교 교육과정이 많이 변화하였지만, 오랫동안 지속된 제도의 영향이나 다른 제도와의 관계 속에서 제도 유지 속성이 강한 편이다. 그 요인은 다음과 같다.

첫째, 국가 주도 중앙집권형 교육과정 개발 정책이 지속되고 총론 중심으로 개정이 이루어지는 것이다. 각론을 보면 교과 중심 체계나 교사 양성 임용제도, 현재의 편제표 체제와 시험 방식, 교과서 제도 등이 강력하게 얽혀 있다. 또한 교육과정 개발 제도가 개발 정책 외에 적용 과정 지원 정책이나 질 관리, 평가 시스템이 제대로 갖춰지지 않은 점 등도 제도 변화를 어렵게 하는 요인이다.

둘째, 교육부나 학자와 교사 간에 권력 차이가 크고 기존 관행이 변하지 않았다는 것이다. 각론의 교육 내용이나 교과 개발 구조에서도 연구진이 교사보다 큰 권위를 가지고 있다. 현재 국가교육과정은 여전히 교육과정-교과서-수업 형태로 학교에 관철되고 있고 권위적인 학교문화나 수능제도, 수업 운영 방식은 이런 체제를 지속시키는 데 영향을 준다.

셋째, 수시 개정이 자주 이루어지면서 현장에서 교육과정 개정에 무관심하거나 비판적인 시각이 기존의 방식을 지속시키는 데 영향을 줄 수 있다.

나. 교육과정 제도 변화 요인

반대로 기존의 정책을 변화시킬 수 있는 요인도 적지 않다.

첫째, 문재인 정부 출범 이후 교육정책 변화와 지방 분권 체제 강화로 학교나 지역의 목소리가 커지고 있다. 교과용 도서가 다양화되고 자율성이 커지는 것도 교육과정 정책에 영향을 줄 것이다. 여기에 장기적인 교육정책을 수립하고 사회적 합의를 도출하는 역할을 하는 국가교육위원회(현 국가교육회의) 같은 기구가 출범 준비를 하고 있고 교육과정 분야를 담당할 것으로 보여 변화가 더 촉진될 수 있다.

둘째, 자치 분권이 강조되면서 최근 지역교육과정을 거버넌스 체제로 전환하자는 주장도 있다. 거버넌스 핵심은 교육과정 개발보다 학교교육과정 내실화를 위한 지원체제를 만드는 것이고, 학교와 지역사회, 학교와 학교 간 협력 체제를 구축하는 데 역량을 집중하자는 것이다.황현정 외,

²⁰¹⁸ 그동안 국가 주도로 하향식 정책이 이루어졌다면 학교민주주의 성과를 계승하여, 참여 민주주의 원리, 교육의 공공성과 지역의 다양성, 역량중심 기본 교육을 강화하여 결과 측면에서 교육 결과의 평등과 교육 복지 확충을 주장하고 있다.

이런 관점은 그동안 국가교육과정, 지역교육과정이 모두 처방 관점에서 개발되던 방식에서 학교의 교육과정 개발권을 더욱 확대하여 현재 구조와 많은 차이점을 가져올 수 있는 내용이다.

셋째, 구성원들의 아이디어와 담론도 변화를 촉진할 수 있다. 기존에 비해 학교 구성원의 역할이 커지고 국가교육과정 해석이 점점 다양해지고 있다. 기존에 교과서 재구성에서 교과교육과정 재구성, 주제통합뿐 아니라 학교 철학을 반영한 과목 개설, 학교교육과정 운영 방식을 총체적으로 개선하는 것, 수업과 평가에서의 변화 등 여러 분야에서 변화가 나타나고 있다. 학교 구성원들이 제도를 의식적으로 변화시키려는 것은 실질적인 제도 개선으로 이어질 가능성이 높고 새로운 제도를 만드는 것과 같은 효과를 준다.

다. 교육과정 제도의 지속과 변화 요인의 상호보완성

구조, 제도, 행위자 수준에서 교육과정 제도의 지속과 변화 요인을 종합하면 [그림 5]와 같다.

이렇게 학교교육과정의 자율성이 더욱 확대되고 있고 교육 분권화, 교육청의 지원 정책 등으로 기존 국가교육과정과 혁신학교 교육과정의 갈등이 점점 커진다면 기존 교육과정 정책은 변화할 가능성이 크다. 하지만 입시 중심의 교육이 지속되고 있고 국가교육과정이 여전히 강력한 상황에서 지역교육과정이나 학교교육과정의 발전은 산발적으로 이루어

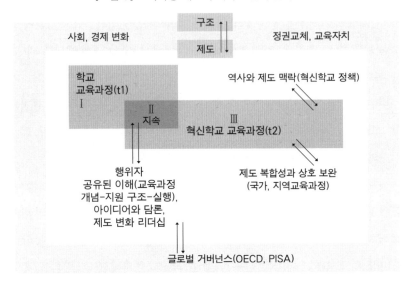

[그림 5] 교육과정 제도의 지속 요인과 변화 요인

구조

사회, 경제 변화   정권교체, 교육자치

제도

학교
교육과정(t1)   역사와 제도 맥락(혁신학교 정책)
    Ⅰ
            Ⅱ
          지속   Ⅲ
                혁신학교 교육과정(t2)

행위자   제도 복합성과 상호 보완
공유된 이해(교육과정   (국가, 지역교육과정)
개념-지원 구조-실행),
아이디어와 담론,
제도 변화 리더십

글로벌 거버넌스(OECD, PISA)

저서 변화의 속도는 더딘 편이다. 그러므로 기존 국가교육과정 중심 체제를 변화시키기 위해서는 부분적으로 기존 제도를 보강하기보다 변화된 시대 상황과 구성원의 역량을 고려하여 새롭게 제도 설계를 해야 할 시기라고 생각한다.

제도는 오랫동안 형성되어 쉽게 변하지 않는 속성을 가지고 있는데 교육과정 제도는 수시 개정을 거듭하면서 기본 구조는 크게 변하지 않았지만 제도 구성 요소 중에서 점진적으로 변화해 온 것도 있다. 즉 제도 수준에서는 내생적 요인간의 불일치나 갈등이 향후 제도 변화의 동력이 될 수 있으며, 구조 변화에 따른 위기, 제도 변화 계기, 행위자에 의한 제도 변화가 있다.

물론 이 변화가 모든 학교에서 나타나는 현상이라고 볼 수는 없고 일부 학교에서 나타나고 아직은 제도화 정도가 높지 않다. 하지만 혁신학교가 1,500여 개에 이르고 학교 조직이나 교육과정의 선택적 동형화 현상을 통해 학교교육과정 변화를 경험하고 있다. 단위학교 학습공동체에서 학교, 학년교육과정을 논의하는 구조가 점차 확산되는 점은 향후 국가-지역-학교교육과정의 불균등한 권력 관계 변화를 촉진하는 요인이 될 수 있다. 학교에서 숙의 과정을 거쳐 교육과정을 만드는 경험은 공학주의적 방식을 고수하는 국가교육과정 체제를 개선하려는 요구로 이어질 가능성도 높다.

또한 제도 행위자들의 국가교육과정 제도 개선 요구가 많이 나오고 있다. 지역교육과정에서도 학교에 교육 내용 20% 자율성을 주려고 하는 등 기존과 다른 방식으로 학교의 자율성을 확대하려는 시도가 이루어지고 있다. 제도 개선에서 행위자들의 아이디어와 담론은 제도 변화의 동기이자 이것이 담론으로 발전할 때 제도를 변화시킬 수 있는 강력한 동력이 될 수 있을 것으로 예상된다.

2. 교육과정 제도의 개선 방안

지금까지 정리한 내용을 토대로 앞으로 교육과정 제도의 개선 방안을 제시한다면 다음과 같다.

첫째, 교육과정을 제도적 관점으로 보면 국가교육과정 제도 개선의 시사점을 얻을 수 있다. 교육과정 개정의 목적이 현재 학교교육과정에서 이루어지는 행동 논리를 개선하는 것이라면 적용 현황에 대한 면밀한 분석과 개선해야 할 내용에 대한 공유된 이해 형성을 통해 추진될 때 학교현장의 변화를 지원할 수 있을 것이다.

제도 변화 관점에서 교육과정 개정을 기존 교육과정의 일부 요소 간의 관계 측면에서 바라본다면, 향후 교육과정 개정 과정에 혁신학교 교육과정 변화가 도움을 줄 수 있을 것이다. 특히 교육과정의 개념 확대나 교육과정 거버넌스를 확대하고 숙의 방식을 거쳐 개발하는 과정에서 쌓인 제도 역량은 교육과정 전문성의 바탕으로 작용할 수 있을 것이다.

현재 국가교육과정은 문서만의 개혁으로 비쳐지고 교과교육이나 시수 편제표 등의 변화가 현장과 유리된 채 진행되었다. 최근 10여 년 교육과정이 계속 개정되었지만 관련 자료는 축적되어 있지 않다. 학교교육과정도 개발-일상 적용과 평가-교육과정 평가회-수정 보완 등을 거치며 발전하는데 국가교육과정은 이에 비해 상대적으로 제도적 미비점이 많다. 수시 개정 방식도 개정 시기, 범위, 적용 방식에서 '예측 가능한 개정 제도' 마련이 시급하다.

둘째, 국가, 교육청, 학교의 관계 설정을 보면, 향후 학교교육과정의 변화를 지원하기 위해 국가는 교육과정 변화의 중핵으로서의 기능을 발휘할 수 있도록 제도를 정비해야 한다. 또 교육에서 추구할 가치에 대한 사회적 합의 마련과 교육과정 대강화로 해석의 여지를 더욱 확대하여 학교교육과정 변화의 폭을 넓혀 주어야 한다.

박창언[2003]은 교육이 학습자의 성장과 발달을 최대한 돕는 특수성을 가지고 있으므로 법과 제도 정비 논의는 교육학적 성과에 달려 있다고 보았다. 학교들이 교육 활동의 정당성을 교과서에서 수동적으로 찾다가 학습공동체를 통해 학생 성장발달 중심 교육과정으로 전환하고 있지만, 관련 제도와 정책 변화가 없어 사회적 정당성 확보에 어려움을 겪고 있기 때문이다.

교육청은 규제 중심의 교육과정 행정을 개선하고 학교교육과정과 지역교육과정이 구현될 수 있는 제도적 공간으로서 학교를 지원하고, 지원

중심 거버넌스 구축이 필요하다. 학교는 혁신적 실천으로 실질적인 교육 과정 변화를 주도하는 기능을 할 수 있도록 학교-교육청-국가의 상향식 정책 수립 구조가 확립되어야 할 것이다.

2부

현장에서 만들어 가는
교육과정 정책

1장
2015개정교육과정과
현장 중심 교육과정 정책 방향[5]

I. 교육과정, 왜 자꾸 바꾸는 걸까?

우리나라 교육과정은 2007개정교육과정이 시행되던 2009년에 이명박 정부가 고교다양화 300 프로젝트를 위해 미래형 교육과정을 주장한 이후 2009개정(총론), 2011개정(각론), 2012개정(학교폭력 예방)교육과정이 시행되었다. 2009개정 교과교육과정은 2013년에 처음 시행되었다. 정권이 바뀐 후에도 2013개정(일반고 강화)교육과정을 고시하더니 다시 2015개정교육과정 연구를 발표하였다. 여기에 이전과 달리 2014년에 2015개정교육과정 주요 사항(2014. 9. 23)을 발표한다고 하였다.

2015개정교육과정 개편은 2013년 당시 문이과 편식 문제를 해결하기 위해 대선 공약으로 제시한 수능 개편 논의에서 시작되었다. 선택교육과정인 7차 교육과정부터 교육과정 편제상 공식적인 문이과 구분은 사라졌지만, 여전히 학교현장에는 문이과 구분이 관행처럼 이루어지고 있다. 수능에서도 사회탐구와 과학탐구 과목 중에 선택해야 하므로 결과적으로 분리가 되는 셈이다. 그래서 수능 시험을 이틀로 늘리거나 대학입시

---

5. 이 글은 2018년 우리말교육현장학회지에 실린 원고를 수정 보완한 것입니다.

를 개편해야 한다는 의견이 많았는데 어느 날 갑자기 2015개정교육과정 논의로 전환되고 새 교육과정이 만들어졌다. 출발점이 되었던 수능 개편안은 연구 부족으로 2017년으로 연기되고 새 정부 출범 후에도 2018년에야 확정되었다.

대체 교육과정을 왜 자주 바꾸는 걸까? 교육과정을 바꾼다고 교육의 질이 저절로 좋아지는가? 교육계에서는 그렇지 않다는 것을 잘 알고 있다. 그런데도 정부나 교육부는 왜 교육과정을 바꾸려 할까?

교육과정 내부를 보면 이명박 정부가 사회와 역사 교과서를 수정하고 교육과정 자율화라는 이름으로 일반 학교에서도 영어·수학중심수업, 입시 방과후를 활성화시켜 굳이 개정을 할 이유가 없었다. 문이과 편식 문제를 내걸었지만 속내에는 정권의 역사 교과서 국정화 의도가 자리 잡고 있었다. 교육부는 2013년에 교육과정 개정 계획을 발표하며 국정 교과서를 2017년부터 적용한다고 하였다.

당시 정권은 보수적 시각이 반영된 교학사 검정교과서에 기대를 걸었지만 역사 왜곡 우려로 현장에서 거의 채택되지 않자 교육과정 전면 개정으로 전환한 것이다. 교과서 수시 개정이 가능해서 원하는 내용을 교과서에 넣는 것이 가능하지만 검인정교과서를 국정으로 바꾸는 것은 어렵다고 판단했기 때문이다.^{신은희·장수명, 2016}

결국 교육부는 2015년 9월에 2015개정교육과정을 고시하여 2017년 초등학교 1, 2학년부터 적용되었다. 역사 교과는 이후 2015년 12월 1일, 2017년 1월 6일, 2017년 5월 31일 등 3번이나 수정고시하는 파행을 겪었다. 현재 고등학교까지 2015개정교육과정이 적용되고 있는데 역사만 2009개정교과서로 배우고 있다. 2018년에 개정된 역사 교육과정에 따라 개발하는 검정교과서는 2020년부터 적용될 예정이다.

이런 구조에서 초등학교는 2009년부터 2018년까지 10년째(2016년 제외) 교육과정과 교과서가 바뀌고 있다. 고등학교는 학년마다 적용되는 교육과정과 수능제도가 다른 상황이다. 왜 국가교육과정이 바뀌면 모든 학교에서 학생들과 상관없이 새 교육과정과 교과서로 바꿔야 할까? 교사나 학교 단위의 교육과정 개발과 운영이 활성화되고 마을교육공동체 등 새로운 지평이 열리는 상황에서도 과거와 같은 교육과정 개정 방식을 고수하는 것은 오히려 교육을 방해할 수도 있다. 또 2016년 촛불혁명과 정권교체로 전반적인 지방분권시대 강화와 초중등교육의 지방 이양 등 시대적으로도 이전과 다른 교육과정 정책을 요구하고 있다.

이 글은 교사가 교육과정을 적극적으로 해석하고 실천해야 한다는 관점으로 수시 개정 시대 학교교육과정의 역할을 규정하고, 2015개정교육과정의 전반적인 문제와 초등교육과정의 문제를 분석하였다. 또 우리나라 교육과정 개발 체제의 문제점을 분석하여 현장 중심의 교육과정 개발 정책 방향에 대하여 탐색하였다.

II. 교육과정의 성격과 학교교육의 역할

1. 국가교육과정과 학교교육과정 해석

학교교육은 사회화나 국가사회적 요구에 부응하고 개인의 성장발달을 지원하는 역할까지 수행하고 있다. 산업사회에서는 국가사회적 요구 비중이 더 크고 학교에서는 원활한 선발기능을 뒷받침해 줄 표준화된 지식 전수와 선발, 측정 기준을 마련하는 역할을 더 많이 해 왔다. 지식기반사회로 변화하면서 학교교육은 개인의 인적 자본 개발뿐 아니라 개인의 성장발달에도 비중을 두게 되고 교육 방식, 평가 방식에서도 큰 변화가 있었다. 최근에는 기술발달이 가속화되면서 또 다른 요구들이 나타나고 있다.

이러한 시대적 요구에 맞추기 위해 기술공학적 교육과정 개발 체제가 유행하다가 90년대 이후 대규모 교육개혁과 함께 학교의 자율성을 강조하고 있다. 하지만 외부적 교육개혁으로는 교육과정의 종착지인 교실 수업을 변화시키기 어렵다는 점을 깨닫고 민주적 학교문화 풍토 조성과 학습공동체를 통해 협력적 교수학습으로 변화시키려 노력하고 있다.

우리나라의 경우 교육부에서 국가교육과정의 의미를 "전국의 초·중등학교에서 어떤 내용과 방법으로 교육을 해야 할 것인지를 제시한 설계도이며 기본적인 틀(2009개정)"이라고 하고 2015개정교육과정에서는 교육과정의 개념을 "오늘날 학교에서 이루어지는 교육과정은 학생이 경험하는 총체 또는 학교가 제공하는 경험의 총체라는 광의의 의미로 정의해 볼 수 있다"고 제시한다.^{2015개정교육과정 해설서}

학교는 교육과정을 운영하는 곳(초중등교육법 23조 1항)이므로 학교에서 이루어지는 활동은 교육과정에 근거를 두되, '학교'와 '교사'가 자율적으로 해석할 수 있다. 교육과정은 총론과 각론(교과, 창의적 체험활동)으로 구성되어 있다. 5차 교육과정까지는 교육과정을 보통 '교수요목이나 교과 내용'으로 부르거나 '학생의 교육적 성취를 의도하여 마련된 계획' 등 문서의 의미가 강했다. 6차 이후 계획이나 결과보다 '과정'을 강조하여 '만들어 가는 교육과정'을 중요시하고, '학교(학년)'의 역량 강화, '성취기준'에 중점을 두고 있다. 이는 교육과정의 법적 지위가 행정 중심에서 교사 중심, 학생 중심으로 변하고 있고, 행정기관이 통제보다는 교사의 교육 활동 지원 기능을 해야 한다는 뜻이다.^{정기오, 2009}

이런 관점에서 국가교육과정은 현장 교사들의 교육 활동의 범위와 방향을 정해 주는 역할을 하고 구체적인 시행은 학교와 교사 역량을 고려하여 학생에 따라 달라질 수밖에 없다. 현재 국가교육과정에서 꼭 지켜야 할 최소 규정은 '수업일수(190일 이상)와 학년군 총 시수, 시수 20% 증감 시 예체능, 창의적 체험활동은 감축 예외' 정도이다. 기타 내용은 총론과 각론의 범위 안에서 학교교육과정 위원회에서 협의하여 정할 수 있고 이때 기준이 되는 것은 학년 발달 특성을 고려하는 것이다.

6차 교육과정기부터 교육과정의 수준을 국가-지역-학교-학년(급)으로 보는데, 이는 역할 분담의 개념으로 볼 수 있다. 학교, 학년(급)교육과정을 재구성할 때에는 국가교육과정과 시도 교육과정 편성운영 지침, 학업성적 관리 지침 등을 참고하게 된다([표 10]). 각종 지침은 개정교육과정의 방향성을 보여 주는 것이지 절대적인 기준은 아니다. 시대 상황이나 교육 실천이 쌓이면 새롭게 변화하므로 융통성 있게 적용할 수 있다.

[표 10] 교육과정 운영 지원 체계

국가 수준		시도 교육과정 편성운영 지침, 학업성적 관리 지침	학교교육과정, 학교 학업성적 관리 지침
교육과정 고시문	생활기록부 훈령		
교육과정 법적 역할과 범위, 총론과 각론	학생평가 (기재 요령: 참고)	시도 교육 방향, 지원 사항 및 강조 사항	학교교육 방향

2. 교육과정 수시 개정과 학교교육과정

국가교육과정이 자주 바뀌고 있지만 큰 흐름을 보면 7차 교육과정 이후 공통교육과정, 학교 자율성 강화, 평가 혁신(성장과정 서술) 확대 등이고, 2009개정교육과정 이후 수업시수 증감 등 교육과정 운영 방법을

[표 11] 7차 교육과정~2015개정교육과정(전교조, 2016 수정)

	7차 교육과정	2007개정	2009개정	2015개정
개정 방식	전면 개정(5년)	수시 개정 (각론 개정)	수시 개정 (09총론, 11각론)	수시(전면) 개정
적용	2000년~	2009년 1, 2~	총론: 11년 각론: 13년	2017년 1, 2~
개정 배경	5·31 교육개혁안	교과서 10년 사용 교과 내용 변화	교육과정 자율화 고교다양화 300	문이과 융합 핵심역량 반영
편제	• 국민공통기본교육과정, 수준별 교육과정 • 주5일 수업 연차 시행	• 공통교육과정(~고1) • 영어시수 증가 • 주5일 수업(2012)	• 공통교육과정(~중3), 수준별 수업 • 학년, 교과군 시수 증감 • 7차와 시수 같음	• 공통교육과정 • 초1, 2: 시수 증가 • 초5, 6: 실과 소프트웨어 17시간
	• 재량활동 도입(자치 실종)	• 창의적 재량활동 ict자율, 보건교육 도입 • 범교과 영역 35개	• 창체에 우리들은 1학년, 한자, 보건, 정보화 삽입, 범교과 39개	• 초1, 2: 창체 안전한 생활 신설(연34시간) • 범교과 10개 압축
개정 특징	• 교육 내용 30% 감축 • 수준별 교육과정 • 학교교육과정 편성, 학급교육과정 편성	• 교육 내용 적정화, 수준별 수업 • 단위학교 교육과정 편성권 강화 • 과학, 역사 강화 • 집중이수제 도입 • 논술, 진로교육 강화	• 창의인성 교육, 학습 부담 경감, 수준별 수업 • 고교 자율화 • 교육과정 자율권 20%, • 내용 20% 감축 • 집중이수제(블록수업 명시) 도입 • 진로교육 강화	• 인문기초소양과 인성교육 강화(연극, 독서 강화) • 안전교육 강화 • 핵심개념 및 원리로 학습량 적정화 • 고교 기본 교과 50% 이내 제한 • 자유학기제 안착 • 창체 영역, 시수 학교 재량
성취 기준과 평가	• 성취기준, 평가기준 도입 • 수행평가 도입 ※ 성장을 돕는 평가, 서술 논술형 평가 확대	• 성취기준과 성취수준(2012 초등 생기부 훈령 명시) • 통합: 표현 목표 도입 • 수행평가 정책 유지	• 2013: 핵심 성취기준(해설서 없음) • 과정중심 평가, 창의 인성 평가 방안 ※ 중등 성취평가제, 자유학기는 지필평가 폐지	• 교육과정-수업-평가 연계성 강조 • 영역별 교수학습 방법 명시
초등 교과서	• 국정	• 검정: 3~4 영어, 5~6학년 음, 미, 체, 실, 영	• 학년군 교과서 • 검정: 3~6 음, 미, 체, 실, 영	• 검정: 3~6 음, 미, 체, 실, 영

바꾸는 방식을 유지하고 있다([표11 참조]). 교육부에서는 새 교육과정에 대해 많은 홍보를 하지만 속내를 보면 비슷한 용어들을 포장한 것이 많다. 교사와 학생 입장에서 보면 학년별 교과 내용이 조금씩 이동하거나 새로운 내용이 들어오고 빠지는 방식이다. 그러므로 학교에서 많은 것을 바꾸기보다 교사들이 교육과정 운영과 실행 주체로서 꼭 바꿔야 할 것, 학생들에게 필요한 것을 중심으로 교육과정에 접근할 필요가 있다.

[표 12] 2007~2020년 학교급별 학년별 교육과정 적용 현황(2014년 교육부 제공)

		'07	'08	'09	'10	'11	'12	'13	'14	'15	'16	'17	'18	'19	'20
초	1	7차		2007 개정				2009 개정				2015 개정			
	2	7차		2007 개정				2009 개정				2015 개정			
	3	7차			2007 개정				2009 개정				2015 개정		
	4	7차			2007 개정				2009 개정				2015 개정		
	5	7차				2007 개정				2009 개정				2015 개정	
	6	7차				2007 개정				2009 개정				2015 개정	
중	1	7차			2007 개정			2009 개정				2015 개정			
	2	7차				2007 개정			2009 개정				2015 개정		
	3	7차					2007 개정			2009 개정					2015 개정
고	1	7차				2007 개정			2009 개정			2015 개정			
	2	7차				2007 개정			2009 개정			2015 개정			
	3	7차					2007 개정			2009 개정					2015 개정

교육과정 개정으로 생기는 학생들의 학습 내용 결손과 중복 문제 비판에 교육부가 학생들의 교육과정 적용 일정을 표로 정리한 것이다. 현재 대각선은 고등학교 2학년이 초등학교 1학년부터 배운 교육과정 이력을 보여 준다. 2019년 고등학교 2학년은 초등학교는 2007개정, 중학교는 2009개정, 고등학교에서는 2015개정으로 초·중·고 모두 다른 교육과정을 배운다.

국가교육과정 개정 주기가 3~4년으로 짧아지면서 학생들은 초·중·고 과정에 2007개정, 2009개정(2011 각론 포함), 2015개정 등 보통 3~4개의 교육과정으로 공부를 하게 된다. 즉 [표 12]처럼 국가의 입장이 아니라 학생의 교육과정 이력 관점으로 보면 학생이 초·중·고 12년 동안 배우는 교육과정이 달라지고 학년 진급 과정에서 교육 내용의 결손과 중복 현상을 경험하게 된다.

그러므로 학교교육과정을 세울 때 학생의 입장에서 교육과정의 적용 과정을 살펴보고, '학생의 능력을 어떻게 발달시킬 것인가'의 관점으로 교육과정을 보는 시각이 필요하다. 2019년 6학년의 경우 5학년과 6학년 때 배운 교육과정이 달라서 교육부에서 6학년 맞춤형 교과서를 제공하지만 교사들이 세심하게 신경을 써야 한다.[6]

III. 2015개정교육과정의 문제

1. 개정 내용과 특성

2015개정교육과정은 창의융합인재 양성을 목표로 교육과정 전반에 역량 개념을 도입하였다. 문이과 통합 교육과정을 주장하여 고등학교에 공통사회, 공통과학 과목을 만들고 인문소양교육을 강조하고 있다. 또 소프트웨어교육 강화로 초등 5, 6학년 실과에 코딩교육이 들어오고 중학교 자유학기제의 근거가 생겼으며 직업계 학교에는 NCS(국가직무능

---

6. 2019년 6학년은 보충할 내용이 많아서 큰 어려움을 겪었다. 그나마 개정교육과정이 적용되는 해의 4, 6학년 맞춤형 교과서가 나온 것은 현장에서 오랫동안 싸운 성과이다. 그전에는 학교 공문함에 PDF로 전달되어 실질적으로 수업을 하기 어려웠다.

력) 기반 교육과정이 도입되었다. 교육과정이 계속 개정되고 있지만, 교과에서는 성취기준 중심으로 가고 있다. 범교과 영역은 10여 개로 통폐합하고 하위 영역은 그대로이다.^{교육부, 2015}

2015개정교육과정에 역량을 도입한 것은 우리 교육이 추구하는 목표가 지식 습득에서 학생의 역량 함양으로 전환되고, '많이 아는 교육'에서 '배움을 즐기는 행복 교육'으로 변해야 한다는 의미이다. 이는 교육과정에서 추구하는 가치의 변화를 보여 준다.

2015개정에 제시된 핵심역량은 21세기에 살아갈 학생들이 행복하고 성공적인 삶을 살아가는 데 필요한 일반 역량으로 자기관리 역량, 지식정보처리 역량, 창의적 사고 역량, 심미적 감성 역량, 의사소통 역량, 공동체 역량 등 6가지이다. 이는 학교에서 학습하는 지식, 기능, 가치, 태도 요소가 유기적으로 연계되어 발현되는 능력의 총화이고, 학교교육의 결과로서 학생이 학습과 삶의 여러 영역에서 실천할 수 있는 능력이다. 교과역량은 교과를 통해 할 수 있어야 할 특수 역량으로서, 현재 2015개정교육과정에서 둘의 관계를 보면 핵심역량은 자체로 다루어지기보다는 교과 학습을 통해 성취하는 걸로 제시되었다.

[표 13] 2015개정 초등 사회 일반사회 정치 영역 내용 체계

영역	핵심개념	일반화된 지식	내용 요소		기능
			3~4학년	5~6학년	
일반사회 / 정치	민주주의와 국가	현대 민주 국가에서 ~을 규율한다.	민주주의 지역사회 공공 기관 주민 참여 지역 문제 해결	민주주의 국가기관 시민 참여	조사하기 분석하기 참여하기 토론하기 비평하기 의사결정하기
	정치과정과 제도	현대 민주 국가는 ~한다.		생활 속의 민주주의 민주 정치 제도	

2015개정교육과정은 핵심역량, 교과역량 도입과 함께 이해중심 교육과정 체제를 적용하여 모든 교과교육과정 체계를 영역, 핵심개념, 일반화된 지식, 내용 요소, 기능 등 다섯 가지로 통일시켰다([표 13]). 이 외에도 교과교육과정의 내용 영역마다 교수-학습 방안과 평가 방안을 제시하여 더 세분화하였다.

2. 2015개정교육과정의 문제

가. 허울뿐인 역량중심 교육과정

역량중심 교육과정은 지식이나 내용이 더 이상 교육과정 설계를 위한 출발점이 아니라 지식이나 내용이 오히려 역량을 발달시키기 위한 수단이 된다고 본다.소경희, 2017 OECD의 Dececo 프로젝트 이후 세계 여러 국가들이 교육과정에 역량을 반영하였다. 우리나라는 2000년대 중반부터 역량 연구를 시작하였고 성취기준 등에 반영하다가 2015개정교육과정에서 본격화되었다. 일부 혁신학교에서 학교 자체 역량을 만들기도 하고 경기도교육청을 시작으로 여러 지역에서 자체 역량을 제시하고 있다. 하지만 역량 도입 취지나 실제 결과에서는 우려와 기대가 존재하고 있다.

이원희[2015]는 교육과정 개발과정에서 2014년, 2015년 핵심역량 내용이 달라지고 하위 개념과 상위 개념이 뒤섞였다고 비판한다. 이는 연구기간 부족의 문제도 있지만, 역량교육과정을 먼저 도입한 국가들이 부작용에서 벗어나려 하고 OECD가 금융위기 이후 역량competency보다 능력skills을 강조하는 것과 관계가 있다는 것이다. 소경희[2017]는 핵심역량을 채택한 나라마다 개념이 조금씩 다르다고 하였다. 영국은 Key Skill, 캐나다는 Cross-curricula Competences, 호주는 General Capabilities이고, 유네스코나 세계경제포럼은 주로 Skill 개념이다. 즉 나라마다 역량을 다르게 설정하고 이를 구현하는 방식이나 과정도 다르므로 이 또한 학교의 해석이 필요하다는 의미이다.

핵심역량과 교과역량의 관계 또한 모호하다고 비판받는다. 핵심역량이 교과역량 계발을 통해 계발된다면 교과별로 교과역량을 기르고 총론에 핵심역량을 별도로 제시할 필요는 없다.한혜정 외, 2015 관련 연구를 보면 연관이 있다는 분석도 있고 별로 연관이 없다는 분석 등 의견이 분분하다.

핀란드 교육과정은 핵심역량 7개를 제시하고 이것이 교과별 교육 목표, 교과 내용과 어떻게 연관되는지를 제시하고 있다. 핀란드의 핵심역량은 생각하기와 배우는 것을 배우기(T1), 문화적 역량, 상호작용과 표현(T2), 자신과 타인의 돌봄, 일상 활동을 안전하게 관리하기(T3), 다중 문해력(T4), ICT역량(T5), 노동세계의 역량과 기업가 정신(T6), 참여와 영향, 지속가능한 미래 구축(T7) 등이 있다.

이해중심 교육과정은 교과지식의 심층 이해를 중요하게 본다는 점에서 학문중심 교육과정이 약화된 것으로 해석할 수 있다([표 14] 참조). 그런데 총론에는 핵심역량, 각론에는 교과역량과 이해중심 교육과정 체계를 적용하는 등 역량중심 교육과정과 학문중심 교육과정이 뒤섞여 무엇 하나에 집중하기 어렵다는 비판도 받는다.한혜정·이주연, 2017

많은 연구자들이 국가교육과정에 역량, 핵심역량, 교과역량 개념이 뒤섞여 있다고 지적한다. 핵심역량과 교과역량은 설문과 델파이 조사로 선정하였는데 토론회에 가면 타당성을 설득하기보다 당시 교과 개발진의 성향이라고 설명하였다. 국가교육과정에 이론적으로 충분히 합의되지 못한 개념을 제시하여 학교현장에 적용하게 하고 지역교육청에서 제시한 역량까지 있어서 학교에는 수십 개의 역량 개념이 내려와 있다. 이 때문에 학교교육과정 문서는 더욱 복잡해지고 있다.

시도교육청 연합 연구에서는 2015개정교육과정이 추구하는 학력관을 비판하였다.성열관, 2017 첫째, 추구하는 인간상이 너무 포괄적이고 선언적 이어서 실제로 현장에서 어떤 역할과 실효성이 있는지 아무것도 제시해 주지 않는 점, 둘째, 교육 목표가 핵심역량을 중심으로 구체화되었지만, 실제적 '학력'과 어떻게 연결되는 것은 교과 내용(교과서, 교사안내서)과 교수 방법에 달려 있고 교육 목표 차원에서 결정될 수 없다는 점, 셋째, 교육과정 구성의 중점은 의미 없는 기술들에 불과하고, 실제 현장에서 도 아무 역할을 하지 못한다고 비판하였다. 핵심역량은 지나치게 범주가 많고 교과 지식 체제와 겹도는 경우가 많아 국가교육과정을 상당히 혼 란스럽게 만든다고 보았다.

나. 획일적인 교과교육과정 체계

교육부는 2014년부터 교육과정을 '빅 아이디어big idea' 중심으로 개선 한다고 하다가 교과교육과정에 핵심개념을 도입하여 깊이 있는 학습이 가능하고 학습량을 적정화할 수 있다고 하였다. 그런데 교과교육과정 체 계가 너무나 복잡하고 영역도 많다([표 13 참조]). 교육부 담당자나 연구 진들은 현장에서는 성취기준을 중심으로 해석하라고 할 정도이다.

이찬승2015은 초기의 '빅 아이디어'와 2015개정교육과정의 핵심개념은 범주가 다르고 빅 아이디어 중심의 교육과정 재구조화는 개념상 오류라 고 하였다. 빅 아이디어 중심 수업은 교과 진도 중심 수업과 교과별 지 식과 기능을 배우고 평가하는 전통적인 학습에서 벗어나, 각 과목의 핵 심 이슈에 대해 핵심질문essential question을 던지고 답을 탐구하는 식의

[표 14] 학문중심, 이해중심, 역량중심 교육과정 비교

분류	학문 중심	이해중심(2015각론)	역량중심(2015총론)
교육 내용	지식의 구조, 발견과 탐구 중시	교과 지식 심층 이해 (빅 아이디어, 일반화, 기능)	실제 맥락을 기반으로 지식 생성과 창출
교육 내용 범주	인지적 측면	이해 증거로서 평가 과제 (적합한 학습 경험)	지식, 기능, 정의적, 사회적 영역 포함 총체적 개념
교육 효과	학습 전이: 지식 구조 (유사 학문 분야)	전이-지식 구조 (새로운 결과 창출)	학습의 전이-일상생활

한혜정·이주연(2017) 자료 재구성

수업을 하자는 것이다.

즉 교과나 교과 간을 연계하여 존재하는 핵심개념core idea과 빅 아이디어를 도출하고 이에 대해 핵심질문essential question을 던지며 답을 탐구하는 과정에서 깊은 이해deep understanding와 적용 역량을 갖추는 수업 혁신의 과정이다. 빅 아이디어나 핵심개념은 학생들이 학습 내용 중에 세세한 것은 잊어버려도 지속적으로 알고 있어야 할 일반적이고 중요한 이해를 포함한다. 핵심질문은 언제나 열린 질문이므로 다양한 답과 다양한 관점이 있을 수 있다. 그러므로 빅 아이디어의 도입은 교육과정 디자인 패러다임의 대변화를 의미한다.

2015개정교육과정 연구문서를 보면 빅 아이디어big idea를 정의하고 소개했지만 실제 내용 체계표에서는 이 용어가 없고 핵심개념core concept이란 용어만 있다. 연구진들은 "빅 아이디어big idea는 비슷한 개념들끼리 묶이기도 하고 하나의 개념이 다른 하나의 개념을 불러오기도 하는데 이때 비슷한 개념들끼리 묶여진 상위의 개념을 의미한다"고 하였다.

하지만 내용 체계표에 있는 핵심개념은 개념이 아니라 대부분이 대주제big topic이다. 이는 미국 차세대과학표준의 관통개념cross-cutting concept, 핵심개념core idea, 대개념big idea을 명확하게 구분하지 않고 핵심개념으로 정리하였거나 각론 연구기간 부족 때문에 생긴 문제라고 볼 수 있다. 이 때문에 '목표(성취기준) → 빅 아이디어 → 핵심질문 → 수업활동 설계'로 나아가는 이해기반 교육과정의 핵심은 제대로 실현되지 못하였다고 비판한다.이찬승, 2015

2015개정에서 최종적으로 빅 아이디어라는 용어는 빠졌지만 교과 내용 체계에 핵심개념을 '교과의 성격을 가장 잘 나타내 주는 최상위의 교과 내용 범주'라고 하고 교과별로 분석하면 빅 아이디어를 핵심개념의 상위 개념으로 놓거나 핵심개념(빅 아이디어)과 상호 치환하여 진술하는 식으로 엄밀하게 구분하지 않았다. 캐나다 온타리오주 과학과 교육과정의 경우 빅 아이디어가 핵심개념의 하위에 놓여 있다.임유나·홍후조, 2016

그런데도 2015개정교육과정은 모든 교과에 이런 체계를 강요하여 교과교육과정이 복잡해졌고, 교과 개발진은 교과 특성과 맞지 않게 짜였다고 비판하고 있다.박희경, 2016; 임유나·홍후조, 2016 교육부는 핵심개념 중심의 교육 내용 체계로 학습량 감축 효과가 있다고 홍보하지만 실질적으로는 관계가 없다.이찬승, 2015 오히려 객관적으로 검증될 수 없는 방식으로 난이도를 높이고 범교과 프로젝트 수업 등을 어렵게 할 수도 있다는 비판을 받는다.손민호, 2016

현장에서는 각론 해석에 어려움을 겪고 사회나 과학 교과는 평가 영역을 찾는 것도 혼란을 겪었다. 현장에서는 충분한 공감이나 설명 없이 연수 등에서 이해중심 교육과정이 최근 흐름이니 따라야 한다는 식으로 전해진다. 일부 지역은 교육과정 재구성을 백워드 교육과정으로 해야 한다는 식으로 진행되기도 하였다. 교육과정 운영을 하향식 정책 실현으로 하던 방식이 특정 교육과정 유형을 강요하는 방식으로 왜곡되는 것이다. 이 때문에 현장에서는 자율성을 침해한다는 비판이 많다.

경기도 교육과정 각론에서는 이해중심 교육과정 취지에 맞춰 2015개정교육과정 각론에서 빠진 포괄적 핵심질문을 제시하여 국가교육과정을 보완하기도 하였다.경기도교육청, 2016 하지만 학생의 성장발달을 돕기 위해 학교와 지역교육과정의 역할을 확대하려는 전환기에 국가교육과정의 빈틈을 채우는 것이 지역교육과정의 역할인지, 다양한 접근이 가능하도록 도와야 하는지 고민이 필요한 부분이다.

이 외에도 성취기준 수를 줄였다지만, 교수학습 유의 사항이나 평가에 관련 항목을 넣어 큰 변화가 없어 학습 부담이 줄지 않았다.강현석, 2016 다른 나라처럼 교육 내용 아니면 성취기준으로 단순화되지 않고임현정 외, 2011 여전히 내용 성취기준 중심이라 실질적인 학습 부담은 줄지 않아 현장의 적극적인 해석과 자율성을 제약하여 어려움이 많다.

Ⅳ. 초등교육과정의 문제

1. 초등교육과정 개발 체제

우리나라가 국가교육과정 체제이고 주로 총론 중심의 개발이 이루어지므로 2015개정교육과정의 문제점은 초중등 공통으로 나타난다. 하지만 해마다 교과와 학년이 바뀌는 초등교육 시스템과 수시 전면 개정 체제가 만나면 문제는 더 심각해진다.

가. 학생 발달과 역행하는 하향식 개발 체제

그동안 교육과정 개정 과정을 보면 7차 교육과정기에 국민공통기본교육과정체제를 표방하여 기존에 초등과 중등교육과정을 별도로 개발하던 방식에서 통합적 개발구조로 바뀌었다. 실제로는 연구진이 중등 중심으로 구성되고 고등학교 9, 10학년 목표를 중심으로 교과가 개발되면서 초등 교과교육과정이 전반적으로 어려워지는 결과를 낳았다.

이런 문제 때문에 현장에서는 교육과정 목표를 고등학교에 맞추는 하향식 교육과정이 아니라 학생 발달 특성을 고려하여 초등학교 1학년부터 상향식으로 개발해 가는 교육과정 개발 구조로 전환하자고 주장하였다. 또 초등 교과와 중등 교과의 차별성, 초등교육과정과 초등 생활기록부 분리 주장이 계속 제기되었다.초등교육과정연구모임, 2011; 신은희, 2015

나. 상시 연구와 적용 체제 부재

학년 단계별 발달 특성에 따른 교육과정, 교과, 운영 방식 연구가 없는 것도 문제이다. 교육과정 상시 연구체제가 구축되지 않아 교육과정 개정기에 공모제로 연구팀을 선정하여 교육과정과 교과서를 개발하고 나면 해체된다. 초등 교육현장에서 느끼는 어려움을 체계적으로 연구하고 성과를 축적하는 구조가 없으므로 계속 중등 중심 교육과정 개발 체제에 종속될 수밖에 없다.

여기에 초등 1, 2학년은 교육과정이 가장 먼저 적용되므로 준비할 시간이나 연구가 부족한 문제가 심각하지만 문제해결 방안은 막혀 있다. 총론과 각론 개발 시간도 충분해야 하지만 그에 못지않게 교과서 개발 기간도 충분히 주어져야 한다. 그런데 2009개정교육과정은 총론과 각론이 따로 고시되고 각론의 경우 5~6개월, 1~2학년 교과서의 경우 실질적으로는 한 달여 만에 졸속으로 만들었다. 이후 후속 연구나 지원이 없다가 다시 2015개정교육과정 연구가 시작되었으므로 교사들은 교실에서 부딪치는 어려움을 이야기할 공간이 없었다.

2015개정교육과정은 2015년 9월에 고시하고 2016년부터 시범적용을 해야 하므로 1, 2학년 국정 교과서 현장 검토본을 만들지 않겠다고 하다가 급하게 만드는 등 우여곡절이 많았다. 학생들의 가정경제변인 등으로 생기는 격차 문제를 공교육 초기에 완화시키고 모든 학생들이 제대로 성장발달을 할 수 있는 기반을 닦기 위해서는 많은 지원과 관심이 필요하지만 아직은 체계적인 지원이 부족하다.

다. 총론 중심 개정으로 늘어나는 학습 부담

총론 중심의 교육과정 개정은 사회적 요구 반영이 쉽게 되고 각론에 무리한 요구를 하는 것도 초등교육에 더 큰 문제를 안겨 준다. 2009개정교육과정은 기초연구도 없이 집중이수제를 운영하기 위해 학년군, 교과군 개념을 만들어 학교마다 수업시수 증감표를 제출하게 하는 등 '강제된 자율화'를 확산시켰다.

초등은 학급담임제라 교육과정 재구성을 통해 원하는 효과를 얻을 수 있고 그동안 이런 실천이 많이 축적되었다. 하지만 중등 관점의 교과(군)별 수업시수 증감이나 집중이수제 때문에 불필요한 문서를 많이 만들어 내고 교육과정 운영이 혼란스러워졌다. 2015개정에서도 학년군이나 교과군 구조는 개선되지 않았다. 또 총론을 바꿀 때마다 늘어나는 범교과 영역 때문에 현재 범교과 요구 시수가 문서상으로는 200시간 가까이 되어 교육과정 운영에 부담을 주고 있다.

라. 질 낮고 어려운 교과교육과정

각론의 형식적 개정도 여러 교과를 가르치는 초등 교사들에게는 부담을 준다. 각론 연구 기간이나 교과서 개발 기간이 짧아 질도 문제이고 각 교과의 변화 요구가 무엇인지 알기 어렵다. 실제적으로 보면 교과의 내용이 부분 이동하는 수준이지만 교육과정 연구를 할 시간이 부족하고 제도적 지원이 부족한 초등 교사들이 2~3년마다 교과교육과정이 바뀌는 것에 의연하기는 쉽지 않다. 국가교육과정 수시 개정 체제가 교사들의 전문성 강화에 방해물이 되고 초등교육의 근간을 흔들 지경이다.

시대 변화를 고려하더라도 기초교육인 초등교육과정이 이렇게 자주 바뀔 필요는 없다는 것이 현장이나 사회적 통념이다. 영국의 경우 학교에 따라 준비가 부족하면 교육과정 적용 시기를 미루기도 하는데^{이근호 외, 2015}, 초등에 가장 필요한 방안이다

마. 2, 4, 6학년의 구조적인 중복과 결손 유발 체제

이런 문제 때문에 초등 교육현장은 2013년부터 전교조를 중심으로 더 이상의 교육과정 개정은 불필요하고 정 필요하다면 고등학교만 분리 개정할 것을 주장하였다. 많은 교사들이 교육과정 개정보다는 2009개정교육과정을 수정 보완하는 것이 낫다는 것이다. 2009교육과정 개정 과정에 초등 1, 2학년 통합교과를 분리한다며 2주 만에 교과교육과정을 만들었다가 되돌리는 등 초·중·고 동시 개편의 피해가 많았다. 2015개정교육과정도 수능문제 해결을 내세워 진행되었지만 초등 교육현장에 더 많은 문제를 남기고 2009개정교육과정의 문제도 전혀 해결하지 못했다.

초등교육과정을 2개 학년씩 적용하다 보니 2, 4, 6학년에게 구조적으

로 교육 내용의 중복과 결손이 반복되는 것도 문제이다. 학생을 위한다는 명목으로 시행하는 교육과정 정책이 학생 입장에서는 학습 내용 결손과 반복으로 학습 부담이 늘어나거나 학습권이 침해된다. 전면 개정 교육과정의 피해가 너무 많이 축적되어 학생 입장에서도 근본적인 검토가 필요하다.

이와 함께 수시 개정 체제를 활용하여 해당 학년교육과정 적용 시기를 기다릴 것이 아니라 다른 나라처럼 학생들 진급 과정이나 교육과정 운영 과정에서 자연스럽게 변화 내용을 반영하여 교육과정을 운영하는 방향으로 전환하는 것도 필요하다. 이는 학교의 자율성을 확대하는 방안과 함께 이루어질 때 가능할 것이다.

2. 2015개정 초등교육과정의 문제

우리나라 교육과정 개발 체제에서 초등교육과정이 직면하고 있는 구조적 문제가 심각한데 2015개정교육과정은 이전보다 더 많은 문제점을 가지고 있다.

가. 수업시수 증가

1, 2학년의 수업시수가 늘어났다. 교육부는 2013년 국제비교연구를 통해 초등학교 저학년 수업시수가 적다고 하였다. 하지만 수업시수는 나라마다 산정하는 방식이 다르고 쉬는 시간, 상담시간 등을 비교하면 적지 않다.[박일수, 2015] 또 한 학생을 기준으로 종적으로 초-중-고 수업시수를 보면 오히려 너무 많은 시간을 학교에서 보내는데, 특정 시기만 비교하여 수업시수 증가의 근거로 삼았다.

다른 나라 정책은 각 국의 상황이나 문화를 고려하여 맥락을 파악해야 하는데 '비교연구'만으로 정책을 결정한 것이다. 국제비교로 불필요한 정책을 뺀다는 것은 보지 못했는데 추가할 때만 국제비교가 악용되고 있는 셈이다. 이 때문에 주6일 수업제였던 7차 교육과정기보다 시수가 늘어 수업의 질 하락 우려가 높아졌다. 중학교도 개정 과정에서 수업시수 문제를 제기하였는데 이미 정해진 내용을 확정하는 데 행정력을 집중하였다. 현재도 수업시수에 대한 종합적 논의는 진행되지 않고 있다.

나. 안전한 생활 신설

다음으로 안전한 생활 신설 문제이다. 1, 2학년 수업시수 증가에 대해 현장과 학부모의 반대 여론이 많아 놀이 시간 확보나 숙제 시간으로 하자는 방향으로 흘러가다 2014년 세월호 참사 후 안전한 생활 교과 신설 주장으로 바뀌었다. 체육 교과에는 안전 단원을 별도로 만들고 모든 교과에서 안전교육을 강화한다고 하였다. 이 때문에 세월호 참사의 원인을 안전 불감증으로 매도한다거나 안전한 사회를 만들어야 한다는 시대적 요구를 교과 신설로 대응한다는 비판이 많았다.신은희, 2015

이는 교육과정 개발을 연구개발보급방식에 개별 사안에 대한 처방적 관점으로 일관하여 각종 사회문제 해결책이 무작위로 교육과정에 반영되는 것이다. 학교의 자율성을 인정하지 않는 구조적 문제점도 있다. 이런 문제는 학교교육과정 운영 과정에서 사회적 변화나 지역사회 요구, 학생들의 삶을 반영하여 유연하게 적용할 사안이다.

안전한 생활 교과 신설은 모학문 부재, 교사 양성이나 타 교과와 통합적 교육의 필요성 등의 논쟁을 거쳐 결국 창의적 체험활동에서 별도 영역으로 신설하고 교재를 제공하는 것으로 정리되었다. 관련 인프라 형성은 논의도 되지 않았다. 현재 학교에서는 학생과 교사 모두 수업 부담이 늘어나고 담임제인 1, 2학년에 전담교사가 투입되는 등 학교마다 복잡한 양상이 드러나 초등교육의 본질을 혼란스럽게 하고 있다.

다. 소프트웨어 교육 도입

소프트웨어 교육은 미래부가 창조경제의 핵심 사항으로 추진하였다. 당시 연구자들은 소프트웨어 교육에서 주장하는 컴퓨팅적 사고력이나 사고력의 문제는 수학이나 과학 교과 영역을 통해서도 충분히 달성될 수 있고 오히려 이른 교육이 소프트웨어 교육에 대한 흥미를 떨어뜨릴 수 있다고 우려하였다.신은희, 2015 다른 나라들이 독립 교과보다는 범교과 소양으로 소프트웨어 교육을 하는 것과 비교된다.

인공지능의 발달이나 급속한 기술발달 시대에 학령기 소프트웨어 교육이 유일한 대안인가에 대한 판단도 제대로 이루어지지 않았다. 세계 경제포럼 자료를 보면 코딩 분야는 기술발달로 영향을 받는 직종으로 나온다.WEF, 2017 그럼에도 한 번 정해진 내용을 실현하기 위해 각 교육청에 인프라 형성을 요구하고 일부 지역이나 학교는 저학년부터 코딩교육을 실시하여 교육과정 파행뿐 아니라 유치원 사교육까지 조장하고 있다. 일각에서는 소프트웨어 교육 강사 양성이 필요하다고 요구하였다. 영어나 보건 과목처럼 초등 재량활동이나 창의적 체험활동에 들어와 이후 교과로 발전한 사례가 있어 현장에서는 반대가 많았다.

라. 국정 교과서 제도

마지막으로 교과서 제도의 문제이다. 교육부는 2015개정에서 교과서 한자병기 정책을 추진하였다. 2009개정기에 공청회에서도 다룬 적 없는 한자교육이 초등 창체에 필수영역으로 들어가 한자 사교육이 강화되고 학교에도 한자교육을 하라는 지시 때문에 찬반논란이 커졌다. 2015개정에서는 3학년부터 한자병기를 한다고 발표하였다가 현장과 시도교육감협의회, 한글단체, 교수진 등의 반대로 5학년 병기로 변경한 후 총론 발표에서는 제외하였고, 2018년에 공식 폐기되었다.

초등에 여전히 국정 교과서가 많은 것도 문제점이다. 학교나 교사의 교육과정 자율성과 구성권을 주장하면서 교과서가 국정제라면 여전히 지식의 절대성이나 경직된 평가 체제 때문에 교과서 위주의 수업이 강화될 수밖에 없다. 교과서 개발 당시에는 역사 교과서 때문에 집필진 비공개로 진행하는 등 문제가 많았다. 여기에 교과서 예산이나 수시 개정, 역사 교과서 내용의 편향성 등으로 비판이 많았고 초등 교사들의 역사 교과서 국정화 반대 운동도 활발했다.^{신은희·장수명, 2016}

V. 교육과정 개발 체제와 정책 개선 방향

1. 다른 나라 교육과정 개발 체제

다른 나라들은 교육과정을 어떻게 개발하고 있을까? 먼저 국가중심 개정 체제가 별로 없고 지역, 학교 단위에서 개발하는 방식이다. 세계화의 영향으로 교육과정 성취기준을 제정하거나 국가 역할을 강조하는 경향도 있지만, 우리나라와 교육과정, 교과서 개념이 많이 다르다.

교사나 일반 국민들의 참여도도 높아 교육과정 개발과 적용 과정의 괴리가 적고 안정적으로 운영되는 편이다. 교육과정을 적용할 때는 모니터링 체계를 갖추고 큰 틀의 변화보다 학습 방법, 수업 방법론 등 실질적인 내용을 중심으로 변화를 준다.^{이근호 외, 2015} 이런 특성 때문에 판란드는 2016년에 새 교육과정(2014핵심교육과정)을 초등 6개 학년에 동시 적용하였다.

개정 주기를 보면 핀란드와 일본은 10년, 싱가포르는 6년으로 정해져 있다. 교육과정 개정안이 마련되면 아일랜드는 개요 공개 후에 3년간 의견을 수렴하고 영국도 교사에게 2, 3년 검토 기간을 준다. 호주는 교육과정 초안이 부정적이면 몇 년을 미루기도 하는 등 교육현장 중심으로 개정이 진행된다.

총론 연수는 내용 전달보다 교과별 교수학습, 융합 교수학습, 수업 운영에 중점을 두고 이루어진다. 교육과정 적용 과정을 체계적으로 모니터링하고 학교교육과정 평가 결과는 차기 교육과정 개정에 도움을 주는 방식으로 운영된다.이근호 외, 2015

2. 우리나라 교육과정 개발 체제의 문제

우리나라 교육과정이 세계 교육과정 개혁 흐름을 반영하고 학교 자율을 중시하며 교사들을 교육과정 개정 주체로 세워야 한다고 하면서도 여전히 교사 배제 교육과정 체제를 벗어나지 못하는 것은 왜일까? 여기에는 여러 요인이 복합적으로 작용하고 있다.

첫째, 우리나라는 교육과정을 국가가 연구 개발하여 지역과 학교에 보급하는 연구개발보급 방식을 고수하고 있다. 국가교육과정의 통제력이 강하고 행정적인 제약도 많다.이근호 외, 2015 국가교육과정은 주로 문서로서의 성격을 띠고 내부 요구보다 국가사회적 요구가 쉽게 반영되는 구조이다. 정권이 바뀔 때(주로 보수정권)마다 교육과정을 개정하는 것은 이런 정책 특성과 연관이 깊다.

이 때문에 학생들의 성장발달이나 지역 상황에 따라 생성되어야 하는 특성과 맞지 않고 교육과정 개정이 결국 교육과정 문서만 바뀌고 실제 현장에는 영향을 주지 못하는 방식으로 나타나고 있다.

둘째, 우리나라는 국가교육과정을 교육 내용 중심, 그중에서도 지식을 제시하는 문서로 받아들이는 경향이 강해 교과서 내용을 전달하는 수업과 학생 암기 여부를 평가하는 방식의 학교 풍토가 여전히 강력하다. 이는 평가 결과가 상급학교 진학과 대학 입시에 반영되는 구조와 맞물려 있다. 교육과정에 특정 내용을 넣어 학습하면 학생들에게 원하는 결과가 나온다는 전제로 교과 내용들이 들어가고 이 과정에 교과마다 특정 내용을 넣으려는 현상이 심화된다.

성취기준을 도입할 때에도 '교육 내용' 성취기준으로 도입하여 여전히 교육 내용 중심 체제를 벗어나지 못하고 있다.임현정 외, 2011

[표 15] 교과교육과정 내용 혹은 성취기준에 대한 체제 비교

분류	미국	영국	캐나다	핀란드
[학년군별] 영역별 내용 내용 성취기준 내용 요소	[학년별] 영역별 성취기준 성취기준 도달점 기타	[학년군별] 영역별 성취기준 초기-중기-후기로 구분한 성취기준	[학년군별] [학년별] 영역 기대 기본 개념 예시 및 설명	[학년군별] 영역 목표 내용 항목

우리나라 교육과정은 그동안 학습 내용(교육 내용)이 많고 학생 발달 수준보다 어려워 4차 교육과정 개정부터 교육 내용 양과 수준의 적정화, 국가교육과정의 대강화가 주요 개정 원리로 부각되었지만 근본적 해결은 요원하다.

곽병선1984은 교육과정을 교육 내용 중심으로 보는 관점에서 벗어나 교육 방법까지 확대하였고, 박제윤2007은 교육과정 개념을 교육과정 운

영 방식까지 확대하고 있다. 최근 혁신학교에서 학교 운영 구조와 문화를 교육과정 중심으로 바꾸고 시간 운영 방식 변화, 학생의 삶을 중심으로 한 주제통합 방식의 확대, 학교 구성원의 합의와 학교 밖 지역사회 거버넌스와의 소통을 중요하게 보는 것은 교육과정이 교육 내용을 포함하여 교육 방법이나 운영 방식까지 확대되었음을 보여 준다.손동빈 외, 2017

교육과정 개념의 확대는 국가교육과정이나 학교교육과정 변화를 교과 내용이나 시수만이 아니라 교육 방법, 학교문화와 학교 업무 구조 변화, 학생과의 소통 방식 등 다양한 관점에서 접근해야 한다는 점을 시사한다. 최근 학교혁신을 통한 학교교육과정 변화는 이런 관점에서 해석할 수 있을 것이다. 하지만, 동시에 이런 접근은 경직된 학교교육 전통이나 수업 방식을 일부 변화시킬 수는 있지만 다른 나라와 달리 교육 내용의 자율성이 거의 없는 상황에서 학교마다 다양한 교육과정을 운영하는 데에는 근본적인 한계가 있다는 점도 함께 고려되어야 할 것이다.

셋째, 교육과정 개발은 여전히 타일러 모형이 위력을 발휘하고 있다. 2015개정의 경우 타일러 모형 외에 의사결정 과정을 중시하는 숙의 모형을 일부 활용하였지만박희경, 2016, 교육과정 개발이나 학교현장에서는 타일러주의와 기술공학적인 이론이 바탕에 깔려 있다. 최근 혁신학교를 비롯하여 학교현장에서는 학교 구성원들이 협의하여 학교 비전을 만들고 교과교육과정, 학교문화에까지 공통의 철학을 반영하려는 움직임이 시작되어 숙의 모형이 자발적으로 확산되고 있다. 교육과정 개발 과정에서도 이러한 숙의 모형이 더 확대되어야 한다.

넷째, 교육과정 개정 과정에 현장 교사들이 거의 역할을 하지 못하고 있다. 연구개발보급 방식을 채택하여 주로 전문가들이 교육과정을 만들고 현장 교사들은 들러리 역할에 하는 데 그치고 있다. 학생, 학부모나 다양한 사회 세력의 참여 구조도 없다. 그러다 보니 교사들이 국가교육 과정 개발에 무관심하고 이를 만회하기 위해 요란한 홍보정책이 나오지만 교사들의 불만만 더 커지게 된다. 최근에는 사교육업체가 학부모에게 잦은 개정으로 생기는 학습결손 문제를 홍보하고 개정교육과정으로 생기는 문제를 학원 홍보 수단으로 삼을 정도이다.

다섯째, 수시 개정 체제에 맞는 교육과정 개정, 적용, 평가 과정이 제도적으로 마련되어 있지 않다. 교육과정 개정 방식은 개정 주기 측면에서 주기적 개정과 수시 개정, 개정 범위에서 전면 개정과 부분 개정 방식, 개정 순서에서 순차 개정과 일시 개정으로 구분된다. 2003년에 주기적 개정을 수시 개정 체제로 바꾸면서 개정 범위나 개정 순서에 대한 규정은 마련하지 않아 결국 3~4년마다 수시 전면 개편이 반복되는 최악의 상황을 초래하였다. 교육부 외에 수시 개정을 요청할 수 있는 경로가 없고 교육부가 개정을 밀어붙이면 현장에서 적용을 연기하거나 거부할 장치도 없다. 교육과정 적용에 대한 세밀한 지원 정책이나 국가 수준의 교육과정 평가 정책도 마련되어 있지 않다. 교육과정 고시 후에는 국가 교육과정이 거의 교사 개인이 알아서 하는 문제로 바뀌게 된다. 앞으로 제도적 보완이 필요한 부분이다.

3. 교육과정 정책 개선 방향

가. 현황

그동안 2015개정 교육과정의 문제점에 대해 수정고시 의견이 많았지만 현황 조사도 제대로 이루어지지 않았다. 또한 우리나라 교육과정 개발 체제나 관련 정책의 문제점이나 이에 대한 개선 방안은 이미 기존

연구에서 제시되어 있는 내용과 많이 다르지 않다.^{박선화 외, 2007: 이근호 외,}
2015

문제는 이런 연구들이 실현되지 못하고 비슷한 문제가 지속되고 있다는 것이다. 이는 정치권력의 문제도 있지만, 정책이나 제도가 만들어지는 과정이 공론화되지 않기 때문이다. 또 정책 과정이 체계적으로 마련되지 않아 정책 현장과 정책 개선 과정이 분리되는 문제, 정책의 실행자이거나 실행 대상들이 정책 과정에 의견을 낼 수 없는 문제들이 복합적으로 작용하고 있다. 새로운 제도나 정책은 진공 상태에서 나오는 것이 아니라 현재 시행되는 제도나 정책에 새로운 맹아가 있는 경우가 많으므로 이를 찾아 발전시키는 노력도 필요하다.

2017년 국가교육과정 2차 전문가포럼에서는 '지역분권화 시대에 맞춘 민관 거버넌스 운영 강화 방안'이라는 주제로 교육과정 지식이나 국가교육과정 정책 거버넌스, 혁신학교나 교육공동체 협업 거버넌스를 토대로 한 교육과정 정책 개선 방안 등을 논의하였다.^{한국교육과정학회, 2017} 그동안 현장과 거리가 멀어 보이던 교육과정 학계 논의를 확장시켰다는 면에서는 현장 교사로서 반가운 주제이다. 하지만 여전히 전문가 중심주의에 편향되고 1회성 토론으로 끝났다.

정책의 변화는 정책이 만들어지는 과정에서부터 변화 주체들이 참여하고 함께 만들어 가야 추구하는 목적을 달성할 수 있고 주체들의 역량도 강화되며 제도도 계속 발전될 수 있다. 앞으로 교육과정 정책 변화를 이끌어 가는 주체는 지역교육청, 현장 교사와 학생, 연구모임 등 다양한 주체로 확대해야 한다. 그동안 현장은 얼마나 준비가 되고 어떤 논의가 이루어졌을까?

나. 국가교육과정 위상과 교과교육과정

먼저 2000년대 초부터 국가교육과정을 독립적으로 결정한 기구를 만들고, 교육과정을 상시적으로 연구하며 질을 관리할 상시 연구 기구가 필요하다는 주장이 나왔다.^{전교조, 2016} 최근에는 국가교육회의 논의와 더불어 국가교육과정위원회나 교육과정 대강화 논의도 지속적으로 제시되었다. 여론 조사 결과를 보면 국민들 다수가 중앙정부는 필수교육과정 같은 교육 기본 방침을 마련하고, 초중등교육 실제에 필요한 교육정책의 수립과 학생들의 표준학습 성취기준은 시·도 교육감이 권한을 행사해야 한다고 하였다.^{임소현 외, 2015}

현장에서는 학교 단위나 교사들의 교육과정 재구성이 활발해지면서 학생들에 맞춰 교과 성취기준을 통합하고 선택할 권한이나 국가교육과정 '기준standard'을 '지침guide' 수준으로 변화시키는 실질적인 자율성 확대를 원하고 있다. 시도교육청은 2015개정교육과정 수정고시 방안과 성취기준에 대한 자율성 확대를 요구하고 있다.^{이형빈 외, 2017}

교육과정 개념도 현실에서 많이 변화하고 있다. 많은 혁신학교와 학교혁신을 추진하는 학교에서 학교별 비전과 중점 교육 내용을 선정하고 교육과정 운영 방법, 학교문화, 지역과의 협력을 토대로 학생 성장과 발달을 중심으로 한 학교교육과정을 운영하고 있다. 학습공동체를 통해 수업과 평가 역량을 강화하고 있다. 이런 내용이 집약되어 현장 중심으로 만들어 가는 교육과정이 실질화되고 교사의 전문성이 더욱 신장될 수 있을 것이다. 전북의 경우 학년이나 학교 단위 교육과정 재구성 경험에 그치지 않고 4학년 지역화 교과서를 재구성하여 국정 교과서에도 영향을 주고 있다.^{손동빈 외, 2017}

교과별 개정 체제도 조금씩 체계를 갖추고 있다. 역사 교육과정은 전

국민의 역사 교과서 국정화 반대 투쟁을 토대로 현장 실천이 어우러져 역사 교육과정을 수정고시하고 검정교과서를 개발하고 있다. 그동안 교과 단위에서도 교육과정과 교과서 제도에 대한 사회적 합의가 필요하다는 요구가 많았는데신은희, 장수명, 2016 이것이 실현된 방식이다.

최근 고교학점제 등 현장과 4차 산업혁명 등 시대적 요구를 반영한 교육과정 개편 논의가 나오고 있는데, 역사 교과의 경우 다시 개정을 할 필요가 있는지 살펴야 한다. 학생 중심 역사교육, 역사 교과서 국정화 반대 투쟁 과정에서 나온 다양한 고민들을 현장에서 함께 풀어 갈 수 있는 거버넌스나 학교의 역량 강화 등이 필요하다.

초등 교과서도 현재 수학, 사회, 과학 검정교과서가 개발되고 2022년에 적용될 예정이다. 그동안 모든 교과를 일시에 바꾸는 문제가 심각했는데 이번에는 새롭게 개발되는 교과서를 토대로 현장이 변화할 여지가 있는 만큼 일부 교과는 교육과정과 교과서 개정 시기를 달리하는 등 제도를 유연하게 운영할 필요가 있다. 즉 학교교육과정의 질을 높이는 방식으로 교육과정이 변화해야 한다면 현재의 변화를 토대로 교육과정 개정 방식도 달리할 수 있어야 한다는 의미이다.

다. 지역교육과정과 교육과정 정책

시도교육청은 그동안 국가교육과정을 요약하여 교육과정 편성운영 지침을 만드는 수준이었으나 최근에는 학교혁신 성과를 토대로 학교교육과정의 질적 발전을 지원하고 학교의 민주적 운영과 다양한 교육청 사업과 교육과정을 연계하는 방식으로 교육과정의 개념과 운영 방식까지 영향을 주고 있다.신은희 외, 2017; 김유리 외, 2018 학생 성장발달에 대한 연구도 진행하여 서울의 안전과 성장 맞춤 교육과정(초 1, 2학년 중심), 충남의 성장발달책임교육제, 강원의 급별 학생 성장발달 특성 제시 등 다양한 실천이 이루어지고 있다. 마을교육공동체나 혁신지구 사업으로 교육과정 운영 거버넌스를 구축하는 데에도 영향을 주고 있다.

수업 현장에서 학생들을 힘들게 하는 교육과정 난이도 문제도 교수들의 연구가 아니라 교실 실천을 토대로 바꿔 나가는 노력이 필요하다. 교육부에서 추진하는 교육과정 대강화 정책도 교육과정 주체 간의 권한 배분 문제, 학교의 자율성 외에 현장 실천 사례가 같이 융합되어야 우리 교육과정의 고질적인 문제를 해결할 토대를 다질 수 있다.

한편 교육청도 개선해야 할 점이 있다. 가장 먼저 문서를 많이 만들게 하는 학사부문 감사 조항을 필수조항으로 축소하여 학교에서 학생 수업보다 문서 작성에 신경을 쓰는 폐해를 없애야 할 것이다. 다른 학교보다 자율성이 큰 혁신학교조차 현장 교사들이 가장 불편하다고 이야기하는 것은 지역교육청의 감사나 장학에서 발생하는 문제가 관리자나 업무 담당자와의 불필요한 마찰로 이어지는 경우이다. 학교현장에서 교육과정을 자율적으로 해석하고 학습공동체를 통해 함께 성장하고 발전할 수 있도록 지원할 때 학생 중심의 교육과정이 실현될 기반이 마련될 것이다.

또한 교육부와 함께 2015개정교육과정 실태 조사나 의견 조사를 체계적으로 하고 해마다 필요한 내용 중심으로 수정 보완하거나 학교교육과정 지원을 적극적으로 추진하는 것도 좋은 방안이다.

지금까지 2015개정교육과정의 문제와 초등교육과정의 문제를 알아보고 교육과정 개발 정책 변화 방향에 대하여 탐색하였다. 그런데 제도만 바꾼다고 현실이 바뀔 수는 없다. 그동안 교육현장에서는 좋은 제도라고 도입되었는데도 이상한 결과를 낳는 정책을 많이 보았다. 이는 제도를 도입할 때 새로운 제도가 도입된 배경과 맥락을 고려하지 않고 학자나 관료의 실적 창출이나 검증되지 않은 아이디어를 현장에 무조건 도입하는 방식 때문이다. 또 기존 제도의 문제점을 해결하지 않고 새로운 요소만 도입하여 오히려 문제를 복잡하게 만든다.

2015개정에서 학생 참여 수업으로 행복 교육을 구현하고 성장중심 평가를 하라고 하지만, 학교에 쏟아지는 만여 개의 공문과 각종 사회적 요구, 어정쩡한 입시제도 개선에 교육과정의 취지가 액면 그대로 실현되는 것은 쉽지 않다. 교원학습공동체만 해도 너무 많은 수업시수와 방과 후 교육 활동 속에서 모일 시간을 만드는 것부터 난관에 부딪치는 학교가 많다.

새로운 교육과정의 취지를 달성하기 위해서는 교육과정 문서만 제시하기보다 관련 정책이나 교육환경 개선에 대해 더욱 정교한 접근이 필요하다. 그리고 이 과정에서 만들어지는 교육과정이 학생의 성장과 발달을 지원하는 현장 중심의 교육과정으로 발전할 수 있을 것이다.

2장
2015개정교육과정 수정 워크숍 사례[7]

I. 국가교육과정, 우리가 한번 바꿔 볼까?

2018년 참교육 실천발표대회를 준비하면서 선생님들과 2015개정교육과정을 직접 바꿔 보는 건 어떨까? 생각이 들었다. 그동안 국가 수준 교육과정의 특성이나 문제점을 알아보고 교과교육과정이나 학년, 학급교육과정을 만들어 보는 대안적 활동을 많이 하였다. 전에는 생소했던 교육과정 재구성이란 용어가 이제는 너무 익숙해지고 교육과정 개발이 교사교육과정이라는 영역으로 확대되는 단계이지만 교육과정 자체를 전체적으로 손보는 것은 생각해 보지 못했다. 하지만 참실대회 주제마당이라는 좋은 기회가 있어서 초중등 교사 24명과 함께 4시간 동안 집중 워크숍을 진행하게 되었다.

참실을 준비하면서 교육과정을 직접 바꾼다는 것이 어떤 의미인지, 워크숍을 어떻게 진행해야 효율적인지 고민되고 한 번도 안 해 본 영역이라 '과연 잘될 수 있을까?' 걱정도 되었다. 하지만 교육과정 분권화니,

---

7. 이 글은 『신나는 학교혁신 살아 있는 교육과정』(2018년 가을호)에 실린 글을 수정 보완한 것입니다.

학교자치니 이야기해도 결국 교사들이 교육과정에서 주도권을 가지지 못하면 안 되겠다고 생각했고, 그간 여러 활동을 해 보신 분들이니 가능할 것 같았다.

드디어 1월 10일 1시. 주제마당이 시작되었다. 처음 1시간은 강의가 진행되고 나머지 3시간 동안 팀을 나눠 워크숍을 했는데, 생각했던 것보다 흥미진진하고 새로운 고민을 던져 주는 경험을 하였다. 그래서 이 과정을 조금 자세히 정리하여 다른 선생님들도 현장에서 직접 시도해 볼 수 있도록 워크숍 과정과 결과를 정리하게 되었다.

워크숍이라는 방법을 연구 방법론으로 정리하고 싶은 생각도 있었다. 최근 학술논문이나 책을 봐도 현장 사례가 많이 나오는데 정작 실천을 한 교사들이 이해하기 어렵거나 해석하기 어려운 내용들이 많다. 외국처럼 교사와 연구자가 동등한 관계라기보다 연구 대상에 한정되고 연구 결과가 현실 개선으로 연결되는지도 의문이다. 실행 연구 방법도 교사가 직접 진행하려면 쉽지 않다.

이에 비해 워크숍은 교사들이 현장에서 많이 사용하고 이 과정에서 실제 역량을 키울 수 있는 경험을 하게 된다. 그래서 워크숍을 교사들의 실천을 정리할 수 있는 연구 방법의 하나로 생각하고 전 과정을 정리하였다.

Ⅱ. 숙의 모형과 워크숍 진행 과정

1. 숙의 모형

교육과정 개발 모형 중에 대표적인 것으로 타일러 모형과 숙의 모형이 있다. 보통 학교에서는 타일러 모형에 속하는 공학적 개발 모형으로 진행된다. 학교교육과정 위원회 또는 연구부장이 정한 내용과 시수에 학년 내용을 맞춰서 넣는 방식으로 교육과정이 만들어진다. 설문조사도 하는 등 합리적 절차로 진행되는 것 같지만 실제 권한은 많지 않고 내용상으로도 실제 교육과정을 운영할 사람들이 소외된다. 국가교육과정도 거의 타일러 방식대로 진행된다. 이런 문제를 극복하기 위해 대안적 방법으로 숙의 모형을 시도하였다.

숙의로서의 교육과정은 학교교육과정 개발 과정에 많이 활용되고 있다. 외국의 경우 학교기반 교육과정 개발SBCD론에 따라 기존의 연구개발보급RDD 방식을 극복하기 위해 단위학교 수준에서 학교와 교사가 지역 주민과 함께 학교교육과정을 개발하는 방식이 확산되어 있다. 우리나라에서도 혁신학교를 시작으로 교사들이 학교교육과정을 숙의 과정을 거쳐 만들고 계속 수정해 가는 방식으로 진행하는 곳이 많아졌다. 그래서 1년마다 만들어 놓고 버리는 캐비닛 교육과정이 아니라 학교의 중심 내용은 살리지만 해마다 수정해 가는 '만들어 가는 교육과정'으로 운영되고 있다.[8]

숙의 모형은 교육과정이 학교에서 학생들이 경험하는 모든 교육 활동이라는 관점이나 기존의 정형화된 교육과정을 비판하고 재해석해야 한다는 재개념주의 관점으로 접근하는 데에도 도움을 준다. 여기에는 단위학교 교사들의 경험과 실천이 가장 중요한 근거가 되기 때문이다. 최근에는 숙의 모형에 토론과 합의뿐 아니라 시위, 성명서 발표 등 갈등

---

8. 남한산초등학교의 교육과정은 학교 철학을 토대로 교육과정을 어떻게 구성했는지와 10여 년에 걸쳐 변해 온 과정이 나타나 있다. 학교알리미에서 다운받아 볼 수 있다.

현상이 드러나는 것도 포함시켜 개념을 확대시키고 있다.장수빈, 2016 결국 교육과정 결정이 복잡하고 역동적이며 정치적인 현상이기 때문에 결과보다 합의해 가는 과정 자체를 중요하게 보는 것이다.

2. 워크숍 주제

워크숍 주제를 학교교육과정이나 교과교육과정, 주제통합 방식으로 하지 않고 '2015개정교육과정', 즉 국가교육과정 자체로 한 이유는 두 가지이다.

첫째, 학년에 따라 가르치는 교육과정이 2009개정교육과정, 2015개정교육과정으로 다르지만 2015개정교육과정이 연차 시행 예정이기 때문이다. 또 교육과정이 바뀌더라도 전체 내용에서 일부가 바뀌거나 강조점이 달라진다는 관점으로 현재 교사들이 가르치고 있는 교육과정과 본질적인 차이는 없다고 보았다. 2015개정교육과정으로 1, 2학년을 가르치는 교사들도 수업시수가 늘어난 것 외에는 큰 차이가 없다고 하였다.

[그림 6]을 보면 교육과정의 대부분을 차지하는 교과 각론은 일부 교과가 신설되기는 하더라도 전체적으로 큰 변화가 없다. 2, 3번에 해당하는 총론에서 교육과정마다 새로운 내용을 내놓은 형식이다. 이것도 공통 체제인 4번을 빼면 많지 않지만, 실제 교육과정 개정에서 차지하는 비중은 크고 연수도 주로 총론 개정 내용 위주로 진행된다. 그래서 2015개정교육과정으로 워크숍을 해도 기존의 교육과정 문제와 큰 차이는 없을 것이라 생각했다.

둘째, 최근 제도 변화 이론을 보면 새로운 제도가 만들어지는 과정은 기존 제도에서 벗어나 완전히 새로운 것이 나오는 것이 아니라고 본다. 즉 기존 제도를 구성하는 요소들을 재배열하거나 새로운 제도가 추가되

[그림 6] 2009개정교육과정과 2015개정교육과정 내용 비교

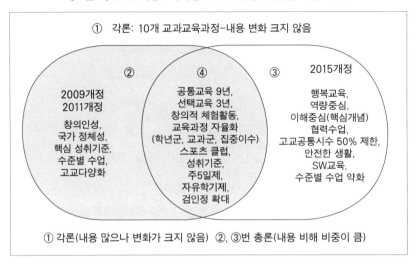

① 각론: 10개 교과교육과정-내용 변화 크지 않음

② 2009개정 2011개정 창의인성, 국가 정체성, 핵심 성취기준, 수준별 수업, 고교다양화

④ 공통교육 9년, 선택교육 3년, 창의적 체험활동, 교육과정 자율화 (학년군, 교과군, 집중이수) 스포츠 클럽, 성취기준, 주5일제, 자유학기제, 검인정 확대

③ 2015개정 행복교육, 역량중심, 이해중심(핵심개념) 협력수업, 고교공통시수 50% 제한, 안전한 생활, SW교육, 수준별 수업 약화

① 각론(내용 많으나 변화가 크지 않음) ②, ③번 총론(내용 비해 비중이 큼)

거나 빼는 것도 제도를 변화시킬 수 있다. 또 누가 제도를 운영하느냐에 따라 제도의 성격이 변화되는 경우가 많다.

혁신학교에서도 다른 학교처럼 국가교육과정을 운영하지만 학교의 문화나 민주적인 의견 수렴 과정, 업무 정상화, 교과 운영이나 시간 운영 방식에 따라 다양한 교육과정이 운영되고 있다. 이런 실천으로 당장 국가교육과정 개정이 이루어지지는 않지만, 많은 학교의 실천이 쌓이면 제도를 점진적으로 변화시킬 수 있는 것이다.

이렇게 보면 현장에서 2015개정교육과정의 문제점을 분석하고 여러 학교와 교사들이 극복 방안을 마련하여 실천하는 것이 새로운 교육과정을 만들어 가는 실천 행위라고 볼 수 있다. 이런 관점에서 일반적인 학교교육과정 개발 방식을 벗어나 2015개정교육과정 자체를 수정하는 워크숍을 진행하게 되었다.

3. 워크숍의 흐름

워크숍을 진행하기 위해 먼저 참가자들에게 주제마당 자료집을 메일로 발송하고 1차 신청을 받았다. 워크숍 주제는 국가교육과정 체제를 7가지로 나눠서 선택하게 하고 논의할 때는 국가, 지역, 학교 수준 중에서 어디에서 가장 많이 바꿔야 할지를 함께 의논하도록 제시하였다. 선생님들이 자료도 한번 읽어 보고 어떤 주제에 관심이 있는지 알아보기 위해서이다. 최종 결정은 주제마당에서 하였다.

[표 16] 워크숍 주제 선택 예시(사전 안내 자료)

국가교육과정 체제	어느 수준에서 바꿔야 하나?
1) 총론(인간상, 핵심역량, 편제, 중점 사항 등) 2) 각론(교과교육과정 체계, 성취기준, 교수학습, 평가 등) 3) 창의적 체험활동(영역, 운영 방안, 범교과 교육 등) 4) 교육과정 개발체제(수시 개정, 급별 적용 방안 등) 5) 지원 사항 6) 지역교육과정, 학교교육과정 등 7) 교과서 구분 고시, 집필 기준 등	1) 국가 수준(교육부, 국회, 행정부 등) 2) 지역 수준(지역교육청, 지원청 등) 3) 학교 수준(편성, 운영 방법 등)

워크숍은 총론, 각론, 지역교육과정, 교육과정 개발체제 등 4팀으로 나눠서 진행하였다. 처음엔 현장에서 많이 문제 제기하는 범교과 교육이나 창의적 체험활동 신청이 많을 거라고 예상했지만, 선생님들은 더 거시적인 부분에 대해 관심을 가지고 있었다. 팀별로 서로 숙고하는 과정을 거쳐 교육과정 제도와 정책 개선 방안을 만들어 냈다.

진행을 할 팀장은 모인 사람들 중에서 정하고 내용 기록이나 사무용품 관리는 초등교육과정연구모임 선생님들이 함께 하였다. 그런 다음 마지막에 논의 결과를 정리하여 발표하고 공유하는 시간을 가졌다.

워크숍은 학교에서 많이 활용하는 방식이므로 선생님들이 부담 없이 참여할 수 있도록 선택한 방법이다. 워크숍 진행 방식은 교육과정 개발 모형 중 '숙의 모형'을 적용하였다. 전체 진행 과정은 숙의 모형을 토대로 〈토대-숙의-설계-공유 과정〉으로 나눌 수 있다.

[그림 7] 워크숍 흐름

토대		숙의		설계(개발)		공유
사전 강의, 자기소개	⇨	참가자 간 다양한 쟁점 논의 (4개 팀)	⇨	공동 설계	⇨	발표, 질의응답, 소감 나누기
전체 진행자, 팀 진행자		팀 진행자, 서기		팀 진행자		전체 진행자

Ⅲ. 2015개정 수정 워크숍 결과

1. 총론팀 워크숍

가. 숙의 과정

총론팀은 처음에 참가자들이 교육과정에 대해 가지고 있는 문제점을 이야기하고 2015개정교육과정 총론 지침을 직접 수정하는 방식으로 진행하였다. 총론 맥락에서 나타나는 문제점을 찾고 새 총론은 학습자의 주체적 관점과 교사의 교육철학을 반영하여 만들었다.

먼저 현재 제시된 교육과정의 성격이 '학교교육의 질적 수준을 관리하고 개선하기 위한 교육과정'인데 이를 '질적 성장과 지원을 위한 교육과정'으로 바꾸었다. 추구하는 인간상에서는 '총체적 이념과 목적, 네 가지 인간상과 여섯 가지 '핵심역량'이 지나치게 복잡하여 중복되거나 맥이 끊기는 문제를 발견하고 핵심만 정리하였다. 인간상이 너무 세부적이고 부가적인 내용이 많으면 이것 때문에 본질과 거리가 먼 교육정책을 만들어 내는 논리적 근거가 되기 때문이다. 또 '추구하는 인간상'이 학습자를 객체로 보고 대상화하는 관점이 강해서 학습자가 주체가 되어 바라보는 관점으로 바꿔 놓았다.

학교급별 교육 목표에서 초등학교 목표에 담긴 '질서, 협동정신, 배려' 개념은 교육에서 지향해야 할 목표로서 너무 협소하고 중학교 목표는 '민주시민의 자질 함양'인데 초등학교 목표와 구분하는 것이 너무 작위적이다. 그래서 초등과 중등 모두 목표를 '자주적 생활 능력과 민주시민으로서의 자질 함양'으로 수정하였다. 이렇게 가지치기하고 새로운 내용을 넣다 보니 초·중·고 모두 2015개정 총론 급별 목표에서 1, 4번만 남았다.

편성운영 영역에서 학년군 제도의 문제와 수업일수, 시수 부분은 쉽게 합의가 되지 않았다. 학년군 제도가 불필요하고 현재 수업일수와 수업시수가 많아서 문제이지만, 수업일수를 많이 줄이자고 하면 학생 돌봄 문제로 학부모, 지역사회와 협의를 해야 한다는 것이다. 그래도 현재 수업일수와 시수가 많은 건 사실이니 이런 문제는 공론화해야 한다 등의 논의가 오가다 수업일수보다 수업시수를 감축해야 한다는 내용으로 정리되었다. 또 학교에 교과별 편제 시간을 20% 정도 주자는 안도 나왔다.

[표 17] 총론팀 결과

1. 추구하는 인간상: 나다운 나, 더불어 사는 나
2. 교육과정 구성의 중점
   가. 삶에 기초한 교육
   나. 학습자 주도 학생자치
   다. 학습 내용 적정화
   라. 협력을 통한 배움

3. 학교급별 교육 목표
   가. 초등학교
      1) 자신의 소중함을 알고 건강한 생활 습관을 기르며, 풍부한 학습 경험을 통해 자신의 꿈을 키운다.
      4) 규칙과 질서를 지키고 협동정신을 바탕으로 서로 돕고 배려하는 태도를 기른다.
   나. 중학교
      1) 심신의 조화로운 발달을 바탕으로 자아존중감을 기르고, 다양한 지식과 경험을 통해 적극적으로 삶의 방향과 진로를 탐색한다.
      4) 공동체 의식을 바탕으로 타인을 존중하고 서로 소통하는 민주시민의 자질과 태도를 기른다.
   다. 고등학교
      1) 성숙한 자아의식과 바른 품성을 갖추고, 자신의 진로에 맞는 지식과 기능을 익히며 평생학습의 기본 능력을 기른다.
      4) 국가 공동체에 대한 책임감을 바탕으로 배려와 나눔을 실천하며 세계와 소통하는 민주시민으로서의 자질과 태도를 기른다.
4. 편성운영의 기초
   • 편제표상 시간 배당 기준은 학년별 제시하는 안, 1~2학년군은 유지하는 안
   • 수업일수는 적당히 줄이고 수업시수는 많이 줄이기
   • 아이디어-교과별 편제 시간을 70~80%만 필수 이수 시수로, 나머지 20%는 선택, 집중하는 방안

나. 제도 변화 가능성

총론팀 결과를 보면 2015개정 총론을 토대로 기존 구조를 활용하되 내용을 간소화하는 방향으로 설계하고 문구도 핵심 내용 중심으로 줄였는데 이는 교육과정 대강화 방안에서 총론의 질적, 양적 축소에 해당한다.

그동안 6차 교육과정부터 국가교육과정의 분권화를 강조하고 지역, 학교에 권한을 줬다고 하는데 총론을 보면 5차보다 규정 내용이 굉장히 많아졌다. 학교마다 상황도 다르고 목표치인지 당장 해결할 문제인지 구분이 명확하지도 않다. 하지만 시도교육청 감사나 장학 때문에 학교교육과정에는 해당 내용을 넣어야 한다. 그래서 총론 내용을 줄이는 것이 필요하다는 의견이 많았는데 이 팀에서도 총론 양을 대폭 줄인 것이다.

학년군 제도나 수업일수, 시수 감축 여부에 대해서는 참가자들 간의 입장 차이를 확인하고 방향을 합의하되 사회적 논의가 필요하다고 보았다. 또 국가주의적 관점으로 서술된 교육과정이나 교육 목표를 학생 중심 관점으로 전환해야 한다고 정리하였다.

이렇게 총론의 틀은 거의 변하지 않았으나 내용을 간소화하고, 국가주의 시각을 학생 관점으로 해석하면 기존의 총론을 새로운 목적과 기능을 수행하는 것으로 활용할 수도 있을 것이다. 또 교과별 편제 시간에서 70~80%는 필수 이수로 하고 20%는 학교에서 선택할 수 있다고 한 점은 새로운 주장이다. 지금도 학교에서 수업시수 증감 20%가 가능하여 기존 제도 요소의 재배열과 수정으로 볼 수 있는데, 교육부에서도 학교에 자율성을 주는 방안이 계속 논의되어 실현 가능성도 높다고 볼 수 있다.

2. 각론팀 워크숍

가. 숙의 과정

각론팀에서는 앞으로 교사교육과정 시대가 열리므로 교육계 숙원인 교육과정 대강화가 이루어져야 한다, 그러려면 원칙적으로 내용인 각론이 최소화되어야 한다고 합의하였다. 교과 각론마다 교과별 영역이 4~6개(국어의 경우 5개)로 나뉘고 영역마다 내용 성취기준이 제시된다. 그런데 영역 구분이 모호하고 영역별로 성취기준이 제시되는 방식은 문제가 있다는 의견이 나왔다. 그보다는 교과별로 영역을 나누지 않고 교과 전체로 성취기준을 제시하거나 성취기준 수를 전체적으로 줄여야 한다고 합의하였다.

쟁점이 된 부분은 교과 구조이다. 교과 구조를 지금의 국어, 사회 같은 교과 구조가 아니라 인문과학, 사회과학 같은 구조로 제시하자는 의견이 나오면서 찬반 의견으로 나뉘었다. 초등 교사들은 대부분 동의했지만 중등 교사들은 현장에서 나타날 수 있는 문제점에 대하여 우려하였다.

중등은 입시제도와 관계가 많아서 교과가 '인문과학, 사회과학'(광역형)과 같이 조직된다면 시험을 보지 않는 과목은 학교에서 사라질 수 있다는 것이다. 초등 교사들이 미리 생각하지 못했던 부분이라 다시 어떤 방식으로 각론을 줄일 수 있을지 이야기가 되었는데 영역이나 단원, 분야 등 다양한 방안이 나왔지만 한 가지로 모아지지는 않았다.

[교과 조직 분류 방식]

교육과정을 조직하는 원리로 범위, 계열성, 계속성, 통합성이 많이 이야기되는데, 교육과정 유형으로는 크게 지식중심, 학습자 중심, 사회 중심이 있다. 각 유형마다 기본 특성, 목적, 수업 방법이나 학문적 기초가 달라진다. 지식중심 유형은 교과중심, 광역중심, 학문중심 설계가 있는데 우리나라는 교과중심에 광역형(통합교과, 통합 사회, 통합 과학 등)이 주로 해당된다.

하지만 기존의 교과중심 설계라고 해도 속으로 들어가면 과목이 물리적으로 합쳐진 형태이고 과목 안에서도 전공별로 세분화되어 있다. 교과를 개발할 때 전공별로 개발자가 들어가 내용을 반영하는 방식으로 유지되었기 때문이다. 각론팀 교사들이 이야기한 인문과학, 사회과학 구조는 광역형 설계로 볼 수 있다. 학습자 중심 유형은 아동경험 중심, 인본주의, 사회 중심은 중핵, 생활적응 중심 유형이 있다.박휴용, 2012

[표 18] 각론팀 결과

1. 방향
    가. 교육과정 대강화 중심: 교사교육과정이 가능한 조건
    나. 내용인 각론 최소화
2. 각론 제시 방식
    • 단원, 영역, 과목, 분야 등 논쟁적인 주제임
    • 초·중·고가 상황이 다르므로 이를 고려해야 함(교과별 제시 또는 광역형 구조)
3. 평가의 중요성
    • 교육과정 대강화가 되려면 평가 제도도 바뀌어야 함

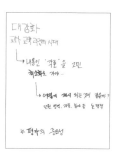

교육과정을 대강화하더라도 학생 서열을 매기는 평가제도가 바뀌지 않으면 효과가 없으므로 평가도 같이 바꿔야 한다는 주장도 나왔다. 최

근 교육청에서 과정중심 평가를 강조하지만 시범학교 사례를 보면 모든 내용을 평가하느라 수업을 하기 어려울 상황이기 때문이다. 각론팀은 교육과정 대강화에 대해 쉽게 동의했지만 이야기가 길어지고 잠시 논의가 중단되기도 하는 등 진행이 쉽지 않았다.

나. 제도 변화 가능성

각론팀은 교육과정 대강화에 맞춰 교과 각론을 최소화할 구체적인 방안을 제시하였는데, 교육과정 대강화는 우리나라 교육과정 개정기마다 나온 내용이고 교육 내용 감축부터 적정화, 핵심 성취기준 제시 등 다양한 방법이 이용되었다. 각론팀에서는 교과를 광역형 설계[박휴용, 2012]로 개선하거나 구조 개선이나 교과 내 조직 방식을 단원, 영역별로 제시하는 안이 나왔는데 합의는 못했지만 앞으로의 상황을 예측하는 데 도움이 되었다.

한편 현장 교사라면 '교육과정 대강화' 논의가 쉽게 진행될 것이라고 생각했는데 담론에 동의하더라도 급별, 교과에 따라 이해관계가 달라지는 것을 보면서 전교조에서 미리 준비해야 할 사항이라는 것에 모두 공감하였다.

교육과정 문서나 내용을 바꾸는 것만큼 현재 학교에서 운영되는 방식이나 문화가 바뀌지 않으면 교육과정 개정도 효과가 없을 것이라는 점에서 학교문화나 관행을 바꾸는 일에도 노력이 필요하다는 의견도 나왔다. 비민주적 문화나 잘못된 관행은 단위학교 차원에서 구성원이 견디느냐, 못 견디느냐의 문제가 아니다. 학교의 문화가 변해야 새로운 교육과정도 제대로 안착하고 운영할 수 있다는 것이다.

최근에는 교육과정 개념이 교육 내용이나 교육 방법, 운영 방식에서 나아가 전문적 학습공동체를 비롯한 학교문화 개선, 복지 측면까지 포괄할 만큼 확대되고 있다.손동빈 외, 2017 핀란드의 경우 2014핵심교육과정에서 학교문화를 가장 중요하게 보고 있다. 최근 학교혁신 확대로 학교 간, 지역 간 학교 편차가 커지는 상황에서 놓치지 말아야 할 중요한 제도 변화 요소이다.

3. 지역교육과정팀 워크숍

가. 숙의 과정

지역교육과정팀은 다른 팀에 비해 이야기 시작이 늦어졌다. 지역교육과정의 상이나 실제 교육청이 어떤 역할을 하는지 자체가 모호하기 때문에 무엇을 논의해야 할지부터 벽에 부딪쳤다. 그래서 기존 구조에 얽매이지 말고 학교 입장에서 지역교육과정이 어떻게 되어야 할지로 이야기를 시작하였다.

먼저 교육과정의 주체는 실제 교육과정을 편성·운영하는 단위학교여야 하고, 교육과정 편성·운영에 필요한 지원 내용과 체제에 대하여 논의하였다. 교육과정에서 국가 역할은 '교육에 대한 사회적 합의 도출'로 최소화하고, '아이들이 교육을 통해 어떠한 모습으로 성장하길 바라는가?'를 사회적으로 충분히 토론하고 합의한 결과를 국가교육과정의 '추구하는 인간상'에 반영하는 것이 좋겠다고 하였다.

쟁점이 된 부분은 '국가교육과정이 교과, 교과의 목표(역량), 시수 등을 제시해야 하는가?'로서, 기본 편제 제시가 필요하다는 입장과 반대하는 입장으로 나뉘다가 교과와 교과 목표보다는 주제를 중심으로 한 성취기준 형태로 목표를 제시하고 최소 시수만 제시하는 것으로 정리되었다. 각 교과의 목표 제시가 교사의 교육과정 편성권을 지나치게 침해할 수 있지만 의무교육 관점에서 최소한의 시수는 필요하다고 보았기 때문이다. 국가의 역할이 이렇게 최소화되면 단위학교들이 교육과정을 편성하고 운영하는 실제적인 기구가 될 수 있을 것이라고 하였다.

교육지원청의 위상은 여전히 논란이 되었다. 학교가 교육과정 편성운영 주체라면 학교를 지원하고 도와줄 기구가 필요하고 '교육지원청'이 그 역할을 해야 할 것 같다고 하였다. 하지만 현재 교육 지원보다는 방해한다는 느낌이 들어 새로운 모델을 설정하기로 하였다. 먼저 지역에 학교교육과정 위원회를 설치해야 하는데 이는 학교의 교육과정 편성을 실질적으로 지원하고 도움을 주는 성격의 기구이다. 지역의 범위를 시·도 단위

[표 19] 지역교육과정팀 결과

1. 학교: 실제 교육과정 편성운영, 학교자치
  • 교육과정 편성
  • 교육과정 운영
2. 지역: 학교자치 실질 지원 센터로 전환
  • 시·군·구 단위학교 교육과정 위원회 설치
  • 교육과정 지원(콘텐츠, 교과 가이드라인 등)
  • 질 관리 기능(학교 사례 공유, 학교 요청 주제 컨설팅 등)
  • 다양한 네트워크 마련(학년/교과/주제, 교사 다모임 등)
  • 행정 지원, 도움 필요
3. 국가: 교육에 대한 사회적 합의 도출 기관
  • 인간상(사회적 합의 결과)
  • 편제(교과 목표, 역량, 시수 등) 최소화
  • 교과 목표는 주제중심 성취기준 형태로 제시

로 할지 시·군·구 단위로 할지도 논쟁이 되었다. 참가자들은 시·도 단위는 거리가 멀어 다른 지역으로 느껴지고 동질성을 느끼기 어렵다고 보았다. 그래서 어느 정도 공통된 자연적·사회적 문화를 갖는 시·군·구 단위가 적합하다고 보고 각각의 역할을 설정하였다.

지역교육과정 위원회는 학교에 편성운영권이 주어졌을 때 교사들이 부담스러워하는 부분과 교육과정 운영에 필요한 부분을 지원하는 역할로 잡았다. 이는 지역 내 교사다모임(교사 전체 모임)이나 학교급별 교사다모임을 통해 지역 교육의 현안을 논의하고 좋은 사례를 함께 공유하자는 취지이다. 나머지 행정적 지원 영역은 시간이 부족하여 제대로 논의하지 못하고 끝났다.

나. 제도 변화 가능성

지역교육과정팀은 국가-지역-학교의 역할을 새롭게 상상해 보며 지금의 구조를 뒤집는 역피라미드 모형으로 역할을 재구조화하였다. 이 모형은 교육과정 편성운영에 있어 학교의 역할이 가장 크고 지역의 기구가 학교를 전폭적으로 지원하고 국가는 최소한의 내용만 제시하는 구조이다. 또 이것이 실행되려면 학교자치가 우선되어야 한다고 하였다.

지역교육과정팀은 위계적으로 보이는 국가-지역-학교의 수준을 학교-지역-국가 순으로 바꾸고 지원 내용을 체계적으로 정리하였으며, 교과 목표를 주제중심으로 제시하였다. 여기에서 지원청에 지역교육과정 지원 권한이 필요하다고 한 것은 시도교육청에 집중된 권한 구조와 다르지만, 최근 지원청 단위학교네트워크들이 활성화된 지역도 있어 시도교육청의 교육과정 권한과 배치되는 것은 아니라고 볼 수 있다.

최근 여러 교육청이 시도교육청의 규모를 줄이거나 학교지원 구조로 전환하고 교육지원청의 역할을 확대하고 있다. 교육지원청에서는 학교지원과나 학교지원팀이 생겨 학교의 일부 업무를 가져가고 단기 수업 교사를 지원하는 등 변화가 나타나고 있다. 관리감독 기능으로 만들어진 교육청이 일시에 성격이 변화되기는 어렵지만 학교지원팀을 시작으로 지원청의 역할과 구조를 학교 중심으로 바꾸는 것만으로도 제도 변화가 시작된 것으로 볼 수 있다.

4. 교육과정 개발체제팀 워크숍

가. 숙의 과정

교육과정 개발체제팀은 교육과정의 문제점을 이야기하고 대안을 마련하는 방식으로 진행하였다. 첫 번째는 교육과정 개발에 교사가 들어갈 수 없는 문제와 교사들이 현장에서 많이 필요로 하는 교육 심리 등을 양성과정에서 제대로 배우지 못하고 외부에서 배우는 문제를 이야기하였다. 나아가 교육과정 개발 기구에는 급별, 교과별 교사가 50% 이상 참여하고 이 외에도 교육철학, 인문학 전문가가 들어가 교육과정에 총체적 교육의 방향을 담아야 한다고 정리하였다. 이런 과정을 거치면 교육과정과 현장의 괴리 현상을 극복할 수 있을 것이라고 하였다.

교육과정 개발 기구는 '독립성 보장'이 중요하다고 하였다. 먼저 교육과정 개정을 신중하게 하고 개발된 교육과정에 대한 평가까지 받아서 다음 교육과정에 반영되기 위해서는 개정 주기가 10년 또는 그 이상으로 되어야 한다고 주장하였다. 또 수시 부분 개정은 가능하되 총론은 너무 자주 바뀌지 않아야 한다고 하였다. 이렇게 '교육과정 개발-현장 적용-적용 결과 평가-피드백 결과로 수정 보완 또는 개정' 하는 방식이 시스템화해야 교육과정을 쉽게 개정할 수 없다고 하였다.

국가가 교육과정 개발과 평가에 책무성을 가지기 위해 기존 공모제 방식보다는 교육과정 담당 기관을 전문화시키고 교육과정 담당 장학진은 순환 보직보다는 장기 근무로 전문성을 길러야 한다는 이야기도 나왔다. 현장에서 연락을 해도 업무를 제대로 이해하지 못하는 경우가 많기 때문이다.

쟁점이 된 것은 교육과정평가원의 기능이다. 교육과정을 독립적으로 연구하는 기관과 상시 연구 기구의 차이점이 혼동되기 때문이다. 평가원은 교육과정 상시 연구를 위해 만들어졌을 텐데 교육과정 현장과 유

[표 20] 교육과정 개발체제팀 결과

1. 국가교육위원회 산하 사회적 교육과정 위원회 설립
   • 급별, 교과별 위원회 중심(교사 최소 50% 이상 참여, 교육철학, 인문학자 등 참여)
   • 독립성과 책임성을 가진 법적 기구(개발팀이 적용, 평가, 피드백 반영까지 책임지는 시스템 마련)
   • 교육과정 개발 주기 10년 또는 10년 이상 기간 보장(총론은 신중, 수시 부분 개정은 가능)
   • 교육과정 개발 참여 교사 장기 파견(현장 연구자 양성 필요)
   • 지역, 단위별 교육과정 연구모임 지원
   • 교과개발진에 발달 전문가 반드시 참여, 모니터링 역할
2. 국가 수준 교육과정 대강화(최소화)
   • 국가 수준 성취기준 50% 축소
   • 지역 수준 성취기준 50% 증대: 지역교육과정위원회 설치
   • 지방교육자치에 부합

리되고 수시 개정이 진행되면서 역할이 혼란스러워졌다.

또한 지역교육과정 연구모임 지원이나 교육과정 연구 교사 파견 제도에 대한 제안도 나왔다. 교육과정을 연구하고 현장 의견을 수렴할 교사들은 1년 파견이 아니라 장기 파견하여 역량을 강화할 필요가 있다는 것이다. 이런 전체적인 역할을 할 조직으로는 국가교육위원회 산하에 '사회적 교육과정 위원회'가 필요하다고 정리하였다.

교육과정 대강화 비율에서도 학교에 권한을 50% 주어야 한다는 의견도 있고, 그동안의 상황을 보면 10% 받는 것도 쉽지 않다는 현실의 한계도 나왔다. 최종 발표에서는 50%의 권한을 주장하였고 지역교육과정 위원회도 필요하다고 보았다.

나. 제도 변화 가능성

이 팀의 내용은 현재 개발 체제와 달리 사회적 교육과정 위원회라는 독립적 개발 기구 설치, 상시 연구 기관 설치, 교사 파견 제도, 국가 성취기준 권한을 50%로 축소하는 등 기존 체제에서 수용하기 어려운 부분이 많아 새로운 제도를 만들어야 할 것으로 보인다.

또한 교육과정 개발과 적용, 피드백 등 교육과정 개정 정책 과정을 체계화하고 개정 주기를 10년 이상으로 하는 등 구체적인 내용도 나왔다. 교육과정평가원이 교육과정 상시 연구 기관으로서 제 역할을 하지 못한다는 분석에서 벗어나 기능 강화를 요구하는 것도 필요할 것으로 보인다. 또한 그동안 교사 역량 부족에 대한 지적이 많았지만 교육부나 교육청 담당자들도 역량 강화가 필요하다고 한 점은 중요한 지적이다.

IV. 교사의 역량 강화와 교육과정의 미래

참실대회가 끝나고 2월에 온라인으로 참가자 설문을 하였다. 대부분 교육과정 이해나 학교교육과정 개발에 도움이 되었다고 하였다. 교사들의 소감은 크게 세 가지 경향으로 나뉜다.

첫 번째는 교육과정에 대해 관심을 가졌다는 것인데, 그간 나랑 먼 일이었는데 이제 손댈 수 있다는 자신감 등이 생기고 교사의 역할을 생각하게 된 것이다. 두 번째는 국가교육과정이나 교사 모두 변화가 필요하다는 평가이다. 교육과정 대강화도 쉽지 않겠다는 것에 공감한 교사가 많았다. 세 번째는 교육과정에 대한 비판적 인식에서 벗어나 우리가 먼저 공부하여 변화를 이끌고 교육과정을 제대로 짜 봐야 되겠다고 하였다. 전보다 더 적극적으로 준비가 필요한 영역을 알아보고 제도 개선을 준비하겠다는 의견이다.

워크숍 참가 신청을 받을 때 가장 많이 받은 질문이 '교육과정을 잘 모르는데 참가해도 되는가? 내가 잘할 수 있을까?' 등 우려가 많았다. 혁신학교들에 면담을 가거나 연수에 가도 교육과정을 잘 모른다는 이야기를 많이 한다. 하지만 교사들이 학교에서 다루고 늘 고민하는 것이 교육과정인데도 인식상으로는 잘 모른다고 하는 건 교사들이 정말 모른다기보다 현장과 소통이 부족한 학계나 교육당국의 정책 방식 등 구조적인 문제라고 생각한다.

워크숍을 진행해 보니 총론을 처음 읽어 본 교사도 있었지만 비판적으로 분석하고 대안을 제시하는 것이 가능하다는 것을 알았다. 참가자들은 그동안 학교에서 문제되던 것의 원인이 총론에도 있다는 것에 놀라워했다. 동시에 교사들이 토론하여 이것을 고칠 능력이 있다는 것에 자부심을 느낀다고도 하였다. 또 주제마당이 4시간 동안 진행되어 토론을 충분히 한 것도 워크숍 진행과 결과 도출에 영향을 주었다고 하였다.

참가자뿐 아니라 진행자 입장에서도 공부가 많이 되고 아이디어도 얻게 되었다. 그동안 교육과정 제도 개선 사항으로 이야기되는 것이 현장에서 어떻게 문제가 되고 해결 방안을 도출하는지를 생생하게 볼 수 있었다. 참실대회를 할 때마다 교사들의 교육과정에 대한 해석이나 학교, 학년교육과정 개발 능력이 발전하는 것을 보았다. 이런 경험이 축적되었기에 국가교육과정의 문제를 파악하고 해결 정책을 찾는 것도 수월하게 할 수 있었던 것이다.

앞으로 교육과정을 개정하지 않더라도 이런 방식의 수정 워크숍이나 개발 방식에 대한 토론, 교육과정 대강화에 대한 다양한 논의가 오갈 수 있도록 자율성을 더 확대할 필요가 있다. 논의 내용을 보면 학교문화 개선이나 교육과정 총론 등에서 일부 권한만 주어도 해결될 수 있는 내용이 많다. 2015개정 수정 워크숍을 진행하려면 진행자들은 약간의 준비가 필요할 수도 있지만, 진행하면서 함께 성장할 수 있을 것이다.

교육과정 실현은 학교와 교사 역량에 달려 있다고 한다. 그런데 교사들의 역량은 어떻게 마련될 것인가? 교육과정 개발 과정에서는 소외되고 교육과정을 적용할 때 갑자기 역량이 생길 수 있을까? 결국 교육과정 개발과 적용 체제에 근본적 변화가 필요하다고 보인다.

3장
현장 중심 교육과정 이론과 실천 방향

I. 타일러 모형, 왜 문제인가?

교육과정 개정은 학생들이 12년간 배울 교육에 대한 설계도이다. 교과목은 10개로 묶여 있지만 과목으로 치면 수십 개이고 고등학교 선택과목은 500여 개에 이른다. 여기에 교과서 개발과 교사 연수까지 2~3년에 걸쳐 진행되는 매우 방대하고 중요한 정책 과정이다. 시행 기간까지 고려하면 기간은 더 길어진다. 하지만 그동안 교육과정 개정이 현장과 유리되어 진행되면서 교육계 안팎에서 비판을 받고 있다.

교육계에서는 교육과정 개정을 교육부에 맡기지 말고 독립적으로 연구 개발하고 상시 지원하는 체제를 갖춰야 한다고 주장해 왔다. 교육과정 연구를 처음 시작할 때 호주에서는 원주민도 교육과정 개발에 참여한다는 말을 듣고 우리나라도 이런 시스템이 필요하다고 생각했다. 그래서 학위 논문 주제로 사회적 교육과정 위원회를 현실화하는 방안을 제대로 연구하고 싶었다. 이제는 현장 교사나 학교, 교육청 모두 역량이 많이 축적되었기 때문이다.

사전 연구로 사회적 교육과정 위원회의 필요성에 대한 논문을 찾고 다른 나라의 사례, 국내에서 이미 대안을 고민하고 실현하는 단체나 학교 사례를 알아보았다. 2016년 말에는 관심 있는 교사들과 핀란드에 가서 2014핵심교육과정 개발과 적용 현황을 보고 교육과정 개발에 참석한 인사들을 만났다. 핀란드가 사회적 합의 기구 안에서 교육과정을 만드는 과정을 직접 듣고, 초등학교 6개 학년에 동시에 시행되는 장면을 보면서 조금 더 구체적인 상상도 하게 되었다.

선행 연구를 찾는 과정에서 독립적 교육과정 개발 기구를 주장하는 연구가 많은 것을 보고 놀랐다. 국가교육과정 정책의 문제점에 대한 논문, 정책 과정의 문제점, 교과교육과정의 내용 등 그간 전교조나 현장에서 비판했던 부분들이 논문에 거의 들어 있었다. 그런데 왜 정책이 개선되지 않고 비슷한 일이 반복되었을까? 처음에는 교육부의 정책만 문제라고 보았다. 하지만 연구물을 분석하면서 교육과정의 처방적 개념이나 연구개발보급 방식이 타일러 교육과정 이론과 제도 맥락이 같다는 것을 깨달았다. 즉 이론적 전환 없이 기존 주장을 되풀이해서는 안 되겠다고 생각한 것이다.

교육과정 이론을 다시 정리하면서 나 자신도 너무 타일러주의나 공학적 관점에 편중되어 있다는 것을 깨달았다. 석사 논문으로 대안학교교육과정을 분석했는데 관통하는 논리가 목표중심 모형을 벗어나지 못한 것이다. 당장 교육과정 사회학이나 교육과정 이해의 관점에서 학교, 교실, 수업을 바라보면 질문의 방식조차 달라지는데 교육과정 개념이나 이론을 너무 협소하게 이해하고 있었다. 문재인 정부 출범 이후 교육 분권이나 교육과정 대강화 논의, 학교의 교육과정 자율성 확대 정책이 이야기되지만 기존 논의에서 진전이 없는 것도 이런 문제 때문이 아닐까 생각하게 되었다.

결국 논문에는 신제도주의 이론을 이용하여 혁신학교 교육과정의 제도 변화를 분석하고 국가교육과정 정책이 내부에서 균열이 나타나고 있다는 점을 중심으로 정리하였다. 혁신학교 교사들은 실천을 통해 교육과정의 개념을 많이 확대하였고, 교육과정 문서 체제에 있는 각종 문구를 실천적으로 재구성하였다. 여기에는 기존 교육과정 이론을 폭넓게 활용한 것도 있지만, 기존 이론과 실천의 괴리를 극복하지 못하는 부분도 있다. 앞으로 더 연구가 필요한 부분이다.

앞으로 우리나라 교육과정 정책은 어떻게 변화해야 할 것인가? 이미 관련 연구가 많이 나온 만큼, 이 글에서는 연구개발보급 방식의 문제와 교육과정 거버넌스를 중심으로 정리하기로 한다.

Ⅱ. 교육과정 이론과 정책의 관계

1. 교육과정의 정의와 정책 방식

그동안 우리나라 교육과정이 국가교육과정 중심으로 만들어지고 이론화되면서 교육과정 이론도 국가교육과정의 정당성을 강화시키는 경향으로 발전되어 왔다. 주로 교육과정 개발과 관련된 연구나 공학적 이론에 치우쳐 현장에서도 교육과정을 폭넓게 해석하기가 어려웠다.

교육과정의 정의는 그 성격과 접근 방식에 따라 처방규범적 접근과 기술적 접근, 비판적 접근으로 나뉠 수 있다. 처방규범적 접근은 교육의 방향을 교육과정 전문가의 권위로 제시하고 학교교육을 통해 성취하려는 이론이다. 그래서 최상의 교육과정을 추구하고 교육과정 개발에서는 공학적 관점과 맥락을 같이한다. 기술적 접근은 학교에서 이루어지는 교육현상을 가능한 한 있는 그대로 이해하고 설명하려는 입장으로 민주적 숙의 과정을 중요하게 본다. 비판적 접근은 교육과정에 작동하는 권력관계에 주목하고 학교에서 통용되는 지식 등을 비판적으로 바라본다.

교육이나 교육과정 현상을 바라볼 때 세 가지 이론 중 어떤 것으로 보느냐에 따라 보이는 것이 달라지고 현장에서 해야 할 일도 달라진다. 무엇보다 다양한 학생들이 모여 있고 역동적인 교육현장에서는 세 가지 관점이 모두 교육현상을 종합적으로 이해하고 정책을 수립하는 데 도움을 줄 수 있어야 한다.

그런데 우리나라에서는 여전히 교육과정을 처방적 관점으로 보는 경향이 강하고 비판적 관점의 교육과정 연구는 많이 이루어지지 않았으며 교육현장에서는 개념조차 알기가 어렵다. 그래서 교육과정은 거의 가치중립적이고 객관적으로 주어진 것으로 보는 경향이 강하다.

교육과정 이론도 사회과학 이론이므로 사회적 변화나 다른 이론의 발전에 영향을 받을 수밖에 없다. 타일러의 공학적 이론, 즉 합리적 개발 모델은 산업화 시대인 테일러Taylor주의를 기반으로 교육에서도 기술공학적 절차를 강조하는 모형이다. 이런 특성 때문에 과학적 관리와 통제가 핵심이고 목표를 강조하면서 내용이 상세해진다. 1970년대 이후부터는 교육과정 이해 관점의 연구가 활발해졌지만 우리나라는 지식정보화 사회를 거쳐 4차 산업혁명을 이야기하는 현재 시점에서도 여전히 타일러의 공학 모델에서 벗어나지 못하고 있는 것이다.

2. 지식 확산 이론과 교육과정 정책

우리나라는 교육부가 교육과정을 만들다가 4차 교육과정 이후 연구개발보급RDD 방식으로 바뀌었고 지금까지 유지되고 있다. 연구개발보급 방식은 처방적 관점에 해당되고 전문가주의를 표방하게 된다. 전문가 인력풀을 보면 교육학에 다양한 전공이 있지만 대부분 교육과정 학자로 한정되어 학생들의 발달 상황을 고려하거나 교육과정이 구현되기 위해 필요한 행정적 지원, 교실 구조 개선이나 교사 수급 등의 문제는 같이 다루어지지 않는다.

이렇게 만들어진 교육과정은 대부분 도시의, 큰 학교의, 학습에 큰 어려움이 없이 따라올 수 있는 일부 학생을 중심으로 만들어진 교육과정이다. 그러다 보니 현장 적용 과정에서 나타나는 문제, 특히 학생들의 격차 발생 문제를 해결하기 어려운 구조였던 것이다. 현장에서 발생하는 문제를 발견하고 제시할 무렵, 모든 행정은 또 다음 교육과정 개발에 집중되는 구조이다.

연구개발보급 방식은 지식 확산 모형의 하나이다. 해블록Havelock, 1973은 지식 활용과 확산 방식을 설명하는 모형으로 연구개발보급 모형과 사회적 상호작용 모형, 문제해결 모형을 제시하였다. 연구개발 모형에서는 문제에 대해 연구하고 찾아낸 해결책을 체계적으로 확산시키기 때문에 개인들은 혁신을 수용하는 수동적 존재일 뿐이다. 사회적 상호작용 모형은 구성원들이 상호작용하여 혁신적 아이디어를 전파하는 모형이다. 문제해결 모형은 교사가 교육과정 운영 과정에서 문제를 발견하고 스스로 변화를 도모하는 모형으로 개인들이 적극적 존재로 기능할 수 있다.김용, 2001

Schon[1971]은 개인이나 조직이 기술발달에 대처하기 위한 학습 체계로서 혁신 확산 모형을 세 가지로 제시하였다. 먼저 중심-주변 모형은 중앙집권적 체제로 중심부에서 혁신이 일어나고 주변으로 확산되는 모형이다. 우리나라처럼 교육부에서 학교로 보급하는 형태가 해당된다. 중심 확산 모형은 교육부에서 자치단체나 교원단체를 거쳐 학교로 확산하는 모형이다.

마지막으로 중심 변화 모형은 쟁점이나 지도자에 따라 중심이 새롭게 부상하거나 사라지면서 변화가 이루어지는 탈중심적 모형에 해당된다. 혁신학교 정책이 남한산초를 시작으로 거산초, 삼우초를 거쳐 다시 인근 학교, 교육청으로 확산되었고, 지금도 탈중심적 확산 성격으로 운영되는 경향이 강하다.

[그림 8] 지식 확산 모형에 따른 우리나라 교육과정 모형

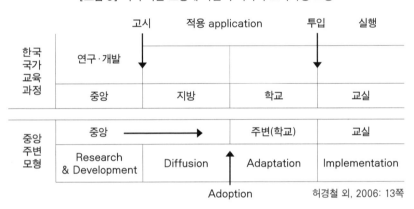

허경철 외, 2006: 13쪽

우리나라 교육과정 개발 모형은 연구개발보급 방식에 중앙주변 모형으로 구분된다. 연구개발 모형은 공학적 모델로서 효율성을 강조하고 중앙주변 모형은 제국주의 문화를 식민지 국가에 이식시킬 때 많이 활용된 모형이다.

우리나라 교육과정 개발 모형에 내재된 교육과정의 정의나 지식 확산 방식을 보면 교육과정을 외부에서 만들고 학교나 교사는 수동적으로 대응해야 하는 모형이다. 이것이 혁신학교 정책을 통해 실천적으로 극복될 가능성을 보이고 있는데, 교육과정 개념이나 정책 방식을 통합적으

로 바라보고 개선해야 할 시점이다.

3. 교육과정 적용과 지원 모형에 따른 정책 방식

교육과정은 어느 수준에서 제도화되더라도 개발 후 운영, 실행이라는 단계를 거쳐야 하는 특성을 가지고 있다. 우리나라는 교육청이 학교교육과정을 지원하도록 하였다. 그런데 학교에서는 지원받는다는 느낌을 많이 받지 못하고 장학의 경우 컨설팅 방식으로 바뀌었어도 큰 변화를 느끼지 못하였다. 이는 적용과 지원 방식에서도 이론에 따라 다르게 구현되기 때문이다.

교육과정 적용(운영 및 실행)과 관련된 교사의 자율성에 대해 포즈너Posner, 1992는 연구개발확산 모형과 협력적 모형으로 구분하였는데, 이 모형에서는 개발 주체와 적용 주체가 구분된다. 연구개발확산 모형[9]은 학교 외부 인사가 위에서 아래로 적용하는 방식이고 협력적 모형은 학교 내외부 인사가 외부 인사와 교사 간 상호작용으로 적용하는 것이다. 주체적 유형은 학교가 더 중심이 되어 적용하는 방식이다.

스나이더Synder, 1992는 교육과정 실행을 충실도 관점, 상호적응 관점, 생성 관점으로 분류하였다. 충실도 관점은 개발 또는 계획된 교육과정 취지와 의도대로 학교나 교실에서 전개해야 한다는 관점으로 교육과정을 외부 전문가가 구성하는 기술공학적 관점이다. 상호적응 관점은 학교 밖에서 개발된 교육과정이 학교 실행 과정에서 교사와의 상호적응 및 조정 과정을 거치게 된다고 본다. 교육과정 생성 관점은 외부에서 만든

---

9. 학자마다 접근 관점이 조금씩 달라 용어가 연구개발확산, 연구개발보급 등으로 사용되고 있다.

교육과정이 하나의 자료이고, 학생과 교사에 의해 만들어져야 한다는 관점이다.한국교육과정학회, 2017

교육과정 지원은 적용 과정을 순조롭게 하기 위해 각종 인적, 물적 자원을 제공하는 것이다. 교육과정 지원과 관련된 장학 유형도 학자에 따라 다르게 제시하는데 장학사의 역할은 교육과정 적용의 감독자, 상담가, 순수 지원자 역할로 구분된다. 교육과정 적용 유형과 지원 유형을 종합하여 학교에서 교육과정을 만들고 적용하는 과정, 장학사의 접근 방식까지 유형화하면 [표 21]과 같다.조덕주, 2002

[표 21] 교육과정 적용 유형과 지원 유형 관계

유형 구분	교육과정 적용 유형		
	수동적 유형(연구개발)(충실도)	협력적 유형(상호적응)	주체적 유형(생성적 관점)
교육과정 지식	외부 개발	1차 외부 개발 적용하며 수정 변형	적용자 구성
교육적 변화	의도-산출	의도, 수정 교육과정 의도대로 결과 산출	교사 학생 상호작용 통한 내부 성장
교사의 역할	전달자	수정자, 적용자	개발자이자 적용자
장학사 역할	의도대로 적용하도록 지시하고 통제하는 감독자	바람직한 적용 위한 상담자	교사의 반성적 (교수활동) 사고 돕기
구분 유형	지시, 평가적 장학	상담적-자문적	실존적-허용적
	교육과정 지원 유형		

예를 들어 연구개발보급 모형은 충실도 모형과 유사하고 교사는 전달자 역할을 해야 하며 장학사는 지시하고 통제하는 감독자 역할을 하게 된다. 만약 교육과정 적용 과정에서 갈등이 발생하면 연구개발 모형은

교사가 이해하지 못했다고 말하고 협력 모형은 교사들이 설정 목표를 따르지 않았기 때문이라고 해석하게 된다.^{조덕주, 2002}

그동안 교육과정을 바꿀 때마다 현장에서 이해하지 못했다고 비판받아 왔는데 이론적으로 보면 연구개발 모형을 채택할 때 이미 예정된 답변이기도 하다. 교육과정 이론이나 정책 과정의 문제, 교육부-교육청-학교의 계층적 문제 해결 없이 제한된 자율성으로 학교교육과정의 다양성을 요구하는 것은 결국 문서 만들기나 현장 쥐어짜기로 전락할 수 있다는 것을 보여 준다.

Ⅲ. 이론 발전을 가로막는 교육과정 개발 정책

1. 문서 개발에 치중하는 교육과정 개발

우리나라가 채택한 연구개발 방식은 행동주의 이론에 속하고 이 모형은 교실이나 학교에서의 교수학습활동의 본질보다는 공학 자체에 초점을 맞추게 된다.^{이근호, 2017} 교사의 역할은 충실도 관점에 머물고, 교육과정 관련 연구도 대부분 충실도 관점에 머물게 된다.^{이근호 외, 2018} 교육 내적인 요구보다 국가사회적 요구가 반영되기 쉬운 구조인 것도 문제이다. 2015개정에 세월호 참사 이후 안전한 생활이 생기고 안전 단원 신설, 창조경제로 SW교육이 도입되는 등 교육과정에 각종 사회적 요구가 너무 쉽게 반영되는 구조인 것이다.

교과로 들어가면 교실보다 교과 학자들의 목소리가 반영되기 쉽다는 의미이다. 우리나라 교육과정에서 총론과 각론의 괴리가 문제라고 하지만, 그건 형식적인 진단이고 현장 관점으로 보면 총론이나 각론이나 다

현장과 유리되고 주로 개발자들의 이익이 투입되는 구조이다. 또 교육과정이 자주 바뀌었지만 각론은 학년 간의 내용 이동이나 일부 내용 추가와 삭제 등이 반복되고 있다. 여기에 국회나 지역 의회 요구로 범교과 영역이 계속 많아져 연간 200~300시간이나 되어 학교교육에 부담을 주고 있다.

수시 개정 체제에서 교육과정은 언제 바뀌고 현장에 적용된 내용은 어떻게 다음 교육과정에 반영이 될까? 현재 우리나라에 그런 경로는 없다. 교육과정 평가와 질 관리 체제도 마땅히 없다. [그림 9]에서 보듯 우리나라 교육과정 개발 운영 체제는 [단계 1], [단계 2], [단계 3]을 거치는데 [단계 4]를 거치지 않고 다시 [단계 1, 2]로 가 버리는 흐름으로 진행되었다.

학교에서는 7차 교육과정 이후 해마다 학교교육과정 편성과 평가를 해 왔지만 국가교육과정은 공식적으로 마련되어 있지 않다. 새 교육과정을 만들기 전에 문제점을 부각시키기 위해 하는 평가가 전부이고 이마저 개정의 정당성을 주장하기 위해 현실을 왜곡하게 된다. 개정교육과정이 채 적용되기 전에 또 개정을 해야 하므로 결국 '문서 체제 중심의 교육과정'을 평가하고 새롭게 바꾸게 되고 교육현장의 변화에는 영향을 주

[그림 9] 우리나라 교육과정 개발 운영 체제

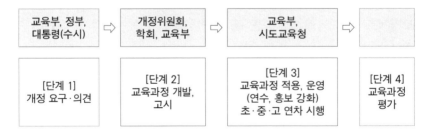

204　혁신학교와 실천적 교육과정

기 어려운 구조이다.

결국 교육현장에서 교육과정을 적용하는 과정에서 나온 내용을 교육부나 개발진에게 전달할 통로도 공식적으로 없어 현장과 유리되어 교육과정 문서만 바꾸는 방식의 개정이 이루어지는 상황이다. 박창언[2017]은 교육과정 연수도 보급단계에서 대규모로 이뤄져 실효성이 부족하고 적용 과정에 대한 연수가 부족하여 이를 보완해야 한다고 주장하였다.

2. 교육과정 문서 비교에 집중된 연구

우리나라 교육과정 연구 경향도 '개발' 과정에 집중되어 있다. 그동안 교육과정 연구 경향을 보니 주로 교육과정 문서 비교 연구에 집중되어 있고 국내 문서보다는 외국 교육과정 문서가 많은 편이다. 즉 교육과정 개발을 할 때에는 다른 나라와 비교하여 대안을 제시하고 개발 후에는 개정 문서와 비교하여 논문을 쓰는 방식이 주를 이루고 있다. 주로 교육과정 문서 분석과 비교에 집중하였고 요약 정리에 그쳐 실제 교육과정 정책 개선에는 크게 도움이 되지 않는다.[장수빈·한동숙, 2017]

[표 22] 정책 과정 학술 논문 분류 현황

정책 과정	형성 과정	결과물-문서	실행	평가
비율	17%	60%	22%	1%

출처: 장수빈·한동숙, 2017

교육과정 정책의 경로의존성이 이론 연구에서도 문서 개발 연구에 치우치게 하는 데 영향을 준 것이다. 현장 실천 연구에 많이 이용되는 실행 연구는 학회지 심사를 통과하기도 어렵다. 이런 구조는 현장에서 아무리 좋은 실천이 나와도 이를 해석하거나 이론으로 발전시키는 데 취약하고, 교육현장에 다시 외국 이론이나 새로운 이론을 이식하거나 현장에 부담을 주는 방식으로 전개되고 있다. 현장에서 교육과정과 수업을 바꿔 나가는 교사들도 공동 연구자가 아니라 연구 대상으로만 기능하게 될 가능성이 크다.

3. 현장과 유리된 교육과정 이론과 정책 과정

최근 혁신학교와 많은 학교에서 나타나고 있는 교육과정 혁신이나 수업 변화가 교육과정 이론 발전에는 얼마나 도움이 되었을까? 교사들은 혁신학교 초기부터 학교 사례가 맥락이 다른 학교들에 그대로 전파되는 것을 경계하였다.

최근의 평가 정책을 보자. 혁신학교는 일제식 평가나 지필평가 위주 평가, 서열화 정책 등에 반대하고 학생 성장을 돕는 평가, 수업과 연계된 평가, 평가의 목표나 성취기준에 따라 다양한 평가를 시도하였다. 이는 평가 기법의 문제가 아니라 평가의 패러다임까지 전환시킨 것이다. 혁신학교가 아니더라도 많은 학교와 시도에서 평가 혁신을 위해 노력하여 평가가 많이 바뀌고 있다는 것을 실감할 정도이다.김해경 외, 2016; 바다중학교, 2015

그런데 교육청, 교육부가 과정중심 평가를 강조하면서 교육과정-수업-평가-기록 일체화 정책을 현장에 강조하고 있다. 교육과정-수업-평가의 연계성을 강조하는 문제의식은 평가 내용이 성취기준이나 수업 과정과 관련이 부족하고 단편적 지식 측정 위주로 진행되었던 문제풀이식 평가 때문이라는 것은 공감할 수 있다. 그런데 '일체화'라는 용어가 교육에서 적절한 것일까?

그동안 현장에서는 표준화 교육도 학생들의 다양성을 반영하기 어렵다고 문제 제기하고 교육부도 역량중심 교육을 주장하면서 표준화 교육의 한계를 지적한다. '일체화'라는 용어는 행동주의의 잔재를 떠올리게 한다. 성취기준 자체가 행동주의 경향성이 강한 용어이기도 하다. 혁신학교에서는 성취기준과 함께 구성원들이 동의한 학교 철학이 평가의 중요한 척도가 되기도 한다. 철학적 고민이 전제되지 않은 채 진행되는 평가 정책이 기존 평가의 문제를 해결할 수 있을지도 생각해 보아야 한다.

여기에 이해중심 교육과정은 2015개정교육과정 연수와 함께 많이 확산되었는데 일명 백워드 교육과정으로 불리기도 한다. 타일러 모형의 "목표 설정-학습 경험 선정과 조직(수업)-평가" 흐름에서 평가가 앞으로 나와 〈목표 설정-평가-학습 경험 선정과 조직(수업)〉의 흐름으로 전개되는 역순설계 모형이라는 의미이다. 문제는 2015개정교육과정 연수나 교육과정, 평가 연수 과정에서 2015개정교육과정 수업 방법이나 과정중심 평가의 표본처럼 설명되기도 한다는 점이다. 공학적 방식의 문제는 앞에서도 여러 번 지적하였는데, 이 모형이 극단적으로 가면 평가할 수 있는 것만 가르쳐야 한다는 편향으로 갈 수도 있다. 이런 문제 때문에 연구 과정에서 혁신학교 교사들이 교육과정보다 평가 정책에 대한 걱정이 많았던 것이다.

학생들이 다양하기 때문에 교육에 정답이 없듯이 현장에서는 학생의 상황이나 교사, 학교에 따라 다양한 이론을 적용하고 실험할 수밖에 없다. 상급 기관이 특정 정책을 강제하지만 않는다면 현장에서 자발적으로 좌충우돌하며 적합한 이론을 찾거나 정립하여 나갈 수 있을 것이다. 이것을 기다려 주는 것이 정책 당국의 역할이다. 현장의 실천이 축적된 상황에서도 하향식 정책, 즉 정부 기관에서 만든 정책이나 수입한 이론을 현장에 보급하는 방식은 개선되어야 한다.

Ⅳ. 교육과정 거버넌스와 교육과정 변화

1. 거버넌스의 등장과 운영 방식

교육과정 분야에서 교육과정 개정은 통상 교과 편제와 시간 배당 변화로 나타난다. 총론을 개발할 때 주로 사용되는 정책 수단은 [표 23]에서 보듯 교과 편제와 수업시수 변화, 교과목 신설과 폐지, 교육과정 거버넌스 변화이다.김용, 2003 2009개정이나 2015개정을 보더라도 학교에 수업시수 증감과 집중이수제 권한을 준 것을 포함하여 이 틀에서 크게 벗어나지 않는다. 6차 이후부터 등장한 교육과정 거버넌스는 국가-교육청-학교로 분권화되는 것을 포함해 최근에 더 확대되고 있다.

[표 23] 교육과정 총론 과정의 정책 수단

정책 수단	2차	3차	4차	5차	6차	7차
교과 편제 변화	○	○	○	○	○	○
수업시간 수 변화	○	○	○	○	○	○
교과목 신설, 폐지	○	○			○	○
교과목 통폐합			○	○	○	○
이수 과정 변화	○			○	○	○
특별재량활동 운영				○	○	○
총 이수단위 수 변화	○	○	○		○	○
교육과정 거버넌스 변화					○	○

김용, 2003: 120

사회 여러 분야와 교육계에서도 거버넌스가 중요하게 다뤄지고 1980년대 이후 정책수단으로 많이 활용되고 있다. 거버넌스는 국가 중심의 배타적이고 독점적인 지배 구조와 통치 방식에서 시민단체와 이해관계를 가진 집단들의 참여를 허용하는 방식이다. 파트너십으로 정책 결정과 집행의 절차적 합리성을 도모하고 행정의 투명성을 확보하며 정책의 대응성을 높이는 새로운 국정 운영 방식으로의 변화이다.한국교육과정학회, 2017 90년대 이후 교육과정 분야에서도 이해 당사자를 최대한 많이 참여시키는 것을 중요하게 보고 있다.곽병선, 1994

거버넌스 모형은 지배 구조와 통치 방식의 변화라는 특성 때문에 계층적(참여적) 거버넌스와 협력적 거버넌스로 구분할 수 있다. 계층적 거버넌스는 관료제 중심의 국가 중심성이 많이 작용하는데, 협력적 거버넌스는 다양한 주체가 느슨하게 연결되어 주체 간 연합, 전략적 제휴, 조직 간 네트워크 및 협력 등을 중시한다.신현석, 2017

[표 24] 협력적 거버넌스와 참여적 거버넌스의 특징 비교

구분	협력적 거버넌스	계층적(참여적) 거버넌스
이념 기반	공동체주의	자유주의
정책 결정	정부, 이해 당사자(지역 주민), 시민단체	정부, 이해 당사자(지역 주민), (시민단체)
정책 집행	정부, 이해 당사자, 시장, 시민단체	정부, (시장), (시민단체)
정책 평가	과정적	사전적
정책 책임	상호 공유로 인해 분명	주체 분산으로 불분명
정책 투명성	높음	낮음

[표 24]를 보면 협력적 거버넌스는 이해 당사자와 시민단체가 정책 결정뿐 아니라 집행, 평가까지 참여하여 결과적으로 공동 책임을 지는 구조이다. 이에 비해 계층적 거버넌스는 이해 당사자가 정책 결정까지는

같이 하지만 집행은 정부가 하고 평가도 기존 방식대로 이루어진다.

최근에 각종 위원회가 많이 만들어졌지만 회의 참여에 그치고 이후 진행 과정이나 결과는 알 수 없는 참여 방식, 의견을 내려 해도 중요한 사항은 이미 결정되어 있어 부차적인 내용을 다듬는 수준의 참여 방식은 계층적 거버넌스라고 볼 수 있다.

2. 우리나라 교육과정 거버넌스 현황

우리나라도 6차 교육과정기부터 교육과정 결정 분권화에 따라 지역, 학교교육과정을 개발하게 하였으나 국가교육과정을 반복하는 방식에 그치고 있다. 2007개정교육과정기부터 국가교육과정 개발에 교사의 참여 비율이 늘었지만, 주요 사항은 결정된 가운데 부분적 의견 수렴에 그쳤다는 평가를 받는다.이동환, 2014

또 역사 교과서 국정화를 위해 짧은 기간에 개발하고 탄핵을 거치며 역사 교육과정이 여러 번 수정고시되어 아직도 2009개정교육과정 역사를 가르치는 등 부침이 많았다([표 25] 참조).

[표 25] 2015개정교육과정 추진 일정

과제	추진 일정(교육부 안)	실제 추진 일정
교육과정 개발	2013. 11~2015. 5.	2013. 11~2015. 9.
교과서 개발	2015. 3~2016. 8.	2015. 9~2016. 8.
교과서 검증	2016. 9~2017. 8.	2016. 9~2017. 8.
국정 교과서 적용	2017. 3(초/중고 역사)	초 2017. 3.
교육과정, 교과서 적용(고1)	2018. 3.	2018. 3.
2021학년도 수능 반영(고3)	2020. 11.	2022년 반영

결과적으로는 역사 교과서가 국정-국검정-교육과정 수정-검정교과서 개발 과정을 거치며 수정고시만 여러 차례 이루어져 교육과정 정책에 대해 비판적 의견이 많다.

2015개정교육과정 개정 과정에서 가동된 거버넌스를 보면 발의 과정에서 심의, 실무 과정, 고시까지 다양한 거버넌스가 가동되었다([표 26]). 2015개정교육과정은 교과 각론개정위원회를 신설하고 현장 검토 워크숍 등에 현장 교사가 40% 이상 참가하는 등 역대 최고로 현장 교사가 많이 참여하였다고 한다.

[표 26] 2015개정교육과정 거버넌스 현황(김대현, 2016 수정)

구분	주체	비고
발의	정부(국가과학기술심의회, 국가교육과학기술자문회의 등), 국회	불투명
실무 및 심의 기구	교육부 교육과정 정책과	고유 업무, 교육과정 정책 연구, 기초연구, 후속 지원 연구 등
	교육과정 심의위원회 (총론, 급별, 교과별)	2년 임기
연구 기관	국책 연구 기관(한국교육과정평가원, 한국교육개발원, 직업능력개발원 등) 한국교육과정학회, 교과별 교육 학회	
개정 시 임의 기구	국가교육과정정책자문위원회 국가교육과정개정연구위원회 국가교육과정개정위원회 국가교육과정각론조정위원회	
개정 과정	공청회, 전문가/현장 포럼, 현장 교원 의견 수렴, 핵심교원 연수	단기 집중

하지만 현장 공청회 등은 오전에 열리고 한 달에 25개가 열리는 등 현실적으로 현장의 의견을 반영하기도 어렵고 질 높은 교육과정을 만들

기도 어려운 구조 속에서 만들어졌다. 거버넌스 체제라고 하지만 실제로는 정해진 개정 일정에 맞추기 위해 급조되거나 형식적으로 운영되었다.

여기에 실제 현장에서 학교, 지역 기반으로 교육과정을 만들고 지원하는 주체들과의 거버넌스는 제대로 형성되어 있지 않다. 심지어 시도교육청이나 교육감협의회도 공식적인 주체로 참여하지 못하였다. 이런 구조가 바로 계층적 거버넌스에 해당된다. 교육과정이 고시된 후에는 해체되거나 휴면 상태에 들어간다.

2015개정교육과정의 거버넌스를 보면 기존에 비해 국가교육과정 각론조정위원회가 생기는 등 형식적인 기구는 더 많아졌다. 교과교육과정 구조를 이해중심 교육과정에 맞추면서 1차에는 교과 목표와 성취기준 개발, 2차에는 교수학습과 평가 항목 개발로 구분하고 현장 교사 참여 비율도 높였기 때문이다. 이 과정에서 국어과는 교사들이 많이 실천해온 온작품읽기의 영향으로 '한 학기 한 권 읽기' 단원이 신설되는 등 변화도 있었다.

하지만 현장검토단의 실상을 보면 정해진 일정과 촉박한 시간 때문에 교육과정 개정 유보나 이해중심 교육과정 체계에 대한 비판 등을 수용하지 못하였다.

또한 교육과정이 실행되려면 교육 시설, 교사 연수, 행정 절차, 지원 내용 등 교육행정이나 다른 분야와 연관성이 큰데도 교육과정 개발과 적용 과정에서 다양한 거버넌스 구축이 부족한 편이다.^{신현석, 2017} 이런 문제 때문에 교육과정이 만들어져도 현장에서는 적용이 어려워 여전히 교과서 중심 수업을 강화시킨다는 비판이 나오게 된다. 또한 교사나 학교 역량에 따라 교육과정 적용의 질이 달라져 결과적으로 교육 격차를 키울 우려도 있다. 최근 시도교육청에서 전문적 학습공동체를 운영하도록 지원하거나 교육과정과 연계된 사용자 중심 공간 설계 등을 지원하고 있지만 개별 학교에만 맡길 것이 아니라 제도 수준에서 거버넌스 구축이 필요하다.

3. 핀란드의 교육과정 거버넌스

핀란드는 국가교육위원회에서 10년 주기로 교육과정을 개발하고 모든 국민에게 의견을 수렴하는 등 사회적 합의 과정을 거치고 있다.

2014핵심교육과정 개발 과정을 보면 2012년부터 2016년까지 개정 작업이 이루어지면서 전 국민을 대상으로 숙의 과정을 거쳐 교육과정이 만들어진다.

교육과정을 만드는 과정이 법령으로 규정되고 관련되는 정책이 모두 함께 다뤄진다. 그래서 교육과정 문서를 보면 혁신학교 문서처럼 학교문화 개선, 교사들의 협력, 복지 정책 등 다양한 정책이 모두 반영되어 있다(법령과 교육과정의 역할 분배는 나라마다 다른 맥락으로 전개된다. 우리나라는 이런 거버넌스가 별로 형성되어 있지 않다).

의견 수렴 절차는 2012년 9월부터 2013년 9월까지 의견을 모아 결과를 다시 발표하는 등 국민 의견 수렴 과정을 세 차례 진행하였다. 교육과정을 어떻게 만들고 어떤 미래를 지향해야 할지 국민들의 생각이 모이고 학생들도 이 과정에 참여한다. 그래서 교육과정 개정 작업이 민주주의를 경험하고 새로운 사회의 상을 함께 만드는 과정이 된다. 이런 과정을 거치고 교과교육과정 개발 과정에는 교사들이 기존 교육과정 운영 평가 내용이나 아이디어를 반영하여 만들기 때문에 교육과정을 별도로 홍보할 필요가 없다.

- 2012년 6월 28일 기본교육법령 승인
- 2012년 8월 22일, 27일 국가교육과정 개편 그룹 회동 및 업무 개시
- 2012년 9월 국가 핵심교육과정 일반 지침 국가교육위원회 홈페이지 공개 및 의견 수렴(1년)
- 2013년 9월 취학전(preschool) 국가 핵심교육과정 국가교육위원회 홈페이지 공개 및 의견 수렴
- 2014년 4월 초중등 및 추가 일반교육 국가 수준 핵심교육과정안 국가교육위원회 홈페이지 공개 및 의견 수렴
- 2014년 8월 공식적 의사결정자들의 국가 수준 핵심교육과정에 대한 의견 수렴
- 2014년 12월 국가 수준 핵심교육과정 제안서 마련
- 2015년 봄 & 가을 시도 교육과정 입안, 가을 국가교육청 전국 감독 행사들 주관 & 교원들 보완 교육 계속
- 2016년 봄 시 교육과정 승인 및 시 교육과정 업무 지원 계속 & 교육과정 실행 지원 시작
- 2016년 가을 핀란드 전역에서 새 교육 목표들과 시간 분배, 새 국가 교육과정 기준들과 시 교육과정에 따른 교육 시작 시 교육과정 실행 지원 계속되고 새 교육과정 실현의 후속 관찰 시작

윤은주, 2015

핀란드 교육과정 개발 과정에서 정책을 결정하는 원칙은 평등, 효율성, 연대의식이다. 교육과정 개발 업무를 하는 이들이나 현장의 교사 모두 공통적으로 평등을 가장 중요하게 생각하고 있다.

정책 결정 원칙:
평등equity, 효율성efficiency, 연대의식solidarity

첫째, 학교에서 일어나는 교육 활동을 위해,

둘째, 모든 학생들의 의미 있는 학습을 위해,

셋째, 지속가능한 미래를 위해 보다 나은 기회를 창출할 수

있도록 교육과정을 개편한다. (윤은주, 2015)

교육과정 평가는 교육과정이 적용되면서 함께 준비된다. 2016년에 핀
란드 교육과정 연수를 갔을 때 가장 궁금한 점이 초등학교 6개 학년에
개정교육과정을 동시에 적용하는 것이었다. 이는 새로운 교육과정이 동
시에 실시될 때 변화가 오고 그 결과를 알 수 있기 때문이라고 하였다.
또 남학생들이 수업시간을 즐겁게 느끼도록 하는 것도 목표 중의 하나라
고 하는데, 이 부분은 이미 결과가 조금씩 나타나고 있다고 하였다.신은희
외, 2017

국가교육과정 개정 후 지역교육과정 개정도 함께 뒤따라오기 때문에
이 과정에도 교사들이 많이 참여하고 있다. 2014개정교육과정은 교과목
체계가 유지되지만 한 학기에 한 번 이상은 학생들이 흥미 있는 주제를
중심으로 과목을 어떻게 연결할 수 있는지 경험하는 현상기반 교육과정
을 운영하도록 하였다. 그동안 이런 수업을 많이 하지 않은 교사나 학교
는 개정교육과정에 대해 우려를 하고 교육 당국도 교사 역량 강화에 예
산을 확보하여 지원하고 있다.

4. 현장 중심의 교육과정 거버넌스 구축

핀란드의 교육과정 개발 체제는 그간 우리 교육계에서 지속적으로 요
구해 온 독립적인 교육과정 개발 기구(국가교육위원회, 또는 사회적 교육
과정 위원회 등)와 유사하고 협력적 거버넌스의 특성을 보여 주고 있다.

우리나라도 앞으로 교육과정 개발 정책을 연구개발보급 방식에서 숙의 과정으로 전환하고 사회적 합의 구조가 도입되도록 해야 할 것이다.

이 문제는 앞으로 국가교육회의가 법제화되면 관련 법률에 따라 그 역할을 담당할 수 있을 것으로 보인다. 국가교육회의 조직 자체가 교육정책에 대한 사회적 합의 과정 기구이고, 관련 법률에 교육과정 개정을 담당한다고 명시되어 있다. 그동안 교육부-교육청-학교의 분권화 구조에서 국가교육회의가 새롭게 부각되어 역할과 책임을 새롭게 논의할 필요가 있다.

그렇다면 교육현장에서는 어떻게 준비해야 할까? 현장 교사들의 참여는 실질적으로 얼마나 높아질까? 제도는 사회문화적 배경과 다른 제도와의 연관성, 행위자의 역량에 따라 맥락적으로 적용될 수밖에 없다. 우리나라 교육과정 개정 정책 과정에 교사가 어떤 역할을, 어느 정도 참여해야 하는 것인지에 대해 교사들이 앞서서 의견을 제시하고 제도 변화를 주도할 필요가 있다.

현장의 실천을 체계적으로 정리하고 이론화하는 작업도 필요하다. 혁신학교에서 10여 년 넘게 학교개혁과 학생 성장 중심 교육과정을 만들었는데 이를 체계적인 이론으로 정립한 연구는 거의 없고 이를 지원하는 연구 단위도 부족하다. 그동안 교사들이 도움을 받은 곳은 주로 각종 연구회나 교사 연구모임, 교과모임에서 만든 대안 교육과정이나 대안 교과서, 각종 수업 자료 등이다. 교사들의 실천이 원격연수로 만들어지고 수업 변화도 직접 발로 뛰어가며 다른 학교 수업을 보는 방식으로 진행되었다.

이제는 교육 당국이나 학계에서 나서야 할 때이다. 학교에서 나온 성과를 분석하고 체계화하여 특정 주제나 영역에 대한 학습을 할 때에는 먼저 한 학교의 자료를 사용하여 학습할 수 있도록 네트워킹하는 것이 필요하다. 이런 자료가 축적되었을 때 새로운 교육과정 기준으로 만들 수도 있을 것이다.

지역교육청 수준에서는 학교, 자생적 연구회, 정책연구소, 교과모임 등을 연계하여 지역교육과정 거버넌스를 만들고 여기에서 나온 각종 자료, 성과를 다른 학교에서 활용할 수 있도록 다듬고 보완하고 전문적 지원과 연계하는 작업부터 시작할 수 있을 것이다. 또한 지역교육과정의 개념을 새롭게 확립하고 개발 과정에 학생들, 지역 주민들도 참여하고 협력하여 운영할 수 있도록 해야 할 것이다. 최근 활성화되고 있는 학교 자치 논의도 교육과정 권한 확대와 연계될 때 실효성이 있을 것이다.

물론 오랫동안 형성된 기존 제도의 관성이 쉽게 극복되지는 않을 것이다. 하지만 혁신학교 정책을 보면 혁신학교 도입 자체가 기본적으로 '게임의 규칙'을 바꾸는 제도 변화의 과정이 되었다. 이처럼 그동안 현장에서 성장한 학교, 연구회, 교과모임, 지역모임 등을 토대로 한 현장 중심의 실천은 기존 교육과정 제도를 변화시킬 뿐 아니라 이미 새로운 교육과정 제도를 현실화시키고 있다.

참고 문헌 및 도움 자료

본 책은 다음의 원고와 학위 논문를 토대로 수정 보완한 글입니다.

▶1부
1장 신은희·장수명(2019). 혁신학교 교육과정제도 변화 분석. 교육정치학회, 26(1).
2장 신은희(2019). 혁신학교 교육과정 변화의 제도적 맥락 분석. 교육정치학회, 26(2).

▶2부
1장 신은희(2018가). 2015개정 초등교육과정의 문제와 현장 중심 교육과정 정책 방향. 우리말교육현장연구 22호.
2장 신은희(2018나). 2015개정교육과정, 교사가 먼저 바꿔 보자. 신나는 학교혁신 살아 있는 교육과정(가을호).

강인수·함수곤·홍후조·권순달(2003). 교육과정 질 개선을 위한 법체계 정비 방안 연구, 교육인적자원부.

강현석(2016). 한국 교육과정의 현실과 미래 과제. 교육과정연구, 34(3).

강현석·이대일·유제순·이자현·김무정(2006). 국가교육과정 대강화의 방향과 과제: 교육과정 체제의 개정을 중심으로. 중등교육연구, 54(1).

경기도교육청(2016). 경기도 초·중·고 교과교육과정(2016-322호).

고전(2008). 학교 자율화 정책의 특성과 과제: 5·31교육개혁에서 4·15 학교자율화 추진계획까지. 초등교육연구, 21(3).

고전(2016). 학교자치 입법 정신과 입법 분쟁 분석. 교육법학연구, 28(1).

곽병선(1994). 교육과정 정책과 평가. 서울대학교 교육연구소 편. 교육학대백과사전, 512-516. 하우동설.

국회의원 안민석·전교조(2011). 당장 폐기되어야 할 2009개정교육과정. 2011 국정감사자료집.

국회의원 오영훈·전교조(2016). 졸속 수시 개정 교육과정 적용 연기와 국가교육위원회 설치의 필요성. 2016 국정감사자료집.

권영민(2004). 국가 수준 교육과정의 개발 체제 분석. 인하대 대학원 박사 논문.

권혜정(2016). 국가교육과정기준법 시안 개발 연구. 고려대 대학원 박사 논문.

길현주·박가나(2015). 사회과 교사들의 교육과정 재구성 경험에 관한 이해: 혁신학교 사례를 중심으로. 시민교육연구, 47(1).

김대현 외 (2013). 2009개정교육과정에 따른 초중등학교 교육과정 적용 실태 조사. 교육부.

김대현(2011). 교육과정의 이해. 학지사.

김대현(2017). 2015개정교육과정 거버넌스의 현황과 과제. 교육과정연구, 35(2).

김두정(2002). 한국교육과정의 탐구. 학지사.

김성천(2011). 혁신학교란 무엇인가. 맘에드림.

김수경(2011). 혁신학교 운영의 실태와 성과 분석. 교육행정학연구, 29(4).

김영석(2006). 현행 국가교육과정 체제의 문제점과 대안의 모색: 미국과 영국의 사례를 중심으로. 사회과교육연구, 13(2).

김영석(2010). 사회적 갈등해결과정으로서의 교육과정 개발 체제 구축의 필요성:사회과 사례를 중심으로. 사회과교육연구, 17(2).

김영주·박미경·박용주·심유미·윤승용·황영동(2013). 배움과 나눔으로 삶을 가꾸는 남한산 초등학교 이야기. 문학동네.

김영천(2010). 질적연구 방법론 Ⅰ. 문음사.

김영화(2012). 학교조직 혁신의 결정요인에 관한 연구:초등학교 교원의 사회연결망 특성을 중심으로. 건국대 박사 논문.

김왕근(2003). 교실 수업 이해 관점에서 본 국가 수준 교육과정 개정 방식 개선에 관한 연구. 시민교육연구, 35(2).

김용(2001). 교육과정의 개혁: 선행 논의와 탐구 과제. 교육정치학연구, 8(1).

김용(2002). 주기적, 일시적, 전면적 교육과정 개정 방식: 기능과 존속의 조건. 교육과정연구, 20(1).

김용(2003). 교육과정 정책과정에 대한 신제도주의적 분석: 7차 교육과정을 중심으로. 서울대 박사 논문.

김용(2004). 학교 조직의 표준 운영 절차와 학교교육과정 운영: 평준화 지역 공립 일반계고를 중심으로. 교육과정연구, 22(3).

김용(2005). 교육정책과 교육과정. 교육정책연구, 23(1).

김용(2008). 교육과정 개정의 '틀'을 다시 생각하자. 교육비평 20호.

김용(2018). 학교 자율 운영 체제 1.0에서 2.0으로. 더 나은 세상을 위한 학교혁명.

55-68. 한국교육연구네트워크. 살림터.

김유리 외 8명(2018). 국가교육과정에서 지역 교육과정으로의 발전적 전환 방안 탐색. 2018 전국교육정책연구소네트워크 공동연구 보고서.

김윤권(2005). 제도 변화의 통합적 접근:역사적 신제도주의를 중심으로. 한국정책학회보, 14(1).

김은주(2017). 단위학교 교육과정 편성운영의 어려움과 해결 방안에 관한 연구. 교육혁신연구, 27(2).

김은주·이진숙(2018). 2015개정 교육과정이 안전한 생활에 대한 초등학교 교사의 관심도와 실행 형태에 관한 연구. 교육학 연구. 56(1).

김재복(1994). 교육과정 유형. 서울대학교 교육연구소 편. 교육학대백과사전, 496-504. 하우동설.

김재춘(2002). 국가교육과정 연구 개발 체제의 문제점과 개선 방향: 제7차 교육과정 연구개발 체제를 중심으로. 교육과정연구, 20(3).

김재춘(2011). 이명박 정부의 '교육과정 자율화 정책'에 대한 비판적 논의교육과정연구. 29(4).

김재춘(2012). 집중이수제 정책의 등장과 퇴장: 정책 실패가 주는 시사점 탐색을 중심으로. 교육과정연구, 33(4).

김종식(2002). 교육과정 개발 주체별 역할 분석, 동아대 박사 논문.

김종훈(2017). 글로벌 교육 거버넌스로서의 OECD·PISA에 대한 비판적 검토. 교육과정연구, 35(1).

김평국(2014). 국가교육과정의 적용 단계에서 교사의 의사결정 참여와 전문성 신장: 교육과정 자율화 정책을 중심으로. 교육과정연구, 32(3).

김한나(2015). 영어 동화책과 협동학습을 활용한 중학교 영어 수업에 관한 협력적 실행연구. 한양대 석사 논문.

김해경·손유미·신은희·오정희·이선애·최혜영·한희정·홍순희(2016). 성장과 발달을 돕는 초등 평가 혁신. 맘에드림.

나장함(2008). Popkewitz의 관점에서 본 교육 변화의 세계적 경향과 과제 :변화의 의도되지 않은 결과를 중심으로. 열린교육연구, 16(2).

민용성(2012). 교육과정 수시 개정 체제에 따른 교과교육과정 적합성 관리 상설위원회 제안 연구. 통합교육과정연구, 6(2).

민현식·박영하·김근수·오현아(2011). 2009개정교육과정 적용 현황 실태 분석 및 개선방안연구. 교과부 정책연구과제.

박선화 외 9명(2007). 국가교육과정 개정 체제 개선방안 연구: 외국 사례와 비교 분석을 중심으로. 한국교육과정평가원.

박승렬(2016). 교사를 세우는 교육과정. 살림터.

박일수(2014). 초등학교 수업일수 및 수업시수 국제 비교. 초등교육학회, 27(3).

박제윤(2007). 학교 수준의 교육과정 자율권 행사에 관한 연구. 인하대 박사 논문.

박진형(2014). 대학평가정책 변화과정에 대한 신제도주의 분석. 서울대 박사 논문.

박창언(2003). 교육과정편성권에 대한 문제점과 대안 모색. 교육과정연구, 21(1).

박창언(2013). 교육과정의 지방자치를 위한 국가 권한의 문제와 과제. 교육과정연구, 31(1).

박창언(2017). 교사의 교육과정 연수에 대한 권리와 교육행정의 임무. 예술인문사회 융 합멀티미디어논문지.

박창언(2018). 분권과 자율을 통한 학교교육과정 편성운영. 교육과정 분권, 교육의 자율권을 담보하다. 제19회 경기교육포럼. 경기도교육연구원.

박휴용(2012). 교육과정. 서울: 학지사.

박휴용(2018). 신자유주의적 교육 거버넌스의 탄생과 확산:스웨덴, 영국, 핀란드의 국가교육과정 비교분석. 열린교육연구, 26(2).

박희경(2016). 교과교육과정 교육 내용 구성 방안의 쟁점과 개발 과정의 개선 과제 분석: 2015개정교육과정 개발자들의 인식 및 관점을 중심으로. 이대 박사 논문.

백남진(2013). 교사의 교육과정 해석과 교육과정 잠재력. 교육과정연구, 31(3).

비고츠키연구회(2018). 2014 핀란드 핵심교육과정: 총론 들여다보기. 비고츠키와 발달교육 3호. 전국교직원노동조합.

성열관(2016). 국가교육과정 의사결정 체제 개선과 교육과정 권한 분배 개선 방안 연구. 2016 국가교육과정전문가포럼 자료집.

성열관(2017). 교육혁신을 위한 새로운 학력관. 〈새로운 학력, 한국을 바꾸는 학교 교육체제〉. 2017전국시도교육청네트워크 교육혁신 국내학술대회, 전국시도교육감 협의회.

성열관(2018b). 자유학기제의 정책 특징에 따른 교사들의 제도 인식: 정책 정당성, 교사 정체성 및 전문성을 중심으로. 교육문제연구, 31(1).

성열관·백병부·윤선인(2008). 성취기준의 차용 및 변용: 단계별 의사결정 과정에 대한 분석 연구. 교육과정연구, 26(3).

소경희(2007). 국가교육과정 개혁 과제 탐색:2007개정의 검토와 반성. 아시아교육 연구, 8(2).

소경희(2015). 2015개정교육과정 총론 개정안이 남긴 과제: 각론 개발의 쟁점 탐색. 교육과정연구, 33(1).

손동빈·신은희·이형빈·홍제남(2017). 학교교육과정 혁신 토대 구축을 위한 국가교 육과정 개선 방안 연구: 혁신학교 교육과정 실행 사례를 중심으로. 2017 우리나라 교육혁신을 위한 전국시도교육청 국제학술대회 자료집.

손민호(2016). 2015개정교육과정이 남긴 문제들. 교육비평, 37집.

손승남(2016). Liberal Arts 교육의 이념과 전통. 한국교육학회/전국대학교양교육협
　의회/한국교양기초교육원 춘계학술대회자료집.

송순재 외(2017). 혁신학교, 한국 교육의 미래를 열다. 살림터.

신경희(2012). 교육과정 자율적 운영에 관한 교사의 역할 수행 비교: 한국과 미국
　교사를 중심으로. 교사교육연구, 51(2).

신은희 외 7명(2017). 2016 핀란드 교육과정 연수 자료집(미간행).

신은희(1999). 대안학교교육과정의 실태 및 특성 분석. 이대 교육대학원 석사 논문.

신은희(2015). 아동발달 저해하는 2015개정 초등교육과정. 〈2015개정교육과정(안),
　무엇이 문제인가〉 국회토론회. 국회의원 김태년·도종환·박홍근·유기홍·유은혜·정
　진후·교육에서 희망을 찾는 국회의원 모임 주최.

신은희(2018가). 2015개정 초등교육과정의 문제와 현장 중심 교육과정 정책 방향.
　우리말교육현장연구, 22호.

신은희(2018나). 2015개정교육과정, 교사가 먼저 바꿔 보자. 신나는 학교혁신 살아
　있는 교육과정(가을호).

신은희(2019가). 교육과정 변화에 대한 신제도주의 분석: 혁신학교를 중심으로. 교
　원대 교육정책대학원 박사 논문.

신은희(2019나). 혁신학교 교육과정 변화의 제도적 맥락 분석. 교육정치학회, 26(2).

신은희·이형빈·박영림·이은재(2017). 교육과정 분권화와 학교혁신 관점에서 본 지
　역교육과정 개발 현황. 교원대교육정책연구소. 교육정책연구, 4권.

신은희·장수명(2016). 역사 교과서 국정화 과정에 대한 신제도주의분석, 교육정치
　학회, 23(4).

신은희·장수명(2019). 혁신학교 교육과정제도 변화 분석. 교육정치학회, 26(1).

신철균(2011). 연구학교 운영과정 분석: 신제도주의를 중심으로. 서울대 박사 논문.

신현석(2017. 12). 국가교육과정 정책의 협력적 거버넌스: 쟁점과 과제. 교육공동체
　협업을 통한 교육과정 정책 민관협력 거버넌스 운영 강화 방안. 국가교육과정 전
　문가 2차 포럼.

안현찬(2014). 근린공간 거버넌스에 대한 제도주의적 분석. 서울대 박사 논문.

양미경(2007). 국가교육과정 개정 담론에 대한 비판적 고찰: 2007개정안을 중심으
　로. 교육원리연구, 12(2).

양윤정(2016). 초등학교 교육과정에 나타난 범교과 학습 현황 분석. 학습자중심교
　과교육연구, 16(10).

유병규(2014). 혁신 중학교에서의 융복합 교육 운영에 관한 질적 사례 연구. 한양대

박사 논문.

윤병희(1991). 우리나라 교육과정 개정의 총체적 분석: 정책과 설계를 중심으로. 교육과정연구.

윤석주(2016). 혁신학교 교사들의 교육과정 혁신 경험에 대한 질적 탐구: 학년공동 교육과정을 중심으로. 초등교육연구, 29(4).

윤은주(2015). 민주주의 실현으로서 핀란드 교육과정개편이 주는 교훈: 누리과정 개편을 위한 논의. 한국보육지원학회지, 11(1).

의정부여중(2015). 수업을 배우다, 배움을 채우다. 서울: 에듀니티.

이경호(2018). 자유학기제 연구학교의 교육과정 편성운영에 관한 사례 연구. 교원교육, 34(1).

이광우(2005). 외국의 교육과정 개발 관리 기관 및 적용 지원 체제 고찰. 한국일본교육학연구, 19(1).

이근호·이병천·가은아·이주연·김현숙(2015). 국제비교를 통한 국가교육과정 적용 체제 개선 연구. 한국교육과정평가원.

이동환(2014). 수학과 교육과정 개정에서 수학교사의 역할: 가능성과 과제, 교사교육연구, 53(4).

이병민(2018). 초등학교 저학년 및 입학전 아동의 방과후 영어교육 폐지를 둘러싼 조기영어교육 진단과 대안. 교육비평 41호.

이부영(2013). 서울형 혁신학교 이야기. 살림터.

이상은(2017). 비교교육의 관점에서 살펴본 한국 핵심역량 교육정책의 특징과 과제: 초중등교육을 중심으로. 교육학연구, 55(1).

이수광 외(2016). 4·16 교육체제 비전과 전략 연구, 경기도교육연구원.

이수광(2017). 초중등 학교교육 재구조화, 상상력과 핵심과제, 교육이 만드는 미래, 새로운 교육체제를 꿈꾸다. 제4회 경기도교육연구원 심포지엄 자료집.

이승미 외 10명(2018). 교육과정 대강화를 위한 교육과정 구성방안 연구. 교육과정평가원.

이승호(2017). 혁신학교 정책집행과정 특성 분석. 서울대 박사 논문.

이옥회·정혜진·박상철(2009). 교육과정심의회 기능 및 역할 재정립을 위한 일고찰. 학습자중심교과교육연구, 9(3).

이원희(2015). 2015개정교육과정의 역량 개념 도입과 해결 과제: 행동주의와 인지론의 접근, 통합교육과정연구, 9(4).

이윤미(2014). 혁신학교의 성과와 과제. 혁신학교에 대한 교육학적 성찰. 한국교육연구네트워크(편). 살림터.

이윤미·정광순(2015). 초등 교사의 교육과정 실행 관점으로 본 교육과정 실행 관점과 의미. 교육과정연구, 33(4).

이종재·이차영·김용·송경오(2012). 한국교육행정론. 교육과학사.

이종재·이차영·김용·송경오(2015). 교육정책론. 학지사.

이중현(2011). 학교가 달라졌다:조현초 4년의 기록. 우리교육.

이찬승(2015. 9). 2015개정교육과정, 무엇이 왜 문제인가?. 〈2015개정교육(안), 무엇이 문제인가〉 국회토론회. 국회의원 김태년·도종환·박홍근·유기홍·유은혜·정진후·교육에서 희망을 찾는 국회의원 모임.

이한나(2019). 통합교육과정 실행으로 본 내러티브적 지식으로서 교사 지식 탐구. 교원대학교 박사 논문.

이혁규(2001). 제7차 사회과 교육과정 개정에 관한 비판적 연구. 교육과정의 정치학. 교육과학사.

이형빈·오재길·서영선·성열관(2017). 국가교육과정 개선 방안 연구. 전국교육정책연구소네트워크 공동연구보고서.

임소현·강영혜·김홍주·조옥경(2015). 한국교육개발원 교육여론조사(KEDI POLL 2015). 한국교육개발원.

임현정·정광순·정진영(2011). 교육과정문서체제 비교; 미국·영국·캐나다·핀란드를 중심으로. 비교교육연구, 21(5).

장수빈(2016). 교육과정 숙의·틀짓기·미디어의 관계: 2015 국가교육과정 수학과 개정 사례를 중심으로. 교육과정연구, 34(1).

장수빈·한동숙(2017). 국가교육과정 관련 국내 연구 동향 탐색: 정책적 활용성을 중심으로. 교육과정연구, 35(4).

전교조(2016). 전국교직원노동조합 운동사 2.2, 도서출판 참교육.

전교조(2018). 제17회 참교육 실천발표대회 주제마당 자료집(2015개정 수정 워크숍). 전교조 참교육실 제17회 참실 자료집 게시판.

전북교육청(2019). 2019 혁신교육 기본계획.

정광순(2012). 교사의 교육과정에 대한 문해력. 통합교육과정연구, 6(2).

정기오(2001). 서비스 경제 시대를 위한 교육과정 혁신: 진로 준비로서의 사회과교육. 진로교육연구, 13(1).

정기오(2009). 국가교육과정의 법적 성격 지위 및 기능에 관한 연구, 교육법학연구, 21(2).

정영근(2013). 역량 개발 시대 학업성취의 교육학적 의미: 역량중심 교육 논의 및 교육체제 개편에 대한 비판적 고찰. 교육의 이론과 실천, 한독교육학회, 18(3).

정윤경(2015). 아마티야 센(Amartya Sen)의 잠재가능성 접근(capability approach)과 교육. 교육사상연구, 29(3).

정은희(2005). 문화예술교육 활성화를 위한 국가교육과정 개발 체제 개선 연구. 중앙대 석사 논문.

정혜승·옥현진·김정영·김소현·이성현·한기덕·이승은(2017). 교사의 전문성과 자율성에 기반한 핵심질문 활용 배움중심수업 실천 방안 연구. 경기도교육청 정책연구 보고서.

조금주(2012). 학교다양화 정책 속에서 살펴본 혁신학교의 성과 및 과제. 중등교육연구, 60(2).

조난심·김재춘·박순경·소경희·조덕주·홍후조(1999). 국가 수준 교육과정 개발 및 적용 체제 개선을 위한 기초연구. 한국교육과정평가원.

조덕주(2002). 교육과정 적용과 지원 유형과의 관계 분석. 교육과정연구, 29(2).

진동섭 외(2005). 한국 학교조직 탐구. 학지사.

진영효(2011). 2009개정교육과정의 불편한 진실. 2009개정교육과정 적용 현황 실태 분석 및 개선방안연구. 교과부 정책연구과제.

초등교육과정연구모임(2011). 행복한 혁신학교 만들기. 살림터.

초등교육과정연구모임(2013). 초등 교육을 재구성하라. 에듀니티.

최병옥(2003). 교육과정 의사결정 구조에 따른 개발 방식 및 주도 집단. 경남대 교육문제연구소. 교육이론과 실천, 6권.

핀란드 국가교육과정개정 자료(2015. 3). 한국교육개발원 국외교육동향.

하병수(2006). 국가 수준 교육과정 개발 체제의 문제점과 사회적교육과정위원회 설치 필요성. 교육과정연대토론회자료집.

하연섭(2013). 제도분석: 이론과 쟁점(2판). 다산출판사.

한국교육과정학회(2017). 교육공동체 협업을 통한 교육과정 정책 민관협력 거버넌스 운영 강화 방안. 국가교육과정 전문가 2차 포럼 자료집, 한국교육과정학회.

한국교육과정학회(편)(2017). 교육과정학 용어 대사전. 학지사.

한국교육연구네트워크(2014). 새로운 사회를 여는 교육자치혁명. 살림터.

한혜정·김영은·이주연(2015). 교육 목적으로서 '일반 능력' 설정에 대한 논의 고찰: 2015개정교육과정의 핵심역량과 교과역량 관계에 주는 함의. 교육과정연구, 34(2).

한혜정·이주연(2017). 학문중심 교육과정과 이해중심 교육과정 비교를 통한 역량중심 교육과정 이해. 2017한국교육학회 연차학술대회 한국교육과정학회분과.

한혜정·박순경·이근호·이승미(2012). 시·도 교육청 수준 교육과정 지침 실태 분석 및 개선 방안. 한국교육과정평가원.

허경철 외 9명(2005). 학교교육내실화후속지원연구(Ⅲ): 학교교육 내실화를 위한 국가교육과정 적용과정 개선 연구. 한국교육과정평가원.

홍후조(2016). 알기 쉬운 교육과정 2. 교육과학사.

황수아(2018). 국가교육과정 적정화 정책에 대한 역사적 신제도주의적 분석: '집중이수제'와 '핵심개념'을 중심으로. 고려대 박사 논문.

황현정·손동빈·민윤·김삼향·박승열(2018). 학교자치 실현을 위한 지역 교육과정 구상 방안. 경기도교육연구원.

원용찬 옮김(2008). Sen, A.(1999). 센코노믹스, 인간의 행복에 말을 거는 경제학. 갈라파고스.

장수명·정충대·김서령·심성보 외 5명 옮김(2017). Niemi, H., Toom, A & Kallioniemi, A.(2012). 핀란드 교육의 기적. 살림터.

Autio, T.(2013). *Subjectivity Curriculum and Society: Between and Beyond the German Didaktik and Anglo-American Curriculum Studies*. University of Tampere.

Finnish National Board of Education(2014). *OPS 2016: Curriculum reform in Finland*. (2017, February 10). http://www.oph.fi/english.

Lowndes, V. & Roberts, M.(2013). *Why Institutions Matter:The New Institutionalism in Political Science*. Palgrave MacMillan.

Meyer, J. W. & Rowan, B.(1977). Institutional Organization: Formal Structure as Myth and Ceremony. *The American Journal of Sociology*, 83(2).

OECD/CERI(1990). *Curriculum Reform: An Overview of Trends*. Paris.

Peters, B.G.(2011). *Insitutional Theory in Political Science:The New Institutionalism*. London; New York: Continuum(3rd).

Szukala, A.(2016). The Educational Governance of German School Social Science: The Example of Globalization. *Journal of Social Science Education*, 15(3).

Tyler, R. W.(1996). 진영은 옮김(1996). *Basic Principles of Curriculum and Instruction*. Tyler의 교육과정과 수업지도의 기본원리. 양서원.

Uljens, M. & Ylimaki, R.(2017). *Bridging Educational Leadership, Curriculum Theory and Didaktik: Non-affirmative Theory of Education*. Educational Governance Research 5.

Young, M. F. D.(1998). 한진상·박비주 옮김(2013). 교육과정의 미래: '신(新)교육사회학'에서 비판적 학습이론으로. 동체.

World Economic Forum.(2017). Realizing human potential in the fourth industrial revolution: An agenda for leaders to shape the future of education, gender and work. Retrieved from World Economic Forum.

•교육부 보도자료 및 교육과정 문서

교육부: 7차 교육과정, 2007개정교육과정.

교육과학기술부(2009). 2009개정교육과정.

교육과학기술부(2009. 12. 23). 2009개정교육과정 고시 보도자료.

교육과학기술부(2011). 2009개정교육과정에 따른 교과교육과정.

교육과학기술부(2012). 2009개정교육과정에 따른 성취기준·성취수준.

교육과학기술부(2012. 5. 9). 2012년도 농어촌 전원학교 선정 보도자료.

교육부(2015). 2015개정교육과정, 2015개정교육과정 해설서.

교육부(2015). 2015 권역별 교육과정 핵심요원 워크숍 자료집.

교육부(2015. 9. 23). 2015개정교육과정 고시 보도자료.

국가교육과정 정보센터(NCIC).

삶의 행복을 꿈꾸는 교육은 어디에서 오는가?

● **교육혁명을 앞당기는 배움책 이야기** 혁신교육의 철학과 잉걸진 미래를 만나다!

한국교육연구네트워크 총서

01 핀란드 교육혁명
한국교육연구네트워크 엮음 | 320쪽 | 값 15,000원

02 일제고사를 넘어서
한국교육연구네트워크 엮음 | 284쪽 | 값 13,000원

03 새로운 사회를 여는 교육혁명
한국교육연구네트워크 엮음 | 380쪽 | 값 17,000원

04 교장제도 혁명
한국교육연구네트워크 엮음 | 268쪽 | 값 14,000원

05 새로운 사회를 여는 교육자치 혁명
한국교육연구네트워크 엮음 | 312쪽 | 값 15,000원

06 혁신학교에 대한 교육학적 성찰
한국교육연구네트워크 엮음 | 308쪽 | 값 15,000원

07 진보주의 교육의 세계적 동향
한국교육연구네트워크 엮음 | 324쪽 | 값 17,000원
2018 세종도서 학술부문

08 더 나은 세상을 위한 학교혁명
한국교육연구네트워크 엮음 | 404쪽 | 값 21,000원
2018 세종도서 교양부문

09 비판적 실천을 위한 교육학
이윤미 외 지음 | 448쪽 | 값 23,000원
2019 세종도서 학술부문

10 마을교육공동체운동: 세계적 동향과 전망
심성보 외 지음 | 376쪽 | 값 18,000원

11 학교 민주시민교육의 세계적 동향과 과제
심성보 외 지음 | 308쪽 | 값 16,000원

12 학교를 민주주의의 정원으로 가꿀 수 있을까?
성열관 외 지음 | 272쪽 | 값 16,000원

한국교육연구네트워크 번역 총서

01 프레이리와 교육
존 엘리아스 지음 | 한국교육연구네트워크 옮김
276쪽 | 값 14,000원

02 교육은 사회를 바꿀 수 있을까?
마이클 애플 지음 | 강희룡·김선우·박원순·이형빈 옮김
356쪽 | 값 16,000원

03 비판적 페다고지는 세상을 변화시킬 수 있는가?
Seewha Cho 지음 | 심성보·조시화 옮김
280쪽 | 값 14,000원

04 마이클 애플의 민주학교
마이클 애플·제임스 빈 엮음 | 강희룡 옮김
276쪽 | 값 14,000원

05 21세기 교육과 민주주의
넬 나딩스 지음 | 심성보 옮김 | 392쪽 | 값 18,000원

06 세계교육개혁: 민영화 우선인가 공적 투자 강화인가?
린다 달링-해먼드 외 지음 | 심성보 외 옮김 | 408쪽 | 값 21,000원

07 콩도르세, 공교육에 관한 다섯 논문
니콜라 드 콩도르세 지음 | 이주환 옮김
300쪽 | 값 16,000원

08 학교를 변론하다
얀 마스켈라인·마틴 시몬스 지음 | 윤선인 옮김
252쪽 | 값 15,000원

09 존 듀이와 교육
짐 개리슨 외 지음 | 김세희 외 옮김
372쪽 | 값 19,000원

10 진보주의 교육운동사
윌리엄 헤이스 지음 | 심성보 외 옮김
324쪽 | 값 18,000원

혁신학교
성열관·이순철 지음 | 224쪽 | 값 12,000원

행복한 혁신학교 만들기
초등교육과정연구모임 지음 | 264쪽 | 값 13,000원

서울형 혁신학교 이야기
이부영 지음 | 320쪽 | 값 15,000원

대한민국 교사, 어떻게 가르칠 것인가?
윤성관 지음 | 320쪽 | 값 15,000원

아이들을 어떻게 가르칠 것인가
사토 마나부 지음 | 박찬영 옮김 | 232쪽 | 값 13,000원

모두를 위한 국제이해교육
한국국제이해교육학회 지음 | 364쪽 | 값 16,000원

● **비고츠키 선집 시리즈** 발달과 협력의 교육학 어떻게 읽을 것인가?

생각과 말
레프 세묘노비치 비고츠키 지음
배희철·김용호·D. 켈로그 옮김 | 690쪽 | 값 33,000원

성장과 분화
L.S. 비고츠키 지음 | 비고츠키 연구회 옮김
308쪽 | 값 15,000원

도구와 기호
비고츠키·루리야 지음 | 비고츠키 연구회 옮김
336쪽 | 값 16,000원

연령과 위기
L.S. 비고츠키 지음 | 비고츠키 연구회 옮김
336쪽 | 값 17,000원

어린이 자기행동숙달의 역사와 발달 I
L.S. 비고츠키 지음 | 비고츠키 연구회 옮김
564쪽 | 값 28,000원

의식과 숙달
L.S 비고츠키 | 비고츠키 연구회 옮김
348쪽 | 값 17,000원

어린이 자기행동숙달의 역사와 발달 II
L.S. 비고츠키 지음 | 비고츠키 연구회 옮김
552쪽 | 값 28,000원

분열과 사랑
L.S. 비고츠키 지음 | 비고츠키 연구회 옮김
260쪽 | 값 16,000원

어린이의 상상과 창조
L.S. 비고츠키 지음 | 비고츠키 연구회 옮김
280쪽 | 값 15,000원

성애와 갈등
L.S. 비고츠키 지음 | 비고츠키 연구회 옮김
268쪽 | 값 17,000원

비고츠키와 인지 발달의 비밀
A.R. 루리야 지음 | 배희철 옮김 | 280쪽 | 값 15,000원

흥미와 개념
L.S. 비고츠키 지음 | 비고츠키 연구회 옮김
408쪽 | 값 21,000원

정서학설 I
L.S. 비고츠키 지음 | 비고츠키 연구회 옮김
584쪽 | 값 35,000원

관계의 교육학, 비고츠키
진보교육연구소 비고츠키교육학실천연구모임 지음
300쪽 | 값 15,000원

수업과 수업 사이
비고츠키 연구회 지음 | 196쪽 | 값 12,000원

비고츠키 생각과 말 쉽게 읽기
진보교육연구소 비고츠키교육학실천연구모임 지음
316쪽 | 값 15,000원

비고츠키의 발달교육이란 무엇인가?
비고츠키교육학실천연구모임 지음 | 412쪽 | 값 21,000원

교사와 부모를 위한 비고츠키 교육학
카르포프 지음 | 실천교사번역팀 옮김
308쪽 | 값 15,000원

비고츠키 철학으로 본 핀란드 교육과정
배희철 지음 | 456쪽 | 값 23,000원

혁신교육, 철학을 만나다
브렌트 데이비스·데니스 수마라 지음
현인철·서용선 옮김 | 304쪽 | 값 15,000원

경쟁을 넘어 발달 교육으로
현광일 지음 | 288쪽 | 값 14,000원

혁신교육 존 듀이에게 묻다
서용선 지음 | 292쪽 | 값 14,000원

독일 교육, 왜 강한가?
박성희 지음 | 324쪽 | 값 15,000원

다시 읽는 조선 교육사
이만규 지음 | 750쪽 | 값 33,000원

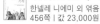
핀란드 교육의 기적
한넬레 니에미 외 엮음 | 장수명 외 옮김
456쪽 | 값 23,000원

대한민국 교육혁명
교육혁명공동행동 연구위원회 지음
224쪽 | 값 12,000원

한국 교육의 현실과 전망
심성보 지음 | 724쪽 | 값 35,000원

● 교과서 밖에서 만나는 역사 교실 상식이 통하는 살아 있는 역사를 만나다

 전봉준과 동학농민혁명
조광환 지음 | 336쪽 | 값 15,000원

 남도의 기억을 걷다
노성태 지음 | 344쪽 | 값 14,000원

 응답하라 한국사 1·2
김은석 지음 | 356쪽·368쪽 | 각권 값 15,000원

 즐거운 국사수업 32강
김남선 지음 | 280쪽 | 값 11,000원

 즐거운 세계사 수업
김은석 지음 | 328쪽 | 값 13,000원

 강화도의 기억을 걷다
최보길 지음 | 276쪽 | 값 14,000원

 광주의 기억을 걷다
노성태 지음 | 348쪽 | 값 15,000원

 선생님도 궁금해하는
한국사의 비밀 20가지
김은석 지음 | 312쪽 | 값 15,000원

 걸림돌
키르스텐 세룹-빌펠트 지음 | 문봉애 옮김
248쪽 | 값 13,000원

 역사수업을 부탁해
열 사람의 한 걸음 지음 | 388쪽 | 값 18,000원

 진실과 거짓, 인물 한국사
하성환 지음 | 400쪽 | 값 18,000원

 우리 역사에서 사라진
근현대 인물 한국사
하성환 지음 | 296쪽 | 값 18,000원

 꼬물꼬물 거꾸로 역사수업
역모자들 지음 | 436쪽 | 값 23,000원

 즐거운 동아시아사 수업
김은석 지음 | 240쪽 | 값 15,000원

 노성태, 역사의 길을 걷다
노성태 지음 | 324쪽 | 값 17,000원

 교과서 밖에서 배우는 역사 공부
정은교 지음 | 292쪽 | 값 14,000원

 팔만대장경도 모르면 빨래판이다
전병철 지음 | 360쪽 | 값 16,000원

 빨래판도 잘 보면 팔만대장경이다
전병철 지음 | 360쪽 | 값 16,000원

 영화는 역사다
강성률 지음 | 288쪽 | 값 13,000원

 친일 영화의 해부학
강성률 지음 | 264쪽 | 값 15,000원

 한국 고대사의 비밀
김은석 지음 | 304쪽 | 값 13,000원

 조선족 근현대 교육사
정미량 지음 | 320쪽 | 값 15,000원

 다시 읽는 조선근대 교육의 사상과 운동
윤건차 지음 | 이명실·심성보 옮김 | 516쪽 | 값 25,000원

 음악과 함께 떠나는 세계의 혁명 이야기
조광환 지음 | 292쪽 | 값 15,000원

 논쟁으로 보는 일본 근대 교육의 역사
이명실 지음 | 324쪽 | 값 17,000원

 다시, 독립의 기억을 걷다
노성태 지음 | 320쪽 | 값 16,000원

 한국사 리뷰
김은석 지음 | 244쪽 | 값 15,000원

 경남의 기억을 걷다
류형진 외 지음 | 564쪽 | 값 28,000원

 어제와 오늘이 만나는 교실
학생과 교사의 역사수업 에세이
정진경 외 지음 | 328쪽 | 값 17,000원

 우리 역사에서 왜곡되고 사라진
근현대 인물 한국사
하성환 지음 | 348쪽 | 값 18,000원

● 4·16, 질문이 있는 교실 마주이야기 통합수업으로 혁신교육과정을 재구성하다!

통하는 공부
김태호·김형우·이경석·심우근·허진만 지음
324쪽 | 값 15,000원

내일 수업 어떻게 하지?
아이함께 지음 | 300쪽 | 값 15,000원
2015 세종도서 교양부문

인간 회복의 교육
성래운 지음 | 260쪽 | 값 13,000원

교과서 너머 교육과정 마주하기
이윤미 외 지음 | 368쪽 | 값 17,000원

수업 고수들
수업·교육과정·평가를 말하다
박현숙 외 지음 | 368쪽 | 값 17,000원

도덕 수업, 책으로 묻고 윤리로 답하다
울산도덕교사모임 지음 | 320쪽 | 값 15,000원

체육 교사, 수업을 말하다
전용진 지음 | 304쪽 | 값 15,000원

교실을 위한 프레이리
아이러 쇼어 엮음 | 사람대사람 옮김
412쪽 | 값 18,000원

마을교육공동체란 무엇인가?
서용선 외 지음 | 360쪽 | 값 17,000원

교사, 학교를 바꾸다
정진화 지음 | 372쪽 | 값 17,000원

함께 배움
학생 주도 배움 중심 수업 이렇게 한다
니시카와 준 지음 | 백경석 옮김 | 280쪽 | 값 15,000원

공교육은 왜?
홍섭근 지음 | 352쪽 | 값 16,000원

자기혁신과 공동의 성장을 위한
교사들의 필리버스터
윤양수·원종희·장군·조경삼 지음 | 280쪽 | 값 14,000원

함께 배움 이렇게 시작한다
니시카와 준 지음 | 백경석 옮김 | 196쪽 | 값 12,000원

함께 배움 교사의 말하기
니시카와 준 지음 | 백경석 옮김 | 188쪽 | 값 12,000원

교육과정 통합, 어떻게 할 것인가?
성열관 외 지음 | 192쪽 | 값 13,000원

학교 혁신의 길, 아이들에게 묻다
남궁상운 외 지음 | 272쪽 | 값 15,000원

미래교육의 열쇠, 창의적 문화교육
심광현·노명우·강정석 지음 | 368쪽 | 값 16,000원

주제통합수업,
아이들을 수업의 주인공으로!
이윤미 외 지음 | 392쪽 | 값 17,000원

수업과 교육의 지평을 확장하는 수업 비평
윤양수 지음 | 316쪽 | 값 15,000원
2014 문화체육관광부 우수교양도서

교사, 선생이 되다
김태은 외 지음 | 260쪽 | 값 13,000원

교사의 전문성, 어떻게 만들어지나
국제교원노조연맹 보고서 | 김석규 옮김
392쪽 | 값 17,000원

수업의 정치
윤양수·원종희·장군 지음 | 280쪽 | 값 14,000원

학교협동조합,
현장체험학습과 마을교육공동체를 잇다
주수원 외 지음 | 296쪽 | 값 15,000원

거꾸로 교실,
잠자는 아이들을 깨우는 수업의 비밀
이민경 지음 | 280쪽 | 값 14,000원

교사는 무엇으로 사는가
정은균 지음 | 292쪽 | 값 15,000원

마음의 힘을 기르는 감성수업
조선미 외 지음 | 300쪽 | 값 15,000원

작은 학교 아이들
지경준 엮음 | 376쪽 | 값 17,000원

아이들의 배움은 어떻게 깊어지는가
이시이 준지 지음 | 방지현·이창희 옮김
200쪽 | 값 11,000원

대한민국 입시혁명
참교육연구소 입시연구팀 지음 | 220쪽 | 값 12,000원

교사를 세우는 교육과정
박승열 지음 | 312쪽 | 값 15,000원

전국 17명 교육감들과 나눈 교육 대담
최창의 대담·기록 | 272쪽 | 값 15,000원

들뢰즈와 가타리를 통해 유아교육 읽기
리세롯 마리엣 올슨 지음 | 이연선 외 옮김
328쪽 | 값 15,000원

학교 민주주의의 불한당들
정은균 지음 | 276쪽 | 값 14,000원

프레이리의 사상과 실천
사람대사람 지음 | 352쪽 | 값 18,000원
2018 세종도서 학술부문

 혁신학교, 한국 교육의 미래를 열다
송순재 외 지음 | 608쪽 | 값 30,000원

 페다고지를 위하여
프레네의 『페다고지 불변요소』 읽기
박찬영 지음 | 296쪽 | 값 15,000원

 노자와 탈현대 문명
홍승표 지음 | 284쪽 | 값 15,000원

 선생님, 민주시민교육이 뭐예요?
염경미 지음 | 244쪽 | 값 15,000원

 어쩌다 혁신학교
유우석 외 지음 | 380쪽 | 값 17,000원

 미래, 교육을 묻다
정광필 지음 | 232쪽 | 값 15,000원

 대학, 협동조합으로 교육하라
박주희 외 지음 | 252쪽 | 값 15,000원

 입시, 어떻게 바꿀 것인가?
노기원 지음 | 306쪽 | 값 15,000원

 촛불시대, 혁신교육을 말하다
이용관 지음 | 240쪽 | 값 15,000원

 라운드 스터디
이시이 데루마사 외 엮음 | 224쪽 | 값 15,000원

 미래교육을 디자인하는 학교교육과정
박승열 외 지음 | 348쪽 | 값 18,000원

 흥미진진한 아일랜드 전환학년 이야기
제리 제퍼스 지음 | 최상덕·김호원 옮김 | 508쪽 | 값 27,000원
2019 대한민국학술원우수학술도서

 폭력 교실에 맞서는 용기
따돌림사회연구모임 학급운영팀 지음
272쪽 | 값 15,000원

 그래도 혁신학교
박은혜 외 지음 | 248쪽 | 값 15,000원

 학교는 어떤 공동체인가?
성열관 외 지음 | 228쪽 | 값 15,000원

 교사 전쟁
다나 골드스타인 지음 | 유성상 외 옮김
468쪽 | 값 23,000원

 시민, 학교에 가다
최형규 지음 | 260쪽 | 값 15,000원

 교육과정, 수업, 평가의 일체화
리사 카터 지음 | 박승열 외 옮김 | 196쪽 | 값 13,000원

 학교를 개선하는 교장
지속가능한 학교 혁신을 위한 실천 전략
마이클 풀란 지음 | 서동연·정효준 옮김 | 216쪽 | 값 13,000원

 공자뎐, 논어는 이것이다
유문상 지음 | 392쪽 | 값 18,000원

 교사와 부모를 위한
발달교육이란 무엇인가?
현광일 지음 | 380쪽 | 값 18,000원

 교사, 이오덕에게 길을 묻다
이무완 지음 | 328쪽 | 값 15,000원

 낙오자 없는 스웨덴 교육
레이프 스트란드베리 지음 | 변광수 옮김
208쪽 | 값 13,000원

 끝나지 않은 마지막 수업
장석웅 지음 | 328쪽 | 값 20,000원

 경기꿈의학교
진흥섭 외 지음 | 360쪽 | 값 17,000원

 학교를 말한다
이성우 지음 | 292쪽 | 값 15,000원

 행복도시 세종,
혁신교육으로 디자인하다
곽순일 외 지음 | 392쪽 | 값 18,000원

 나는 거꾸로 교실 거꾸로 교사
류광모·임정훈 지음 | 212쪽 | 값 13,000원

 교실 속으로 간 이해중심 교육과정
온정덕 외 지음 | 224쪽 | 값 13,000원

 교실, 평화를 말하다
따돌림사회연구모임 초등우정팀 지음
268쪽 | 값 15,000원

 학교자율운영 2.0
김용 지음 | 240쪽 | 값 15,000원

 학교자치를 부탁해
유우석 외 지음 | 252쪽 | 값 15,000원

국제이해교육 페다고지
강순원 외 지음 | 256쪽 | 값 15,000원

선생님, 페미니즘이 뭐예요?
염경미 지음 | 280쪽 | 값 15,000원

평화의 교육과정 섬김의 리더십
이준원·이형빈 지음 | 292쪽 | 값 16,000원

학교를 살리는 회복적 생활교육
김민자·이순영·정선영 지음 | 256쪽 | 값 15,000원

 수포자의 시대
김성수·이형빈 지음 | 252쪽 | 값 15,000원

 교사를 위한 교육학 강의
이형빈 지음 | 336쪽 | 값 17,000원

 혁신학교와 실천적 교육과정
신은희 지음 | 236쪽 | 값 15,000원

 새로운학교 학생을 날게 하다
새로운학교네트워크 총서 02 | 408쪽 | 값 20,000원

 삶의 시간을 잇는 문화예술교육
고영직 지음 | 292쪽 | 값 16,000원

 세월호가 묻고 교육이 답하다
경기도교육연구원 지음 | 214쪽 | 값 13,000원

 혐오, 교실에 들어오다
이혜정 외 지음 | 232쪽 | 값 15,000원

 미래교육, 어떻게 만들어갈 것인가?
송기상·김성천 지음 | 300쪽 | 값 16,000원
2019 세종도서 교양부문

 혁신교육지구와 마을교육공동체는 어떻게 만들어지는가?
김태정 지음 | 376쪽 | 값 18,000원

 교육에 대한 오해
우문영 지음 | 224쪽 | 값 15,000원

 선생님, 특성화고 자기소개서 어떻게 써요?
이지영 지음 | 322쪽 | 값 17,000원

 혁신교육지구 현장을 가다
이용운 외 4인 지음 | 344쪽 | 값 18,000원

 학생과 교사, 수업을 묻다
전용진 지음 | 344쪽 | 값 18,000원

 배움의 독립선언, 평생학습
정민승 지음 | 240쪽 | 값 15,000원

 혁신학교의 꽃, 교육과정 다시 그리기
안재일 지음 | 344쪽 | 값 18,000원

 교육혁신의 시대
배움의 공간을 상상하다
함영기 외 지음 | 264쪽 | 값 17,000원

 학습격차 해소를 위한 새로운 도전
보편적 학습설계 수업
조윤정 외 지음 | 225쪽 | 값 15,000원

 서울의 마을교육
이용윤 외 지음 | 352쪽 | 값 18,000원

 물질과의 새로운 만남
베로니카 파치니-케처바우 지음 | 240쪽 | 값 15,000원

 평화와 인성을 키우는 자기우정
따돌림사회연구모임 우정팀 지음 | 240쪽 | 값 15,000원

 미래교육을 열어가는 배움중심 원격수업
이윤서 외 지음 | 332쪽 | 값 17,000원

● **살림터 참교육 문예 시리즈** 영혼이 있는 삶을 가르치는 온 선생님을 만나다!

 꽃보다 귀한 우리 아이는
조재도 지음 | 244쪽 | 값 12,000원

 선생님이 먼저 때렸는데요
강병철 지음 | 248쪽 | 값 12,000원

 성깔 있는 나무들
최은숙 지음 | 244쪽 | 값 12,000원

 서울 여자, 시골 선생님 되다
조경선 지음 | 252쪽 | 값 12,000원

 아이들에게 세상을 배웠네
명혜정 지음 | 240쪽 | 값 12,000원

 행복한 창의 교육
최창의 지음 | 328쪽 | 값 15,000원

 밥상에서 세상으로
김흥숙 지음 | 280쪽 | 값 13,000원

 북유럽 교육 기행
정애경 외 14인 지음 | 288쪽 | 값 14,000원

 우물쭈물하다 끝난 교사 이야기
유기창 지음 | 380쪽 | 값 17,000원

 시험 시간에 웃은 건 처음이에요
조규선 지음 | 252쪽 | 값 15,000원

 오천년을 사는 여자
염경미 지음 | 272쪽 | 값 16,000원

 다정한 교실에서 20,000시간
강정희 지음 | 296쪽 | 값 16,000원

● 더불어 사는 정의로운 세상을 여는 인문사회과학 사람의 존엄과 평등의 가치를 배운다

 밥상혁명
강양구·강이현 지음 | 298쪽 | 값 13,800원

 **좌우지간 인권이다**
안경환 지음 | 288쪽 | 값 13,000원

 도덕 교과서 무엇이 문제인가?
김대용 지음 | 272쪽 | 값 14,000원

 민주시민교육
심성보 지음 | 544쪽 | 값 25,000원

 자율주의와 진보교육
조엘 스프링 지음 | 심성보 옮김 | 320쪽 | 값 15,000원

 민주시민을 위한 도덕교육
심성보 지음 | 500쪽 | 값 25,000원
2015 세종도서 학술부문

 민주화 이후의 공동체 교육
심성보 지음 | 392쪽 | 값 15,000원
2009 문화체육관광부 우수학술도서

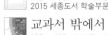 **교과서 밖에서 배우는 인문학 공부**
정은교 지음 | 280쪽 | 값 13,000원

  갈등을 넘어 협력 사회로
이창언·오수길·유문종·신윤관 지음
280쪽 | 값 15,000원

 오래된 미래교육
정재걸 지음 | 392쪽 | 값 18,000원

 동양사상과 마음교육
정재걸 외 지음 | 356쪽 | 값 16,000원
2015 세종도서 학술부문

 대한민국 의료혁명
전국보건의료산업노동조합 엮음 | 548쪽 | 값 25,000원

 교과서 밖에서 배우는 철학 공부
정은교 지음 | 280쪽 | 값 14,000원

 교과서 밖에서 배우는 고전 공부
정은교 지음 | 288쪽 | 값 14,000원

 교과서 밖에서 배우는 사회 공부
정은교 지음 | 304쪽 | 값 15,000원

 전체 안의 전체 사고 속의 사고
김우창의 인문학을 읽다
현광일 지음 | 320쪽 | 값 15,000원

 교과서 밖에서 배우는 윤리 공부
정은교 지음 | 292쪽 | 값 15,000원

 카스트로, 종교를 말하다
피델 카스트로·프레이 베토 대담 | 조세종 옮김
420쪽 | 값 21,000원

 한글 혁명
김슬옹 지음 | 388쪽 | 값 18,000원

 일제강점기 한국철학
이태우 지음 | 448쪽 | 값 25,000원

 우리 안의 미래교육
정재걸 지음 | 484쪽 | 값 25,000원

 한국 교육 제4의 길을 찾다
이길상 지음 | 400쪽 | 값 21,000원
2019 세종도서 학술부문

 왜 그는 한국으로 돌아왔는가?
황선준 지음 | 364쪽 | 값 17,000원
2019 세종도서 교양부문

 마을교육공동체 생태적 의미와 실천
김용련 지음 | 256쪽 | 값 15,000원

  공간, 문화, 정치의 생태학
현광일 지음 | 232쪽 | 값 15,000원

 교육과정에서 왜 지식이 중요한가
심성보 지음 | 440쪽 | 값 23,000원

 인공지능 시대의 사회학적 상상력
홍승표 지음 | 260쪽 | 값 15,000원

 식물에게서 교육을 배우다
이차영 지음 | 260쪽 | 값 15,000원

 동양사상과 인간 그리고 사회
이현지 지음 | 418쪽 | 값 21,000원

 왜 전태일인가
송필경 지음 | 236쪽 | 값 17,000원

 장자와 탈현대
정재걸 외 지음 | 424쪽 | 값 21,000원

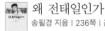 **한국 세계시민교육이 나아갈 길을 묻다**
유네스코태평양 국제이해교육원 지음 | 260쪽 | 값 18,000원

 놀자선생의 놀이인문학
진용근 지음 | 380쪽 | 값 185,000원

 **코로나 시대,
마을교육공동체 운동과 생태적 교육학**
심성보 지음 | 280쪽 | 값 17,000원

 포스트 코로나 시대, 예술과 정치
현광일 지음 | 288쪽 | 값 16,000원

● 평화샘 프로젝트 매뉴얼 시리즈 학교폭력에 대한 근본적인 예방과 대책을 찾는다

 학교폭력 어떻게 만들어지는가
문재현 외 지음 | 300쪽 | 값 14,000원

 아이들을 살리는 동네
문재현·신동명·김수동 지음 | 204쪽 | 값 10,000원

 학교폭력, 멈춰!
문재현 외 지음 | 348쪽 | 값 15,000원

 평화! 행복한 학교의 시작
문재현 외 지음 | 252쪽 | 값 12,000원

 왕따, 이렇게 해결할 수 있다
문재현 외 지음 | 236쪽 | 값 12,000원

 마을에 배움의 길이 있다
문재현 지음 | 208쪽 | 값 10,000원

 젊은 부모를 위한 백만 년의 육아 슬기
문재현 지음 | 248쪽 | 값 13,000원

 별자리, 인류의 이야기 주머니
문재현·문한 외 지음 | 444쪽 | 값 20,000원

 우리는 마을에 산다
유양우·신동명·김수동·문재현 지음
312쪽 | 값 15,000원

 동생아, 우리 뭐 하고 놀까?
문재현 외 지음 | 280쪽 | 값 15,000원

 누가, 학교폭력 해결을 가로막는가?
문재현 외 지음 | 312쪽 | 값 15,000원

 **코로나 19가 앞당긴 미래,
마을에서 찾는 배움길**
문재현 외 지음 | 308쪽 | 값 16,000원

● 남북이 하나 되는 두물머리 평화교육 분단 극복을 위한 치열한 배움과 실천을 만나다

 10년 후 통일
정동영·지승호 지음 | 328쪽 | 값 15,000원

 선생님, 통일이 뭐예요?
정경호 지음 | 252쪽 | 값 13,000원

 분단시대의 통일교육
성래운 지음 | 428쪽 | 값 18,000원

 김창환 교수의 DMZ 지리 이야기
김창환 지음 | 264쪽 | 값 15,000원

 한반도 평화교육 어떻게 할 것인가
이기범 외 지음 | 252쪽 | 값 15,000원

 포괄적 평화교육
베티 리어든 지음 | 강순원 옮김 | 252쪽 | 값 17,000원

● 창의적인 협력 수업을 지향하는 삶이 있는 국어 교실 우리말 글을 배우며 세상을 배운다

 **중학교 국어 수업
어떻게 할 것인가?**
김미경 지음 | 340쪽 | 값 15,000원

 토론의 숲에서 나를 만나다
명혜정 엮음 | 312쪽 | 값 15,000원

 토닥토닥 토론해요
명혜정·이명선·조선미 엮음 | 288쪽 | 값 15,000원

 인문학의 숲을 거니는 토론 수업
순천국어교사모임 엮음 | 308쪽 | 값 15,000원

 어린이와 시
오인태 지음 | 192쪽 | 값 12,000원

 수업, 슬로리딩과 함께
박경숙 외 지음 | 268쪽 | 값 15,000원

 언어던
정은균 지음 | 268쪽 | 값 15,000원
2019 세종도서 교양부문

 민촌 이기영 평전
이성렬 지음 | 508쪽 | 값 20,000원

 감각의 갱신, 화장하는 인민
남북문학예술연구회 | 380쪽 | 값 19,000원

참된 삶과 교육에 관한
생각 줍기